湖北省激光行业协会 编

The Core Leaders
in Laser Field

激光领军人物

华中科技大学出版社
http://www.hustp.com
中国·武汉

内 容 提 要

《激光领军人物》一书收录了全国五十一位激光企业家的励志创业故事。字里行间,既有他们创业的艰辛,也有他们成功的喜悦,还有他们宝贵的创业经验和创业精神。这部作品不仅是中国激光企业家的创业故事,更是我国改革开放以来科技事业蓬勃发展的历史缩影,它见证了我国激光事业从技术落后、受制于人,逐步发展到自主创新、引领潮流;见证了企业从零起步的小工厂,发展到与国际巨头同台竞争。读者阅读此书,不仅可以学习到丰富的激光知识与应用,学习到我国激光事业的发展进程与趋势,更能学习到我国激光界的企业家精神。

图书在版编目(CIP)数据

激光领军人物/湖北省激光行业协会编. —武汉:华中科技大学出版社,2020.7
ISBN 978-7-5680-6433-0

Ⅰ.①激… Ⅱ.①湖… Ⅲ.①激光产业-企业家-生平事迹-中国-现代 Ⅳ.①K825.38

中国版本图书馆 CIP 数据核字(2020)第 130756 号

激光领军人物
JiGuang LingJun RenWu

湖北省激光行业协会 编

策划编辑:徐晓琦 曾小玲	
责任编辑:刘艳花 徐晓琦	
封面设计:原色设计	
责任校对:刘 竣	
责任监印:徐 露	
出版发行:华中科技大学出版社(中国·武汉)	电话:(027)81321913
武汉市东湖新技术开发区华工科技园	邮编:430223
录　　排:武汉楚海文化传播有限公司	
印　　刷:湖北新华印务有限公司	
开　　本:787mm×1092mm 1/16	
印　　张:21 插页:1	
字　　数:368 千字	
印　　次:2020 年 7 月第 1 版第 1 次印刷	
定　　价:78.00 元	

本书若有印装质量问题,请向出版社营销中心调换
全国免费服务热线:400-6679-118 竭诚为您服务
版权所有 侵权必究

前 言

激光器、原子能、半导体、计算机称为二十世纪四大发明。激光作为一种新光源,以其方向性好、亮度高、单色性好等特点在各领域都得到了广泛的应用。激光每进入一个行业就会产生一场革命,目前激光应用领域主要包括工业、信息、医学、商业、科研、军事等。激光作为一种先进的工具,正在推动着人类文明的进步。当今世界已经进入了"光制造"的时代。

激光设备作为国民经济建设的重要装备,主要包括激光切割设备、激光焊接设备、激光打标设备、激光雕刻设备、激光钻孔设备、激光医疗设备、激光美容设备、激光显示设备、激光照明设备、激光测量设备、激光熔覆设备、激光通信设备、激光3D打印设备、激光微加工设备等,广泛应用于汽车、钢铁、石油、造船、航空航天、轨道交通、电子信息、服装纺织、通信、医疗、机械、军事、文化创意、建材五金、商品包装、科学研究等领域,具有经济拉动力强、产业关联度高、技术含量高等特征,在装备工业中占有举足轻重的地位。

改革开放以来,我国涌现了数千家大大小小的激光企业,在全国形成了五大激光产业聚集区,形成了较为完备的产业链分布。激光产业链的上游主要包括光学材料及元器件,中游主要包括各种激光器及其配套装置,下游则以激光应用产品、激光制造装备、激光消费产品、激光仪器设备为主。

近十年来,国产激光器异军突起,国产激光成套设备也蓬勃发展,欣欣向荣,数十家优秀激光企业成功挂牌上市。在大批激光企业快速成长的背后,是一群挥汗如雨、负重前行的创业者。他们或是土生土长的草根,或是海外归国

的博士,或是大学的教授。他们怀着对激光事业的热爱,投入了毕生的精力。其中有一部分优秀的创业者,成了卓越的企业家,成了行业的领跑者,成了领军人物。他们每个人身上都隐藏着太多的故事。

在当前复杂的国际形势下,激光企业也面临着各种困难与挑战,只有立足创新,提升核心竞争力,在"专"上加以突破,在"链"上加以放大,以线串珠,才能把激光市场做大、做强,才能推动我国激光产业高质量发展。

为了让这一批优秀企业家的事迹得到发扬,以激励更多的创业者,为后来的创业者指路,湖北省激光行业协会历时两年,向全国征集了五十一位企业家的事迹,编辑成此书,以资后来者学习与借鉴。编者希望此举能总结过去、启迪未来,同时也呼唤我国更多的激光人才参与创业。

总之,只有培育更多的激光创业者和企业家,集聚人才资源优势,发挥政策扶持优势,同时借助金融资本的力量,不断完善激光产业链,不断拓展激光应用市场,才能使我国激光事业永葆青春、发扬光大。期待新一代激光企业家和高端人才再创辉煌,为我国早日实现"中国梦",为中华民族的伟大复兴,贡献自己的力量。

编 者

2020 年 6 月 4 日

目 录
Contents

激光领军人物之陈焱 /1
大族激光智能装备集团有限公司

激光领军人物之邓家科 /11
武汉华工激光工程有限责任公司

激光领军人物之孙文 /20
武汉楚天激光(集团)股份有限公司

激光领军人物之侯若洪 /28
深圳光韵达光电科技股份有限公司

激光领军人物之李志刚 /35
武汉帝尔激光科技股份有限公司

激光领军人物之肖成峰 /40
山东华光光电子股份有限公司

激光领军人物之何立东 /47
武汉华日精密激光股份有限公司

激光领军人物之罗敬文 /51
上海普睿玛智能科技有限公司

激光领军人物之付俊 /60
武汉华俄激光工程有限公司

激光领军人物之李思佳 /68
上海嘉强自动化技术有限公司

激光领军人物之赵裕兴 /74
苏州德龙激光股份有限公司

激光领军人物之陈义红 /82
武汉新特光电技术有限公司

激光领军人物之闫大鹏 /89
武汉锐科光纤激光技术股份有限公司

激光领军人物之吴轩 /96
武汉逸飞激光设备有限公司

激光领军人物之尹锋 /103
武汉高能激光设备制造有限公司

激光领军人物之何成鹏 /110
武汉三工光电设备制造有限公司

激光领军人物之王志伟 /117
深圳市铭镭激光设备有限公司

激光领军人物之宋维建 /127
苏州领创先进智能装备有限公司

激光领军人物之韩金龙 /134
深圳市联赢激光股份有限公司

激光领军人物之曹祥东 /140
武汉虹拓新技术有限责任公司

激光领军人物之王军营 /145
深圳联品激光技术有限公司

激光领军人物之陈刚 /151
武汉吉事达科技股份有限公司

激光领军人物之陈晓华 /156
北京凯普林光电科技股份有限公司

激光领军人物之王锋 /164
武汉凌云光电科技有限责任公司

激光领军人物之徐强 /171
广州创可激光设备有限公司

激光领军人物之邢飞 /178
南京中科煜宸激光技术有限公司

 激光领军人物

激光领军人物之金朝龙　/186
苏州天弘激光股份有限公司

激光领军人物之胡中元　/190
武汉天琪激光设备制造有限公司

激光领军人物之皮亚斌　/194
武汉长盈通光电技术有限公司

激光领军人物之陈抗抗　/200
武汉安扬激光技术有限责任公司

激光领军人物之黄胜弟　/208
南京波长光电科技股份有限公司

激光领军人物之聂水斌　/213
海目星(江门)激光智能装备有限公司

激光领军人物之柳洁　/219
武汉武钢华工激光大型装备有限公司

激光领军人物之杨诚　/225
武汉汇科信工业技术股份有限公司

激光领军人物之罗文勇　/228
锐光信通科技有限公司

激光领军人物之潘光辉　/236
浙江泰禾激光设备有限公司

激光领军人物之盛周军 /240
武汉奥海辉龙激光科技有限公司

激光领军人物之尹钢 /247
武汉奥森迪科智能科技股份有限公司

激光领军人物之郭少锋 /253
湖南大科激光有限公司

激光领军人物之张铁石 /260
华夏星光(武汉)工业设计有限公司

激光领军人物之郑顺义 /266
武汉中观自动化科技有限公司

激光领军人物之冯杰才 /272
上海临仕激光科技有限公司

激光领军人物之余勤跃 /277
温州泛波激光有限公司

激光领军人物之杨林 /281
武汉洛芙科技股份有限公司

激光领军人物之孙传新 /288
新疆汇翔激光科技有限公司

激光领军人物之苏革烈 /295
武汉畅新科技股份有限公司

激光领军人物之冯勇华　/299
湖北益健堂科技股份有限公司

激光领军人物之林国镭　/307
莆田市雷腾激光数控设备有限公司

激光领军人物之邹全远　/311
上海光连科技股份有限公司

激光领军人物之封超华　/318
武汉弗莱茵科技有限公司

激光领军人物之刘文清　/325
武汉楚坤文化科技股份有限公司

激光领军人物之陈焱

激光领域创新开拓的杰出工匠

大族激光智能装备集团有限公司

◯ 公司简介

大族激光智能装备集团有限公司,国际知名的高端激光装备制造商,专业从事中高功率激光智能装备的研发、制造、销售与服务。目前是国家高新技术企业,国家首批智能制造试点示范基地,工信部智能制造新模式应用项目建设单位,激光行业国家标准制定单位,国家科技重大专项主持单位。曾荣获"中国机械工业科学技术奖一等奖""全国质量标杆""中国好设计""工信部全国制造业单项冠军产品"等奖项。

大族激光智能装备集团有限公司致力于为金属加工领域提供高效可靠的激光智能装备及自动化解决方案,涵盖高功率二维平板切割、三维激光加工、管材切割、激光焊接、金属3D打印、激光清洗、折弯及激光器、数控系统、功能部件、自动化与工装夹具等智能装备与核心器件,打造"激光+机器人+自动化控制"的智能装备集团,以不断创新建立新的技术标准。具有多项领先技术与丰富的应用经验,尤其是光纤激光技术引领行业潮流。产品销往全球100

余个国家和地区,广泛应用于轨道交通、汽车制造、电力电气、工程机械、农业机械、电梯制造、建筑机械、环保、广告装饰等行业,上万台设备在全球各地良好运行。

人物简介

大族激光智能装备集团有限公司
总经理陈焱

陈焱,高级工程师,湖南大学兼职教授,现任大族激光智能装备集团总经理,中国光学学会常务理事,美国激光学会(LIA)理事,全国光辐射安全和激光设备标准化技术委员会激光材料加工和激光设备分技术委员会(TC284/SC1)副主任委员,深商高端制造产业联盟主席,深圳市宝安区智能制造行业协会会长,激光产业与智能制造领域应用专家,中国光纤激光切割机创始人。国家科技重大专项课题组组长,工信部智能制造新模式应用项目技术负责人。获得深圳市第二届鹏城十大杰出人才、深圳市高层次专业人才、深圳市质量金奖等荣誉。

领军之路

人的价值的实现其实是一个水到渠成的过程,前提是好好地把每一件事做好。知者创物,巧者述之,守之世,谓之工。百工之事,皆圣人之作也。"工匠精神"的背后是长期的积累。一个人要想走得远，光靠勤奋是不够的，个人的认知能力、预判能力以及处事能力都很重要，还需要一个好的平台。

打得开天窗，才能看得清方向；接得了地气，才能把得准潮流；抓得住细节，才能控得住成本。在创业之初，公司缺资金、缺技术、缺市场，要不是大族人的坚持，企业很可能已被市场经济的浪潮拍死在岸边，更遑论后来的开疆拓土，成为国内激光设备占有率第一的企业，也不可能扬帆出海，在全球的激光装备产业中闯进前三名。

我毕业于湖南大学，湖南大学的校训是"实事求是，敢为人先"，这也影响了我的工作理念。企业最安逸、最赚钱的时候，实际上是这个企业最危险的时候，因为繁华的背后，往往隐藏着巨大的危机，若不及时消除隐患，就会带来不可估量的后果。

企业家都是劳碌命，因为你要不断前行，没有停下来的可能。但是劳碌的过程中，你会很踏实。

——大族激光智能装备集团有限公司总经理　陈焱

一、砥砺奋进二十载，今朝成名天下扬

2016年10月13日，这是令大族激光智能装备集团有限公司（以下简称大族激光）掌舵者陈焱总经理难忘的一天，位于深圳市宝安区的大族激光全球生产基地，迎来了李克强总理"双创周"广东考察一行的到访。李克强总理在考察大族激光期间十几次驻足并关切询问，几乎看遍了车间全部设备。原本20分钟的行程计划，延长到近一小时！在肯定大族激光在智能制造领域取得不凡成就的同时，李克强总理称看到一个踏实的"工匠"企业，看到中国制造转型升级的路径和希望，并表明中国智造正破茧成蝶，大有希望！这是深圳站在改革开放前沿的历史性时刻，也是像陈焱这样扎根于宝安制造的企业家们无比振奋的时刻。

2016年12月10日，由宝安区人民政府、大族激光科技产业集团联合主办的"全球激光及智能制造发展趋势高峰论坛"在宝安举行，"大族激光智能装备集团"在论坛上隆重揭牌，陈焱担任总经理。

烙着"中国制造"印记的大族激光，如今已经成为民族工业闪耀世界的"大国重器"。作为大族激光发展进程的见证者和激光行业的领军人物，国家科技

重大专项领头人,国家智能制造新模式应用项目技术负责人,中国光纤激光切割机创始人,一时间,陈焱成为深圳宝安乃至全球备受瞩目的企业家。

1972年出生的陈焱是湖南衡阳人。努力、好学给他带来了好运。人们常说命运是一艘航行在无边大海上的船,无法预知明天会发生什么,而人生的各种际遇总是环环相扣。陈焱高考的时候,他的分数超过了第一志愿上海交通大学的录取线,但因为那年他报的计算机专业太热门而与上海交通大学失之交臂。最终,陈焱被调剂到湖南大学,学习机械制造专业。四年的大学生涯,陈焱不仅在专业及课外活动当中培养了较强的综合能力,他的思维方式也变得开阔起来。

以前,他觉得自己比较内向,想考上海交通大学是奔着"两弹一星"元勋钱学森去的,希望自己将来也能成为一名研究型的学者。陈焱到了湖南大学后,一位导师慧眼识才,发现了他综合方面的能力,便引荐他加入了学生会。临近毕业时,陈焱还作为优秀学生代表与时任湖南省委副书记的郑培民在岳麓山下的爱晚亭畅谈"如何创新"。

四年大学生涯,不仅增进了陈焱的学识,也加深了湖湘文化对他的浸润,陈焱在毕业时很快做出了抉择:既不下乡挂职当公务员,也不留校工作或继续读研读博,而是一个人背起行囊南下深圳,大步走向充满未知的前程。

到深圳后,陈焱先进了一家国企。但在那8个月按部就班、寡淡如水的日子中,陈焱刚到深圳时那一腔"到改革开放的最前沿真正干点事情"的热情被慢慢消磨。

幸而,他还保留着在校时的那种学习劲头,有空就去书店看书,啃英文版的技术专著。每当书店打烊后,他就在滨河大道旁的草地上继续看书,直到晚上10点多才意犹未尽地回到出租屋。

很快,陈焱就决定从了无生气的环境中自我突围。这时候,他在报纸上看到一家激光公司在招聘。"当时就觉得激光行业还蛮有意思的!"这个招聘让他沉闷已久的心刹那间闪过一道亮光。他在书中看到过:激光被称为"最快的刀""最准的尺"和"最亮的光",其亮度约为太阳光的100亿倍,其原理早在1916年已被著名的物理学家爱因斯坦发现,但直到1960年激光才被首次成功制造。

1998年3月,他根据报纸上的招聘信息,找到了当时在华强北办公的大族实业公司(大族激光前称),见到了董事长高云峰。他递上一大摞大学时获得的荣誉证书。高云峰一本本地翻阅荣誉证书,对陈焱印象不错。接下来的面试,两个人聊了4个小时,一半时间聊激光,另一半时间聊了不少共同话题。正当陈焱心里有点暗喜这次求职胜算在握时,高云峰话锋一转:"你这个人挺优秀的,但是现在公司很小,这个岗位前几天已经招了一位员工,如果再招的话,公司养不起。"

告别后,陈焱知道自己没戏了,然而心里却始终对这家公司念念不忘。过了几天,他又主动给高云峰打了一次电话,表明了自己的求职决心。第二天,高云峰给他打来电话说:"行,你过来吧。"

到公司报到后,他才知道高云峰所言不虚。这个刚成立一年多的公司真的小,加上他一共10名员工;而且也是真的穷,1998年下半年,创业的启动资金即将用完,为了融资,高云峰四处奔走,心力交瘁。但在企业困顿的时候,高云峰依然破格录用了陈焱。

二、栉沐风雨历寒关,开疆拓土守他方

"大族激光第一笔创业金——40万港币的预付款,是高总凭着个人信誉得来的,但是完成这个订单之后公司还是难以为继,第一桶金来得很艰难!"回忆起创业初期的困境,陈焱记忆犹新。

在没有技术的情况下,大族实业向国内外同行学习,通过反向技术创新和建立在用户使用现场的研发业务,来完成最原始的技术积累。在当时只有研究所才会引进激光技术的市场环境下,大族实业将激光技术转化为生产力,将产品成功推向市场。

"高总为了维持企业发展,多方奔走融资,最后按照净资产计算卖出了51%的股权,引进一家国有风投企业。"1999年,由于扩大生产的需要,银行不愿贷款给还是小企业的大族实业,资金匮乏让高云峰不得不转卖股权。讲起大族在上个世纪末如何渡过资金寒冬时,陈焱仍然感触于心:"自己当时只是一名普通的工程师,而且从2000年开始就被外派到福建开拓市场,虽然感觉到了公司资金紧张,但是高总这位硬汉作为创始人,不动声色地扛下了所有的困难。即使在步履维艰之际,高总也很少在众人面前流露出焦虑和煎熬。"

陈焱去福建是一个电话就定下来的。他记得那天是2000年大年初六,高云峰在电话里说:"你也做了半年的技术工程师了,想派你去福建当业务经

理。"陈焱没有犹豫,马上答应了。实际上,他知道这是一个其他业务员不愿意去的地方,那里什么基础都没有,离深圳又远,但陈焱想自己是"一人吃饱,全家不饿",就欣然接受了这个"开疆拓土"的挑战。

那一年的2月份,陈焱带着全部积蓄5万块钱去福建开始打拼。万事开头难,直到5月份,钱快花完了,陈焱才成功地卖出了第一台机器。但陈焱接下来的业绩让人刮目相看。

"当时在泉州有4家皮带扣商,占据了全球皮带扣70%以上的份额,仅在这一个领域,我们就销售了几十台激光设备。那时我一年能销售100多台设备,也是第一个用集装箱装设备去卖的业务人员。"说起这段经历,陈焱觉得,当时不仅是运气好那么简单,在摸爬滚打中他总结出一套销售方法论——把自己先变成一张"名片",让客户先认可自己,时刻把为客户创造价值摆在首位,这样与客户谈产品就容易很多了。

以卖出第一台机器的经历为例。陈焱一开始也是奔着卖设备上门拜访客户,却看到对方家里已经有了几台其他厂商的机器。最先,陈焱想说服客户增加设备,对方不为所动。陈焱见状,于是换了另外的方法——天天去客户家喝茶,也不提卖机器的事,就陪对方聊天,让客户认可并信任自己。

"一来二去熟了以后,我们就成了很好的朋友。他当时有3台我们竞争对手的设备,在他的工厂订单量上来之后,还需再添置设备。于是,我知道机会来了。依靠与客户相处所积累的信誉及真诚,最终他选择购买了我们的设备。"陈焱说,等设备进厂后,与竞争对手的设备摆放在一起PK,相比之下就知道了自身设备的不足。他迅速调来工程师研究竞争对手的产品,经过一段时间的改进,设备的性能超过了对手的。"因为拿下了该区域市场最具影响力的客户,市场得到极大巩固。从此以后,竞争对手在该区域再也没卖过一台设备。"

就这样,陈焱开始以福建市场为中心,将市场扩张到了湘、赣、皖,在大东南区勤勤恳恳"耕种"8年之久,把大族激光的品牌和技术推向了极致,市场占有率保持在90%以上。在开拓市场的日子里,陈焱已经记不清有多少酸甜苦辣,"很多时候都在迎接不同的挑战,我总是向高总看齐,无论前一天多么濒临崩溃,睡一觉第二天起来,又感觉阳光是那么灿烂。"

三、磨砺剑心十九年,"大国重器"玉汝成

陈焱大可以在福建安逸地"收割"多年的劳动成果,但是2008年高云峰一召唤,他又义无反顾地回到深圳。

时值金融危机期间,受到市场冲击,大族激光内部做出调整,当时的切割事业部(钣金装备事业部前身,现已更名为智能装备集团)在经营上问题重重,业绩一落千丈,高云峰不得已召回了陈焱。陈焱希望继续挑战自己,就把这个别人眼中的"烫手山芋"接了下来。

很多人劝他:"你都在福建积累了这么多年,业绩上都是数一数二了,何苦跳这个'火坑'?"其实,陈焱当时心里也没底,为了甩开膀子干,他就给自己设了一个时间线——两年,"两年之内,如果没有明显的起色,马上走人。"走马上任后,陈焱发现自己还是低估了问题的严重性及困难程度——销售不到1个亿,亏损近8000万,积压库存折算后1个多亿。

激光切割机是大族激光的高端装备,如果陈焱当时没有咬牙突破,大族激光有可能真的会"壮士断腕",舍弃这块业务,也就很难说还有没有今日大族激光的"一哥"地位。

陈焱当时压力大得整整两个月都辗转难眠。一番思量,他决定从市场开始挥动改革的"三板斧":第一,整合业务,将预付款从原来合同额的30%提高到70%;第二,将市场上有问题的机器召回来,不惜代价修好,重塑市场声誉;第三,在人事制度上进行整顿,不允许员工自己私下搞业务、兼职,要求员工按时提交工作报告。

个别措施当时还引起了内部哗然,如业务员纷纷反对提高预付款,辩驳说:"一台机器上百万,30万都卖不出去,预付70%谁还会来买?"陈焱不由分说回道:"这是规定,一定要推!"因为在市场打拼了8年的陈焱清楚,从客户的购买心理来说,如果客户不付出足够的应付款,客户是不太会珍惜设备的,也谈不上好好使用,这样就会导致设备的使用性能上不来,体现不出设备的价值,造成设备验收困难甚至退机。

在开始清理内部库存时,虽然库房里的机器都是靠真金白银才生产出来的,但是卖不掉,只能报废。为了求精,陈焱把原来林林总总几十款产品,挥刀一砍,只留下五款。

陈焱与供应商谈判,承诺给供应商及时付款,同时对供应品质提出了高要求,重新建立了一套与供应商互信、互惠、互利的战略合作体系。

清理历史遗留问题、重新设计制度、抓产品生产……事情一桩接一桩,纷繁复杂。那段时间,陈焱总是最早到办公室,最晚离开。渐渐地,业务有了起色。在这个过程中,陈焱并没有裁掉原先管理团队中的任何一个人,大家对他心服口服。大族集团董事长高云峰也把这一切看在了眼里,始终作为强大的后盾支持着陈焱。

总结扭亏为盈那一役,陈焱有两个感受:"创新,往往是在走投无路的时候被逼出来的。作为一个职业经理人,最大的作为应该是把流程和制度建起来,把向上的文化氛围营造出来,把人才培养出来,让团队离了你也能正常运转下去。"

到了2009年,大族激光的业绩好转,市场占有率稳步上升。陈焱感觉自己能稍微松一口气了,就决定到国外去看看。

这一看,看出一个世界级的市场机遇。他在俄罗斯的一个业内展会上发现了关于光纤激光切割的市场契机。当时,国内的学术界对光纤是否能用于切割还是存疑的态度,但是陈焱凭借自己十年的从业经验,感觉大有可为。

接着,陈焱又去了德国,迅速与合作伙伴达成了在光纤激光切割方面的战略合作。并且在回国后,立即组织人员研究高功率光纤激光集成应用的可能。

这一举让大族激光迅速填补了国内的市场空白,但"1.0版"光纤激光切割机并没有被市场完全接纳。陈焱又遇到了当年在福建遭遇的场景:这种新品故障率比较高,可靠性还有很大的提升空间。

陈焱不慌不忙,他知道客户最在乎的是价值。他说:"一台机器100万,坏100次都无所谓,只要我能及时服务,只要一年能为客户赚回100万,客户当然愿意买;另外一台100万的机器如果一年只能赚50万,再稳定也只能给客户带来一半的回报。客户如何选择这是不言而喻的。"以市场为导向、以客户价值为中心的运营理念,解决了内部新产品是否可以在成熟前推向市场的争论。而产品的用户在使用过程中,给研发部门提供了一个实践的平台,产品的性能在短时间内就能得到快速的提升。同时,陈焱组织技术人员加强研发,很快进行了技术上的改良和革新。产品从"2.0版"不断升级至"8.0版",大族光纤激光切割机每一代的性能都跨了一个台阶。最令陈焱骄傲的是,"1.0版"是纯粹模仿,"2.0版"是自主研发加一部分模仿国外同类产品的痕迹,"4.0版"

到"8.0版"则基本上都是同行模仿大族了,而其核心技术之高、精、尖,还真的不是想模仿就能模仿到的,因为那是大族团队经过多年磨砺打造出来的。

大族激光凭借光纤激光切割机这一创新产品在市场上的亮眼表现大获成功,从而跻身国际知名企业行列。大族激光并没有就此停止创新的步伐:2016年5月,推出国内首台8 kW光纤激光切割机;2017年11月,在美国芝加哥北美金属加工成型展览会上,大族激光15 kW光纤激光切割机全球首发并当场签约;2017—2018年,大族激光为国际热核聚变实验堆ITER国际合作项目研制的16 kW、20 kW机器人激光焊接工作站,分别成功应用于第一壁(FW)水道模块和超导线圈盒激光焊接,助力"人造太阳"项目建设;2019年6月,大族激光20 kW超高功率激光切割机研制成功,获得用户青睐并成功交付。这些是大族激光在超高功率激光切割与焊接领域发展的一个又一个里程碑,彰显永不止步的创新精神,必将巩固大族激光在全球激光加工应用市场的领先地位,进一步推动世界激光应用技术与市场的伟大变革!

与此同时,大族激光高端激光智能装备逐步得到完善。机器人三维光纤激光切割(焊接)机、FMS激光切割柔性生产线、全自动光纤激光切管机、三维五轴激光切割(焊接、3D打印)装备、金属3D打印系统、激光清洗系统,以及激光器、功能部件、数控系统等核心器件接连推向市场;激光智能装备有效替代了进口产品,广泛服务于轨道交通、汽车制造、重型机械等国民经济关键行业和核心领域,推动着中国制造智能转型升级。

2015年,大族激光入围国家工信部颁发的智能制造试点示范企业名单。近年来,在制造业纷纷加大智造转型升级的大背景下,大族激光继续加大信息化与智能化部署,围绕装备智能化、制造服务化、运营数字化,对内构建集成管控平台,对外构建激光装备"云平台",面向"5G+工业互联网",构建5G新生态、新场景,将大数据、云计算、物联网等覆盖到工业制造的每个环节,人、财、物、信息全面链接,实现真正的协同,促进生产力提升、产业链结构优化与服务模式创新。

大族激光智能装备集团管理运营坚持"质量优先、智造未来"发展方针,坚持以市场为导向、以用户价值为中心的战略方向,突破产能瓶颈,深化"政、产、学、研、用"合作,业绩持续高速增长,产销量进入全球前列;自主研制的功能部件及数控系统大批推向市场;智造+互联网,信息化与制造紧密联合,使大族激光智能装备集团向智能制造快速推进。大族激光智能装备集团激光切割与

焊接装备凭借优越的性能与良好的口碑,成功打入美国、德国、意大利、俄罗斯、日本、韩国、巴西等国际市场,令中国制造扬眉吐气。

2018年2月26日,由中央电视台与工业和信息化部联合制作的大型工业纪录片《大国重器》(第二季)在CCTV2央视财经频道盛大开播,全景式展现中国制造的实力与魅力。大族激光系列智能装备荣耀亮相纪录片的第二集《发动中国》,展示大族激光在智能装备与核心关键技术领域的自主创新成就与突破,记录大族人技术攻关的精彩故事,彰显打造高端装备、赶超世界先进的勇气与智慧,引领着中国制造业向高质量、高效率加速跃升!

四、不畏浮云遮望眼,只缘身在最高层

在深圳市及宝安区政府的大力支持下,2017年6月,大族激光集团全球激光智能制造产业基地正式开工建设。该项目总投资达51.7亿元,用地面积100000 m²,总建筑面积约495000 m²,将成为全球最大的激光智能制造生产基地,推动激光产业技术和相关产业的进步,打造国际激光智能制造产业新标杆。千亿级大族激光集团即将冉冉升起。

今时今日,大族激光在行业的领军者地位、难以超越的产品市场占有量、充裕的资金以及在战略上的运筹帷幄,让很多人认为陈焱可以闲庭信步了,但陈焱却说:"被别人竞相模仿不就等于拿着鞭子抽我么?不当'第一'就容易为别人做嫁衣,我只有拼命往前跑!"

在陈焱心中,他只是一个坚守初心的追随者,始终带着他和大族激光跑在前面的是董事长高云峰。在经济高速发展的时代,制造业与资本运作有喧嚣的高潮,也有寂寞的低谷。从1996年创立大族至今,一路上有过萧瑟寒冬,也有过春暖花开,陈焱眼中的高云峰却始终没有变过。他们都是坚守初心的人,将实践、勤奋当作乐趣。"高总每天晚上九、十点才回去,天天在思考,他缺钱吗?缺地位吗?缺名气吗?……他什么都不缺,他为什么还要这么操心?实际上,他在享受不断征服自己的过程。"

关于自己的定位,陈焱说:"我希望自己当好一名'工匠',当好职业经理人,好好做事,继续创新。我始终记得,我刚来大族的工牌号是10,大族现在一万多人,我就是其中的一分子。我愿意一生穿着这件10号'球衣'奔跑,从深圳宝安出发,直到让全世界看见中国制造!"

激光领军人物之邓家科

追光之旅,永不停歇

武汉华工激光工程有限责任公司

○ 公司简介

作为国内知名高科技上市公司华工科技的核心子公司,武汉华工激光工程有限责任公司(以下简称华工激光)是国家重点高新技术企业、国际标准制定参与单位、国家标准制定牵头组织和承担单位。公司拥有国家级企业技术中心、激光先进制造技术省级重点实验室,同时依托激光加工国家工程研究中心、激光技术国家重点实验室、激光工艺加工展示中心三大才智平台,承担激光行业内重点项目和重大科技攻关项目。

1971年,华中工学院(现华中科技大学)设立激光课题组,开启了中国激光技术研发的序幕。作为中国激光技术和行业的发源地,中国激光工业化应用的引领者,华工激光始终以"为制造的更高荣耀"为宗旨,引领中国"智"造澎湃向前。

激光领军人物

◯ 人物简介

武汉华工激光工程有限责任公司
总经理邓家科

邓家科,男,56岁,中共党员,教授级高工(正高职高级工程师),1987年毕业于华中科技大学(原华中工学院)工业自动化专业,2011年在华中科技大学EMBA结业,享受2015年国务院特殊津贴专家、2009年湖北省政府特殊津贴专家和2006年武汉市政府特殊津贴专家,武汉市十大杰出创业家。

曾任武汉市工程科学技术研究院计算机应用开发所研究所副所长,HG-FARLEY LASERLAB CO. PTY. LTD. 亚洲销售区首席代表,武汉华工激光工程有限责任公司常务副总经理,武汉华工激光工程有限责任公司智能装备事业部总经理,武汉法利莱切割系统工程有限责任公司总经理,华工科技产业股份有限公司副总裁。

现任华工科技产业股份有限公司党委委员,武汉华工激光工程有限责任公司董事、总经理、党总支书记,华工激光智能装备事业群总经理,武汉法利莱切焊系统工程有限责任公司董事长,武汉法利普纳泽切割系统有限公司董事长,华工法利莱切焊系统工程有限责任公司董事长,河北华工森茂特激光科技有限公司董事长,澳洲 HG-FARLEY LASERLAB CO. PTY. LTD. 董事长,宝鸡华工激光科技有限公司董事长,江苏华工蓝天智能装备有限公司董事长,武汉武钢华工激光大型装备有限公司董事,武汉华日精密激光股份有限公司董事,深圳华工激光设备有限公司董事,江苏华工激光科技有限公司董事,苏州华工自动化技术有限公司董事,美国 HGLASER CO.,LTD. 董事。现兼任国家标准化管理委员会全国光辐射安全和激光设备标准化技术委员会激光加工设备分技术委员会委员,武汉·中国光谷激光行业协会副会长,湖北工业大学客座教授。

作为高端激光加工技术及其装备的诸多重大项目总负责人,邓家科主持或参与国家级、省部级科研项目4项,获得专利26项,获国家科技进步一等奖1项、湖北省科技进步特等奖1项、湖北省科技进步一等奖2项、中国机械工业科技进步一等奖1项。

领军之路

一、入行19载,见证中国激光产业"从0到1"

邓家科是激光行业里的"老人",入行19载,他经历了中国激光产业从无到有,也见证了武汉光谷从启动到兴盛的全过程。对于中国激光这些年的变化,对于华工激光,邓家科感慨良多。

19年前,国内激光技术尚不成熟,激光应用尚未兴起,从小功率的激光打标机到大功率的激光切割机,技术几乎全被国外垄断。19年后,国内激光市场已经成为全球增长最快、最大的应用市场,技术蒸蒸日上,有些公司已是出色的系统集成商,有些公司已是核心技术的领导者、行业的"独角兽"。

那时,武汉还没有"光谷"一说,武汉地区从事激光技术研发及设备制造的公司只有华工激光等屈指可数的几家。邓家科说:"如果最初是激光技术助推了光谷,那么后来就是光谷成就了激光产业。"武汉的教育优势明显,光机电多学科交叉互联,培养了一大批国内激光加工专业人才,正是这些人才带领激光产业快速发展,他们或创立公司,成为行业领导者;或作为技术骨干,带领企业技术革新。大族激光、华俄激光、嘉铭激光、逸飞激光等企业也是在这样的背景下如雨后春笋般萌发,进而壮大。

一个人有他的成长历程,同样对于一家企业来说,也有从创业到发展再到腾飞的过程。邓家科说:"华工激光的成长,就是一部浓缩的中国工业激光奋进史。"

1971年,华中工学院(以下简称华工)设立激光课题组,开启了中国激光技术研发的序幕。

第一代中国激光人合影

1989年和1995年,两大国家级科研机构——激光技术国家重点实验室和激光加工国家工程研究中心先后落户华工,奠定了华工激光在中国激光界的技术引领地位。

武汉华工激光工程有限责任公司成立大会

1997年,激光加工国家工程研究中心整体改制为武汉华工激光工程有限责任公司,开启了市场化运作之路。

华工科技在深圳交易所挂牌上市

2000年,华工科技在深交所挂牌上市,成为当时国内第一家以激光为核心

华工激光全资收购世界著名激光切割、等离子切割制造企业 Farley Laserlab

产业的上市公司,被称为"中国激光第一股"。

同年,华工激光全资收购了世界著名的激光切割、等离子切割制造企业 Farley Laserlab,迈出中国激光企业走向国际市场的第一步。

在华工激光,诞生了中国第一台光纤激光器、第一台紫外激光器、第一台皮秒激光器、第一台飞秒激光器……

如今,华工激光已形成了完整的激光全产业链布局,公司产品广泛应用于 3C 电子产品制造、汽车制造、白色家电以及快速消费品制造等行业,极大地助推了中国制造业工艺水平的提升。"华工激光现在不仅是激光加工设备生产商,更是激光全产业链综合解决方案提供商,现在正在向自动化智能化解决方案服务商转变。"邓家科介绍。

二、瞄准目标,实现激光应用的全面开花

在"工业 4.0"和"中国制造 2025"战略的大背景下,智能制造已经成为全民关注的热门话题。制造产业的转型升级需要先进的制造设备作为支撑。近年来,随着越来越多的激光制造技术在传统制造业中的广泛应用和新的激光应用领域的开拓,激光制造技术正在不断地替代和突破传统的制造技术。

在汽车制造领域,2016 年,华工激光联合院校及多家知名车企共同自主研发的"汽车制造中的高质高效激光焊接、切割关键工艺及成套装备"项目获国家科技进步一等奖,实现了汽车制造领域激光焊接、切割关键工艺及成套装备国产化,打破国外在此领域 40 多年的垄断历史。

不满足于在传统汽车车身激光焊接领域的领先地位,华工激光自主研发

的国内首条新能源汽车全铝车身焊装生产线也于2008年量产上市,打破了国外垄断核心技术的局面,并推出漫威系列光纤激光切割机、奥博三维激光切割机等新品,不断延伸"智能制造"产品价值链。

在消费电子领域,华工激光抢抓OLED行业产能转移机遇,突破显示面板工艺、皮秒激光成丝切割工艺等核心技术,成功研发全面屏全自动切割、蓝宝石加工等设备,开发定制专业的非标自动化设备、工作站及自动化生产线。

在新能源领域,华工激光积极融入新能源产业链,成立新能源事业部,布局新能源市场,研发出一整套新能源领域的激光加工解决方案及相关配套设施,并且在国内外多家知名车企得到成功应用,助力新能源汽车装上强力的"心脏"。

在家电领域,华工激光推出紫外大幅面打标设备,突破了曲面异形加工瓶颈,填补了市场应用空白。

在微加工领域,华工激光掌握皮秒激光成丝切割工艺、高精度光机电协同控制技术等单元技术,未来还将在半导体行业及各种精细行业延伸产业链。

围绕"激光+智能制造",华工激光积极布局,专门研发了设备工业互联网管理软件,为客户提供硬件和软件的设备管理系统,可以对设备的使用效率、工作状态进行随时监控,真正实现MES系统的构建。以激光为立足点,华工激光还开拓了检测、自动化生产线等业务,进一步满足了制造业转型升级的需求。

未来,华工激光希望建立完整的智能工厂,践行国家智能制造发展战略,为客户创造更高的价值。

三、以客户为中心,为客户创造更高价值

"如果你没在为客户着想,你就是没有在思考。"这是美国战略思想家特德·列维特说过的一句话。"为客户着想,以客户为中心"也是华工激光一直以来的自我要求。"客户是我们存在的唯一理由,发展的未来也都是在一线的炮火声中拼出来的。"邓家科表示。

当前,激光产业发展迎来了黄金十年。在我国,激光技术已成熟应用于3C电子产品制造、汽车制造、白色家电以及快速消费品制造等行业;在国际市场上,以美国、德国、日本为代表的发达国家激光产业发展速度更是惊人,特别是

在机械、电子、航空、钢铁等大型制造领域,基本完成了用激光加工工艺对传统加工工艺的更新换代。可以说,在"光制造"时代中,随着我国智能制造战略的逐步推进,以及经济结构转型升级的全面深入,激光加工技术将进一步助力中国制造业产业升级,激光应用也将更加广泛。

对华工激光而言,肩负着"为制造的更高荣耀"的使命,想要打赢这场战役,战略层面的谋略必不可少,扎实的落实更不可缺。

浮寄孤悬则形势削弱。谋划和布局绝不是无源之水、无本之木,不是决策层拍脑袋想出来的,必须来源于市场、根植于客户。前线的"炮火声"给邓家科的震撼是最大的,感受也是最深的。在前线,和客户面对面沟通,才知道需求所在;在前线,直面竞争和压力,才找得准痛点、握得住发展的脉搏;在前线,和奋斗者并肩作战,才能让管理和决策更有温度……

邓家科讲到了他2018年4月参加上海机床展的一次经历。"在展会现场我们得到了徐工集团购买两台大幅面激光切割机的需求信息。当时,客户方的参展人员提出,如果我有时间可以到公司当面与公司领导沟通。在获得订单线索的时候,快速响应、决策,缩短谈判周期,这是对双方负责的态度和方式。为紧抓'战'机,第二天我便赶到了徐州,与客户方领导面对面沟通,了解客户对激光产品的需求,以及对我们的要求。最终,我们和徐工集团的合作很成功。其间还有一个小插曲,因为客户需求紧急,为快速响应客户需求,当时即将交付给另一家公司的设备被先发往了徐工集团,最终,徐工集团订购的两台设备在20天的时间完成交付。而经过我们的努力也在合同时间内完成了另一家公司的设备交付。通过这次订单合作,我们从市场一线得到的不仅仅是两台设备订单,更加深了与行业大客户之间的信任感,并通过行业大客户的市场需求得到未来行业发展的方向和重点。"

一线是经营决策的来源,一线更是激光君们奋斗的主战场。"在今年的战役中,很多在一线奋斗的激光君们的精神状态给了我很深的触动。在深圳,欧阳晓亮和整个团队在与竞争对手的正面PK中毫不退却,用实力拼出成绩;在天津,端午节期间我们的设备发往客户现场,销售张华兴就跟到了客户现场;在十堰,朱思维等11人在6天时间里完成焊接产品线柔性焊接系统设备的安装、调试,第7天就能在客户现场实现车顶盖样件焊接……在真实的现场、鲜活的奋斗场景中,我看到的是激光君们无往不克、所向披靡的决心和实力,我相信这样的团队一定可以拼出光明的未来!"邓家科表示。

四、"追光之旅"永不停歇,为制造的更高荣耀

在智能化浪潮之下,目前国内激光设备厂商都在积极建设智能装备产业集群。因为激光加工装备作为一种定制化、服务化、绿色化的新型制造系统,其本身就是一种智能装备。激光技术具有智能制造的先天基因与特性,它作为助推智能制造的先进工具和手段,正在以越来越高的渗透率与各行各业紧密结合。可以说,"激光+智能制造"已成为中国激光行业发展的趋势,更是助推中国智能制造的重要引擎。

谈及未来发展规划,邓家科表示,借助公司多年来在激光工艺、激光技术以及激光光源等领域积累的优势,将不断挖掘更多新的激光应用,"我们秉持的是'1+N'的理念,即1个激光技术向N个行业拓展,360°全方位对接细分行业应用。同时,在这N个行业应用中,又发掘出其他的自动化和智能化应用,以实现多维度的创新突破。"

未来激光装备产业将朝着光源高功率、高精度,激光智能设备多维度、大幅面、复合功能等方向发展。基于自动化的激光系统装备将与产品生产线紧密结合,使得制造过程更加智能化、更加高效,并在工业制造中扮演越来越重要的角色。"打造核心技术竞争力依然是企业的'制胜法宝'。例如,需要向更高的智能制造转型,围绕激光或激光应用的企业,除了做激光业务外,也可以延伸到其他板块,如自动化。我们在苏州成立了一家自动化公司,专门对接智能手机的智能加工业务。"邓家科表示。

2015年至今,华工激光已陆续在河北沧州、江苏宿迁、陕西宝鸡、四川成都建立了激光加工国家工程研究中心区域分中心。近几年,激光加工国家工程研究中心积极布局全国,探索国家创新平台新的运行机制。通过对区域分中心的资源优化与调配,充分发挥自身技术和人才优势,华工激光深度融入各地产业中,全力推动地方制造业向高端升级转型,助推这些区域迎接"光制造"时代。

激光应用,工艺先行。邓家科进一步解释道:"决定激光技术能否真正应用于某个领域的关键,其实是激光技术在这个领域的工艺技术是否得到实际解决。我们希望能够及时了解客户的需求,以综合应用展示华工激光提供整体解决方案的能力,而非展示某一种技术手段。"

布局全产业链、实施"1＋N"、融入区域经济、从激光装备向智能化产线转型……这些只是华工激光发展战略上的一部分,而邓家科想做的还远不止这些。在对标国际先进技术、参与国际竞争、用激光"智"造推动中国"智"造的道路上,华工激光必将书写更多辉煌。

激光领军人物之孙文

不忘初心,持续创新,打造"激光航母"

武汉楚天激光(集团)股份有限公司

○ 公司简介

武汉楚天激光(集团)股份有限公司(以下简称楚天激光)1985年成立于武汉,是武汉光谷的核心企业,拥有员工1000多人。成立30多年来,楚天激光的发展得到了国内外领导人的关心,22位党和国家领导人、5位国外领导人莅临楚天激光视察。楚天激光是一家规模大、产品种类齐全、市场网络健全的专业激光产品制造商,下辖工业激光产业集团、医疗激光产业集团、激光加工产业集团三大产业集团,在北京、武汉、苏州、上海建有生产基地,向全球客户提供激光应用全套解决方案。工业激光产业集团拥有一批国内优秀的激光科技人才,建立了覆盖中国、辐射全球的销售体系,产品涉及激光焊接、激光打标、激光切割、激光打孔、激光热处理、激光调阻等。医疗激光产业集团凭借先进的技术,致力于向全球用户提供全面的激光/强光医疗和美容整体解决方案,是亚洲医疗激光领域的专业产品供应商。激光加工产业集团建有中国规模领先的激光加工站和激光工艺品生产基地。楚天激光是"国家火炬计划重点技术企业",多项经济指标连续数年稳居中国同行业前列,多项主导产品在中国市场占有率达到50%以上。多年来,楚天激光为中国航空、航天、机械、电子、钢铁、冶金、医疗卫生等行业攻克了多项难题。公司是"神六航天工程立功单位",也为神舟七号、神舟八号飞船配套。从神舟一号到神舟八号,楚天激光都是指定的激光应用服务商。楚天激光拥有400多项国家专利,行业领域涉及航空、航天、电子、卫生、冶金、文化等。

○ 人物简介

武汉楚天激光(集团)股份有限公司
党委书记、董事长孙文

孙文,吉林通榆人,企业家,教授级高级工程师,享受国务院特殊津贴专家。1980年毕业于华中科技大学光学系激光专业。现任武汉楚天激光(集团)股份有限公司党委书记、董事长;湖北省政协委员;湖北省人大代表;湖北省工商业联合会(总商会)副会长;湖北省楚商联合会常务副会长;中共湖北省楚商联合会委员会委员;湖北省激光行业协会名誉会长。

孙文是我国激光界知名专家,一直活跃在激光技术研究的第一线,先后担任十多项国家及地方火炬计划项目、"九五"国家重点科技攻关项目技术负责人;主持研发的"光纤传输连续激光焊接机""锂离子电池封装激光焊接机"等多项科研成果多次荣获"国家技术开发优秀成果奖""湖北省科技进步奖""武汉市发明奖"等奖项,不仅替代了大量进口设备,而且成功出口至美国硅谷,实现了中国激光产品出口发达国家"零"的突破。

作为一名优秀的企业家,孙文以敏锐的战略眼光、卓越的领导才能,带领

楚天激光一步步走向辉煌。在企业经营管理过程中，提出"抢抓市场机遇，实施科学管理，创建学习团队，铸造中国名牌"的企业经营理念，不断进行技术创新、管理创新、人才创新，使公司成为目前国内生产规模最大、产品结构最齐全、市场营销网络最健全的专业激光产品制造商之一，成为"武汉·中国光谷"中的核心企业。

领军之路

楚天激光创造了无数技术革命——最初的激光加工电池生产线是楚天激光创造的；全中国高端的激光美容产品60%以上出自楚天激光旗下的医疗激光公司，没有楚天激光，也没有今天的光子嫩肤；楚天激光还是中国运载火箭研究院最优秀的合作伙伴之一，致力于解决中国航天的关键技术；楚天激光开发的激光文化创意旅游产品走向世博会，登上春晚；激光工艺礼品成为我国外交部的外事礼品首选。

不断革新的楚天激光，其掌舵者孙文是光谷创业元老。

孙文是中国最早的一拨"下海者"。他白手起家创办的楚天激光，甚至比武汉市东湖新技术开发区还早3年，成为武汉光谷创新发展史的见证者，成为武汉光谷培育创新企业、创新产业和创新生态的缩影。孙文见证了武汉光谷在光电子信息产业领域的崛起，试炼了光谷培育企业、集聚企业的良好土壤，也以一个民营企业家的活力、闯劲和胆识，与万千企业家一起，共塑"鼓励创新、宽容失败"的光谷。

楚天激光见证了湖北高科技产业的飞速发展。作为中国第一家民营激光企业，楚天激光于1985年诞生于武汉，经过35年发展，已经成为中国最大的激光焊接设备生产基地，中国最大的医疗激光设备供应商，中国最大的激光文化创意产业基地。同时，楚天激光还是中国火箭研究院优秀的合作伙伴，从神舟一号到神舟八号，中国神州载人飞船系列有着楚天激光的突出贡献。业界因而流传一句话："中国激光看武汉，武汉激光看楚天。"楚天激光的发展曾受到胡锦涛、温家宝等多位党和国家领导人的关注和鼓励。

楚天激光自成立起，在孙文的带领下，一直在"做激光、用激光"，激光贯穿着企业的整个发展脉络。基于这个主题脉络，楚天激光已在多年发展中探索出了三大产业发展方向，并建立了一批子公司及合资公司，专注于激光在不同领域的发展。

"不忘创业初心,接力改革伟业"。楚天激光在孙文带领下,为我国激光事业做出了较大贡献。

一、一战成名,持续发展

楚天激光董事长孙文是国内第一届激光专业的大学生。1980年从华中工学院(现华中科技大学)毕业时,被分配到武汉一家光学研究所工作。工作中孙文发现,当时我国激光研究已经走在世界前列,全球著名激光杂志有四分之一的论文出自中国学者之手,但这些花费几代人心血的研究成果都被束之高阁,"养在深闺人未识",与国外激光产业的方兴未艾之势形成强烈反差。巨大的反差刺激了孙文。"科研成果不能及时转化为生产力,就好像果子卖不出去只能烂在筐里一样。"在研究所工作5年后,34岁的孙文义无反顾地决定结束这种在实验室里当"寓公"的生活,他要让武汉乃至全国的激光产业从实验室里走出来。

1985年,孙文带领研究所里的四名同事,靠着银行的10万元贷款,在一间20 m^2的厂房里,创办了武汉楚天光电子公司(楚天激光的前身,以下简称楚天光电子)。

创业维艰,公司整整一年都没有业务。1986年,孙文得知四川一家开发心脏起搏器的企业需要激光焊接机。当时激光焊接机在国内尚属空白,只能依靠国外进口。从客户那里回来后,孙文就一头扎进那间只有20 m^2的厂房。在连续吃了3个月方便面,做了数百次试验后,焊接机终于试制成功,并且售价比进口设备便宜了130万元,公司掘得了"第一桶金"。孙文的第一台"中国造"激光焊接机的问世彻底改变了中国心脏起搏器依赖进口的格局。从此,孙文在业界名声大噪,可谓一战成名。继开发出中国第一台激光焊接机后,楚天光电子持续发力,双光路激光机在这里首创。更多品种的激光焊接机、激光打标机、医用激光机、连续激光器、高频脉冲激光器在这里制造出来,产品品种达20多种。

1992年,邓小平的南方谈话让孙文热血沸腾,他决定也把步子"迈得更快一些",那就是走出国门。当年他得到消息,美国硅谷需要一批激光焊接机,而参与投标的都是国际上一些著名的激光设备生产厂家,主要来自美国、英国、日本、俄罗斯、德国等。孙文最终决定参与投标。经过数百次的试验,楚天光电子终于研发出了双光路激光焊接机,一举夺标,成为当时中国第一家也是唯一一家进入美国硅谷的激光设备供应商。这扭转了国内激光产品只进口不出口的局面。1993年,武汉楚天光电子公司更名为武汉楚天激光(集团)股份有限公司。

20世纪90年代以后,楚天激光先后完成一系列技术攻关,特别是用于中国航天事业的激光技术,包括楚天激光的大功率激光切割设备用于加工神舟七号部件、宇航员出舱服的精密焊接、人造地球卫星上所用的镍氢电池激光焊接。公司快速发展,产品应用领域不断扩大,至90年代末,楚天激光的年销售额已突破亿元。

二、断臂求生,回归主业

在20世纪90年代早期,公司掘得"第一桶金"、业务向好之后,孙文经受了多元化的诱惑。当时,国内很多企业都在尝试多元化,孙文也开始追逐这股浪潮,花费几百万元开办了蔬菜配送、影视等7个子公司。

一年后,这7家子公司,连同楚天激光母公司,8家公司集体亏损,几百万元打了水漂,"学费"昂贵。为了挽救公司,孙文做出决定:关掉7个子公司,从此不再做任何与激光不相干的项目。那段时间,孙文深感痛心,却也从中悟出一个深刻的道理:只有专注才能专业,才能有发展。

如今事情过去已经有20多年了,但盲目多元化导致巨额亏损的教训让孙文直到现在都不敢忘记。楚天激光现在已经是全国最大的激光焊接机生产基地,产品市场占有率接近70%,经常有房地产、电子等行业的项目找上门来,但都被孙文拒绝了:"做企业,不要随便多元化,要有所为有所不为,什么都干就什么都干不好。"

经过多年的打拼,楚天激光拥有了工业、医疗、文化创意三大产业的产品体系。孙文强调:"三个产品体系看似不搭边,但绝不是多元化,它们由一条主线贯穿,那就是激光。"

虽然命途多舛,"创新"这种精神却一直在楚天激光人的血管里流淌。"不创新的风险,远大于为了创造明天而承担的风险""不创新,就等于死",孙文经常引用现代管理学之父德鲁克这两句有关创新的经典语句。楚天激光最典型的创新,就是首创了"光子嫩肤"的概念,并于2001年成功研制了第一台国产光子嫩肤设备,其成本不到进口设备的三分之一。

为了实施国际化战略,楚天激光与全球最大的医疗激光仪器制造商联手,成立了一家医疗激光制造公司。楚天激光不仅通过此举开拓了新的市场领域,同时也赢得了丰厚的经济回报。2007年,楚天激光与意大利El. En.集团合作,在武汉建立合资公司——奔腾楚天激光(武汉)有限公司(以下简称奔腾激光),进军大功率激光切割机领域。

三、专注激光,打造"航母"

面对曾经的多次诱惑,孙文不断加强这个信念:激光领域是我们的优势所在,激光就是楚天的主题。

公司构建工业激光、医疗激光、文化激光三大产业的重大战略思想,不断壮大产业规模,推进国际化经营,提高创新能力,成了国内激光巨头之一。

在工业激光领域,楚天激光已积累了深厚的优势。楚天激光下属子公司主营业务拓展至激光焊接、激光打标等多个领域。楚天激光与意大利El. En.集团合作组建的奔腾激光,专业生产高功率激光切割设备。奔腾激光自创建之日起,连续10年在国内同行业中增长幅度最快,成为国内主流的激光加工设备供应商之一,公司不仅参与过我国高速列车激光制造,也为中国航天运载火箭制造提供激光切割装备,被政府授予"中国航天工程立功单位"。

在医疗激光领域,楚天激光起步很早。医疗激光市场潜力巨大,随着国民经济水平的增长,正在成为一项面向大众的消费服务。楚天激光早已布局医疗激光市场,由其孵化的医疗企业现已处于国内激光医疗领域的领先位置,拥有完备的产品线,能够为客户提供全方位医疗激光解决方案。

在文化激光领域,楚天激光与湖北日报传媒集团投资联袂打造的科技文化创意产业平台——泛亚光电成立,致力于将激光科技与文化艺术完美融合,开创中国激光科技文化新模式。北京奥林匹克公园激光艺术水幕、世博会开幕式激光秀等都有泛亚光电的参与。

近年来,楚天激光先后承担并完成了多个国家级项目,包括:10个国家火炬计划项目,1个国债技术改造项目,4个电子发展基金项目,1个国家技术进步与产业升级项目,1个国家级产业化示范项目,1个国家重点技术改造项目

等。截至目前,公司共申请专利480件,专利申请量和拥有量连续10年居同行业前列。

四、履行责任,回报社会

在35年的创业征程中,楚天激光大力弘扬"爱国、敬业、诚信、守法、贡献"的优秀建设者精神,充分展示优秀建设者的时代风貌,爱国敬业、守法经营、创业创新、回报社会,积极履行社会责任。

作为一名民营企业家,孙文对内关爱员工(获评"全国关爱员工优秀民营企业家"),创建和谐企业;对外关心经济社会发展,参与"千企帮万村"精准扶贫行动,积极参与光彩事业,参与新农村建设,参与抗洪救灾,参与扶持贫困地区经济发展,资助教育事业和贫困学生等,为构建和谐社会做出了贡献。截至目前,公司累计为社会捐款、捐物超过500万元。

五、一颗红心,不忘初心

孙文创业之初,即在武汉楚天光电子公司成立时,就成立了基层的党组织,1992年他又成立了党支部。这在民企里面是少有的。孙文同志身为公司党委书记,亲抓党建工作,严格考核入党积极分子,不断把优秀员工吸收入党,并予以重用。

在孙文的带领下,公司坚决拥护中国共产党领导,坚定走中国特色社会主义道路,拥护改革开放政策,认真践行社会主义核心价值观,遵守国家法律法规,自觉践行亲清新型政商关系。

35年来,企业的干部员工一起努力,坚持按照党的方针、政策和路线,积极投身经济建设,为我国高科技激光产业做出了突出贡献。公司被评为全国民营企业思想政治工作先进单位,孙文同志在"双比双争"活动中被评为武汉市优秀共产党员,公司党委获"先进基层党组织"称号。

为响应省工商联的号召,推动企业高质量发展,更好地完成新时代赋予的重任,促进湖北经济社会持续健康发展,楚天激光于2015年牵头成立了湖北省激光行业协会,纳入全省激光制造企业和激光应用企业,通过资源共享,带动中小企业向前发展。

35年来,楚天激光获得"中国神六航天工程武汉立功单位""第二批全国企事业专利试点工作试点单位""全国民营企业思想政治工作先进单位""湖北省最佳成长型十大民营企业"等荣誉。孙文获得"优秀中国特色社会主义事业建设者""湖北十大经济风云人物""武汉市劳动模范"等荣誉。

激光领军人物之侯若洪

二十载初心不改激光梦

深圳光韵达光电科技股份有限公司

○ 公司简介

　　深圳光韵达光电科技股份有限公司(以下简称光韵达)是激光智能制造解决方案与服务提供商,于2011年6月8日在深圳证券交易所创业板成功上市,股票代码:300227。公司利用"精密激光技术+智能控制技术"突破传统生产方式,实现产品的高精密、高集成及个性化,为全球制造业提供全种类的精密激光制造服务和全面创新解决方案。

　　公司的主要产品和服务包括:增材制造(3D打印)、激光三维电路(3D-LDS)、精密激光模板、柔性电路板激光成型、精密激光钻孔(HDI);电子制造产业的关联产品、航空航天及军工零部件制造等应用服务;智能检测设备、自动化设备、激光设备及3D打印设备等智能设备;激光光源及关键零部件制造等。

　　公司秉承"成功源于专注"的核心价值观,切实做好科技研发、生产制造,以服务客户为重任。目前,光韵达已在全国电子产品聚集地建立了30多个激光加工站,形成了华南、华东、华北三大服务区,为全国客户提供及时、方便的个性化服务。

○ 人物简介

深圳光韵达光电科技股份有限公司
董事长、总经理侯若洪

侯若洪,清华大学研究生,工学硕士。现任深圳光韵达光电科技股份有限公司董事长、总经理,广东省激光行业协会会长,中国3D打印技术产业联盟副理事长,深圳工业总会三维模塑互联器件专业委员会副主任、深圳市3D打印协会会长。荣获2013年度广东省十大经济风云人物、第三届深圳工业大奖工业家等荣誉称号。

作为光韵达的带头人,侯若洪专注于激光智能制造解决方案及技术的研究,于1998年在行业内率先推出SMT精密激光模板以取代传统化学蚀刻模板,于2005年使用UV激光进行柔性线路板成型以突破传统模切制造的局限,并于2013年建立了国内第一家面向工业级应用的3D打印服务平台,主要面向汽车制造、航空航天、个性化医疗、模具制造、文化创意等领域。

2017年,由光韵达牵头成立的"深圳市3D打印制造业创新中心"被列入深圳市"十大行动计划"之"十大制造业创新中心",该中心将联合大学及产业链上中下游企业,打造"政—产—学—研—用—资"一体化的3D打印研究创新平台。

激光领军人物

◯ 领军之路

自1998年成立至今,光韵达已走过22个年头。在侯若洪的带领下,22年来,光韵达实现了一次又一次的跨越式发展。

从最初的十几人到几十人再到如今的千余人,光韵达正向着集团化、专业化、国际化的方向稳步前进。

多年来,光韵达通过自主研发和高科技成果转化,形成了完整的精密激光综合应用产业链,先后设立三大精密激光综合应用产业化基地——东莞松山湖产业基地、苏州科技城产业基地、嘉兴智能装备产业基地,不断探索激光智能制造的广阔空间。

光韵达以过硬的研发实力和丰富的研发成果率先通过了国家级高新技术企业认定,并以雄厚的技术实力在行业内享有举足轻重的地位,成为激光行业多个联盟及协会的重要成员单位。光韵达引领技术发展方向,发起制定了《表面贴装技术印刷模板》行业标准,牵头成立了"深圳市3D打印制造业创新中心",不断为行业发展注入新动力。围绕着无数的荣誉,始终不变的是侯若洪对激光智能制造领域探索的热情和对促进行业发展的使命。

一、站在新起点,全面布局激光智能制造领域

计算机、原子能、半导体和激光器被誉为20世纪"四大科技发明",它们为促进人类科技发展做出了卓越贡献。其中,激光技术作为一种生产手段,在多个行业得到广泛应用,深刻影响了人们的生活。

激光技术以激光光子为能量载体,通过光子与材料的相互作用,引起材料一系列物理、化学变化,实现材料的加工、成型、连接和去除。激光技术的出现,点亮了整个科技领域的发展之路。

智能技术是在现代传感技术、网络技术、自动化技术和拟人化智能技术等先进技术的基础上,通过智能化的感知、人机交互、决策和执行技术,实现设计过程、制造过程和制造装备智能化,是信息技术、智能技术与装备制造技术的深度融合与集成。

而激光智能制造正是信息化与工业化深度融合的大趋势。侯若洪表示,

光韵达正在开辟激光智能制造领域新篇,实现精密激光与智能制造的完美结合。公司将通过提供激光光源、创新激光加工工艺、搭建无人工厂,以及升级智能控制软件等来实现激光智能制造一体化解决方案,从而促进产业链纵向延伸和横向发展,助推激光智能制造产业新变革。

2017年,光韵达的企业战略定位由"精密激光创新应用服务商"升级为"激光智能制造解决方案提供商",致力于用"精密激光技术+智能控制技术"取代传统生产方式,为全球制造业向全新的智能制造方向发展提供全面创新的解决方案。

在2017年,公司还进行了上市以来的首次重大资产重组,完成收购上海金东唐100%股权,正式涉足激光智能检测设备领域。自动化检测技术是"中国制造"转型升级的重要保障。自此,公司在自动化和智能制造相关产业上重点布局。

2019年,光韵达收购成都通宇航空设备有限公司,进入军工产业,业务范围拓展至航空航天应用领域,涵盖航空精密零部件数控加工、工装及模具设计制造、金属级3D打印、航空导管、钣金成型制造等,实现企业在激光创新应用服务业务领域的突破。

在电子产品向轻、薄、细、巧以及高集成度、个性化方向发展的今天,作为"世纪之光"的激光技术,凭借在高精密度方面的特点,再融合基于互联网、物联网、大数据和人工智能的智能控制技术,将以无可比拟的技术优势,成为智能制造的必然选择。这也正是光韵达重新定位企业战略方针的原动力。

光韵达主要产品和服务

自光韵达重新定位企业战略以来,公司取得了丰硕的成果。围绕着全新的战略方针,光韵达积极开拓市场,优化产品结构,持续提升公司的技术水平、产品质量和服务能力,保持内生稳步增长的同时,通过外延并购扩大生产规模,丰富产品类别。

公司目前的主营业务主要有两大类,一类是应用服务:立足于使用精密激光等先进技术手段,替代传统制造工艺,并突破传统制造工艺的局限,满足日益提升的智能制造需求,服务的客户包括电子制造厂商、军用及民用航空企业、科研机构等;另一类则是智能装备:包括智能检测设备、自动化设备、激光设备等,服务的客户包括线路板厂商、面板厂商、电子制造服务厂商、科研机构等。

公司是集研发、设计、制造、销售和服务为一体的高新技术企业。公司的商业模式为"产品+服务",以技术和市场为驱动,既可以根据客户的订单,提供精密加工服务,也可以根据客户的需求,设计开发,提供定制化产品,为客户提供解决方案;同时也结合行业特点及自身的技术积累,研发生产适合客户的标准化设备与产品。

二、深耕传统业务,融合新增业务

SMT类业务是光韵达自成立以来就从事的传统业务,属于定制化产品,不具备批量性,该类业务属于存量市场,不会呈现爆发式增长,但市场仍处于充分竞争的状态。在此背景下,公司SMT事业部在全国范围内掀起精益型生产的浪潮,通过创新管理模式深耕细挖,主动出击抢占市场;通过开发新产品,升级产品性能,提升产品品质得到客户认可,推出的新产品——纳米模板有效地提升了销售业绩和利润。目前,公司SMT类业务销售业绩屡创新高,在市场大环境一般的情况下持续保持稳定增长,为公司贡献了四成的业绩,依然是公司最重要的产品线。

作为行业内第一家将激光技术应用于柔性线路板的公司,光韵达的PCB类业务自推出来以来一直发展良好。近年来,受益于FPC行业的迅猛发展,公司的PCB类业务也及时抓住市场机遇,在为客户提供加工服务的基础上,通过自主研发为客户提供产品增值服务,从加工型向产品型升级转型,取得良好的成效,是公司近几年业绩增长的最大亮点。

并购上海金东唐科技有限公司(以下简称金东唐)是光韵达外延扩张重要的一步,对公司未来发展具有非常重要的战略意义。ITE类业务使得公司进入设备研发销售领域。金东唐的加入,大大增强了公司的研发能力,提升了公司的核心竞争力,对公司在设备、自动化领域的业务拓展起到了支撑作用。金东唐加入以来,其团队稳定、业绩发展良好,与公司之间的协同效应初现。金东唐与其他子公司一起通力合作,利用公司的大平台共同为客户提供了更优、更便捷、更全面的产品和服务,提升了公司的业绩和盈利能力。

三、创新管理模式,持续引领业绩增长

在管理上,光韵达持续完善和推进小经营单位独立核算、其他非经营部门形成服务平台支持经营单位的"大平台＋小团队"的管理模式,倡导"全员股东"的主人翁精神,充分调动员工工作积极性,增强企业凝聚力,提升工作效率,提高人均产值。依托公司开放性的平台,打造出了一个个积极进取、敬业拼搏、你追我赶、团结互助的精益型小团队。这一模式已成为具有光韵达特色的、适合企业当前发展状态的、行之有效的管理模式,是公司达成发展目标的一大利器。

光韵达拥有专业的研发团队、先进的研发设备。公司紧随技术前沿、贴近市场需求,不断引进高端技术人才,专注于激光创新应用、智能制造技术的研发,并将研发成果逐步产业化,令其成为公司未来发展的利润增长点。

目前,光韵达已组建了稳健的技术队伍,并拥有多项核心专利,将激光技术与智能控制技术深度融合,实现了对传统工艺的取代和突破,成为行业创新的先行者。

卓越的技术、创新的精神、细致的服务,使光韵达赢得了客户的信任,位于行业技术的最前沿。光韵达专注于每一个细节、每一道工序、每一件产品,为客户提供了最具创新理念的解决方案。光韵达的创新发展为市场赢得了口碑,已先后与1000多家国内外知名企业建立了长期、稳定的合作关系。

"光韵达"品牌是深圳市知名品牌、广东省著名商标,被中国电子商会评为中国电子企业最有潜力品牌。公司被评为"最具创造力企业""自主创新标杆企业""深圳工匠培育示范单位",连续多年被广东省电子学会SMT委员会授予"中国SMT最佳用户服务奖",多次荣获"中国SMT创新成果奖""中国最佳用户服务奖"。公司有两个项目荣获"深圳市企业新纪录",并为公司摘得"自主创新企业金奖"。公司发起并主导了《表面贴装技术印刷模板》行业标准的

制定。董事长侯若洪荣获深圳工业总会颁发的"企业家特别贡献奖",并被评为"广东省年度经济风云人物"。公司多年来在技术、品质、服务、规模等方面的良好表现,已获业界认可。

四、共赢未来,值得期待

加强科技创新,实施创新驱动,加快突破发展瓶颈,从新技术、新工艺、新装备等各个方面积极培育光韵达在未来的新竞争优势,确保企业可持续、健康发展。侯若洪说:"只有大力发展科技研发,引领创新,才能增强我们的市场竞争力,才能使我们在当今和未来市场牢牢地占据一席之地。"

"在不远的将来,我们将紧紧围绕激光智能制造,不断开拓新的应用领域,为客户提供更高附加值的产品、更优质的服务和更全面的激光智能制造解决方案,成为激光智能制造的创新者和行业领先者。光韵达将时刻准备迎接新的挑战,以不懈探索的精神奋勇前行!"对未来发展,侯若洪坚定地说。

激光领军人物之李志刚

武汉帝尔激光科技股份有限公司

○ 公司简介

武汉帝尔激光科技股份有限公司（以下简称帝尔激光）于2008年成立于武汉市东湖高新区，于2019年5月在深圳证券交易所创业板上市，股票代码：300776。

帝尔激光是创新型激光应用技术及设备提供商，致力于将激光技术创新性地应用于高效太阳能电池制造行业中，以提高太阳能电池的发电效率，降低新能源的发电成本。成立10余年来，公司专注于激光应用技术研发和产业化推广，成功将激光应用技术和设备导入太阳能电池制造行业并获得行业广泛认可，并实现产品的全球销售。公司已成为高效太阳能行业激光解决方案方面的隐形冠军。

经过多年的研发积累，公司推出的高效太阳能电池PERC激光消融设备和SE激光掺杂设备已获客户广泛认可，全球市场占有率超过70%。2018年全球光伏组件出货量前十的企业目前均已与公司展开合作。帝尔激光已成为

全球光伏组件激光装备核心供应商。

公司业绩近几年一直保持高速增长,并在2017年成功入选德勤"中国高科技高成长50强",接连入选德勤2016年、2017年、2018年"光谷高科技高成长20强",获"国家高新区瞪羚企业""湖北省知识产权示范建设企业""光谷30年创新发展优秀企业"等称号。

人物简介

武汉帝尔激光科技股份有限公司
董事长、总经理李志刚

李志刚,男,汉族,湖北随州人,1976年6月出生,博士研究生学历,海外留学归国人员。中共党员,现任武汉帝尔激光科技股份有限公司董事长、总经理,华中科技大学兼职教授、社会导师。曾在国际知名杂志《Optics Communications》《Journal of the Optical Society of America B-Optical Physics》《IEEE Journal of Quantum Electronics》《Journal of Lightwave Technology》上发表多篇学术论文。获得中组部"万人计划"、国家科技部"科技创新创业人才"、武汉市"黄鹤英才计划"、武汉市优秀科技工作者、武汉东湖新技术开发区"3551人才计划"等荣誉。

2002年,入选新加坡制造技术研究院和华中科技大学的联合培养计划。2004年6月,获得华中科技大学物理电子学博士学位。2008年4月,创立武汉帝尔激光科技股份有限公司,任公司董事长、总经理。

领军之路

博士毕业后,面对海外发展前景很好的工作和深造机会,李志刚毅然选择回国,希望能将自身所学应用在当时国内比较欠缺的激光产业化发展上。

2008年,李志刚回鄂创业,在了解了市场上产品同质化竞争的情况后,他决定将公司主营聚焦于激光在太阳能电池上的应用。当时不管是全球经济还是整个光伏行业都处在低谷,李志刚却觉得这正好是一个去寻找新技术突破的机会,他一直都很看好光伏行业,觉得激光在太阳能电池上的应用空间比较大,值得研究和探索的东西很多,相对其他的行业来说也更新颖和具有挑战性。这个新的领域引起了他的兴趣,成了他在这个行业里勇往直前的动力。

在创业初期,李志刚一直在摸索哪一种技术可能会为这个行业的技术提升带来帮助。从2008年一直到2014年,李志刚尝试了各种技术,包括刻槽埋栅、激光烧结、边绝缘技术,甚至在非晶硅领域也做了一些尝试,但是因为种种产业链的原因,都没有很快地被行业接受和认可。李志刚并没有气馁,继续带领公司技术人员不分昼夜扑在技术研发上,终于取得了突破性的成果,实现了激光在太阳能电池上的创新性应用。

2012年以后,全球光伏行业几经浮沉,整个行业面临严峻的形势,公司也面临艰难时刻。李志刚感受到了前所未有的压力,虽然他内心依然认为激光在光伏行业一定会有它展现作为的一天,但公司能不能撑到那一天却充满未知。公司发展举步维艰,有很多人劝他放弃,以后在国外依然可以做科研、就业。但李志刚觉得与刚毕业时相比,十几人的公司对他而言是一份沉重的责任,同时他内心依然不服输,相信激光在光伏行业将会前景无限。因此哪怕经历了这么多困难和挑战,公司仍然坚定地认准了光伏行业的方向。

2012年至2014年对李志刚和公司来说是厚积薄发、关键的三年。为了能生存下去,公司利用做陶瓷、玻璃切割这类产品的收入来维持在光伏行业的研发工作。同时,李志刚注意到了国际上的一种新技术——高效太阳能电池PERC,并萌发了用激光来进行相关工艺的想法。这个工艺当时在国内外都只是概念阶段,并没有形成产业化规模。很快,他带领公司研发团队开始了研发、设计和探索,时刻关注行业里其他原料、设备的变化,从而及时优化自身产品设计和工艺参数。

公司一开始定位的客户就是在全球具备领导地位的企业。在成立的前几年，公司同时和几家主导性的厂家（如天合光能、晶澳太阳能、隆基股份等）合作，为客户提供一些研发性的机台，在客户端做一些测试，并配合客户做一些工艺研发。在这个过程中，李志刚凭借专业的学术知识和多年来对产品的研发实践经验，与客户的技术部门进行了良好的沟通和交流，获得了客户的信任和认可。后来，客户很愿意在这个方向与帝尔激光合作，并进行技术尝试。

2014年，光伏行业向暖。依靠前期的技术积累和两年多的产品优化，公司的PERC激光消融设备获得了客户的高度认可。帝尔激光与国内外领先的光伏企业迅速展开合作，使这些企业有了比较明显的效率提升、成为早期导入这种高效太阳能电池的厂家。这对于合作企业和帝尔激光来说是双赢的局面。

除了与企业合作研发机台，公司也与多家国际知名光伏科研机构展开了合作，并得到一致认可。从2013年开始，公司与澳大利亚新南威尔士大学展开太阳能电池工艺研究方面的合作，并被新南威尔士大学评估为全球唯一激光设备合作者。公司与日本知名的帝人株式会社在光伏新材料应用上展开密切合作，也取得了重大突破。

在突破了技术和市场的瓶颈后，从2014年开始，帝尔激光的主营业务稳定在PERC激光消融设备和SE激光掺杂设备等领域，公司业绩显著提升。尽管如此，李志刚也从未中断过他最热爱的研发工作。他的努力和付出收到了回报。2014年，公司独立研发的全自动激光打孔设备获得国内领先科技成果鉴定，并获武汉市科学技术进步奖；2015年11月，公司研发的双线激光消融设备获得国家科技部颁发的科技查新报告；2016年，公司独立研发的高效激光消融智能制造设备获得国际先进科技成果鉴定。

2018年5月31日，国家发展改革委、财政部、国家能源局联合印发了《关于2018年光伏发电有关事项的通知》，对光伏企业限规模、限指标、降补贴。不少光伏企业以及设备类公司再次遭遇重挫，业绩大幅滑坡。不过帝尔激光却是另一番景象，净利润同比增长150%。这归功于它突破性的新技术——高效太阳能电池。在整个行业再次进入低谷期的时候，传统电池行业竞争加剧，高效电池市场前景良好。帝尔激光对高效太阳能电池加工工艺的掌握令其迎来了订单量前所未有的增长。

对于激光在光伏行业的应用，李志刚一直保持初心，也充满信心。经过这么多年的发展，相比传统能源，光伏发电的优势和竞争力也逐渐体现出来。目前,在国内甚至全球,光伏发电的装机容量在整个能源结构中的占比还很小,李志刚对光伏行业未来的发展空间非常看好。李志刚目前对公司的规划是在光伏行业做创新型激光加工应用,持续开展技术研发,保持产品在市场上的竞争力。他认为,公司得以持续发展壮大的核心就在于实时掌握市场动态并及时优化产品。拥有了稳定的客户基础,就可以第一时间收到市场需求反馈,这就是公司在研发和创新上的先发性优势。面对市场上的竞争对手,只有保持与时俱进、持续创新,才能不被市场淘汰。

如今,帝尔激光在高效太阳能电池激光加工设备领域已成为具有全球竞争力的企业之一,其生产的激光加工设备已覆盖高效太阳能电池的PERC、MWT、SE、LID/R等多个工艺环节,市场占有率稳步增长。对于公司未来的发展方向,李志刚表示他还将加大对光伏行业激光应用的研发投入,同时,他也希望公司除了在光伏行业推陈出新,在其他行业也能进行探索,找到新的应用方向。

激光领军人物之肖成峰
先进半导体激光器产品和领先解决方案服务商

山东华光光电子股份有限公司

◯ 公司简介

山东华光光电子股份有限公司（以下简称华光光电）成立于1999年，注册资本6264.7万元，位于济南市高新区天辰路1835号，经营范围包括半导体激光发光材料、管芯、器件及应用产品的开发、生产、销售。

华光光电是国内较早引进生产型MOCVD设备进行半导体激光器研发和生产的高新技术企业，拥有国内规模较大的半导体激光发光材料、管芯、器件及应用产品一条龙生产线。历经21年的积累，公司建立了完善的研发、生产及质量管理体系，已通过ISO9001质量体系和ISO14001环境体系认证。建立了从外延材料到芯片制备、器件封装、模组开发的覆盖中上游的技术研发、规模生产和市场开拓业务团队。华光光电技术实力雄厚，拥有5个政府支持的创新平台：山东省半导体激光器技术企业重点实验室、山东省大功率半导体激光器工程实验室、山东省光电子工程技术研究中心、山东省企业技术中心、济南市企业技术中心，是中国光学光电子行业协会光电器件分会副理事长单位、山东省激光产业技术创新联盟理事长单位。华光光电作为"产学研"合作的典范,拥有由"863"专家组专家、国务院特殊津贴专家、泰山学者、应用研究员、高级工程师、博士和海内外高级技术顾问等组成的研发团队,曾被工信部评为"信息产业科技创新先进集体"称号。"高功率808 nm非对称无铝应变量子阱激光器"等研发成果经山东省科技厅鉴定,达国际先进水平,并获省级科技进步一等奖、技术发明二等奖等奖励。

人物简介

山东华光光电子股份有限公司
董事长肖成峰

肖成峰,山东青岛人。1987年7月毕业于兰州大学数学力学系计算数学专业,高级工程师。现任浪潮集团副总裁,山东华光光电子股份有限公司董事长,山东省激光产业技术创新联盟理事长。

肖成峰曾长期从事软件技术开发及应用推广,曾牵头组织并设计研发"山东省'九五'十大科技项目"——金融电子化项目,并通过专家鉴定。作为项目负责人,成功承担了"中国人民银行资金支付结算系统"试点的设计、开发与实施,该项目在全国数省成功推广。

在半导体激光领域曾主持承担了多项省部级、市级科技研发项目,参与申请专利80余项,并带领企业获批多个省部级科技创新平台。

2013年,担任山东华光光电子股份有限公司董事长。在半导体行业市场低迷、相关企业无序竞争的境遇下,肖成峰"临危受命",坚持以创新为驱动、以市场为导向的管理理念,创新管理模式,提出"产品上规模、企业要上市"的目标,并抓住市场先机大力发展半导体激光器。通过肖成峰推行的一系列管理措施,华光光电2015年扭亏为盈,实现了主营业务收入增长137%。

2016年8月,在肖成峰的带领下,华光光电完成股份制改造并顺利在新三板挂牌,证券代码:838157。挂牌一年多的时间里,华光光电先后完成两轮融资,合计募资1.16亿元。

2017年,在肖成峰的带领下,华光光电建成了国内规模较大的半导体激光发光材料、管芯、器件及应用产品的完整产业链,其生产的808 nm小功率半导体激光器的产销量已经连续12年稳居国内市场前列。

2018年6月,在山东省经济和信息化委员会的指导下,由山东电子学会、济南市经济和信息化委员会和济南市高新区管理委员会联合主办的"山东省激光产业技术创新联盟"成立大会在山东大厦举行。第一届理事会同期召开,一致选举华光光电为联盟理事长单位,华光光电董事长肖成峰当选为联盟理事长。

领军之路

一、企业发展

激光器是所有激光应用产品的核心部件,具体到半导体激光器,全国不过十几家生产企业,而能够掌握上游外延材料、管芯等技术的企业更是少之又少。"这当中,具有一定规模和完整技术团队的,可以说仅有华光光电一家"肖成峰如是说。

华光光电是国内较早引进生产型MOCVD设备进行半导体激光器研发和生产的高新技术企业,拥有国内规模较大的半导体激光发光材料、管芯、器件及应用产品的一条龙生产线,建立了从外延材料到芯片制备、器件封装、模组开发的覆盖中上游的技术研发、规模生产和市场开拓业务团队。

2015年,激光市场开始呈现迅猛发展的趋势,肖成峰以企业家的敏锐眼光认为企业必须及时进行改制,争取早日上市,并提出了"产品上规模、企业要上市"的发展目标,在肖成峰的积极倡导及带领下,华光光电进行了股份制改造。机遇总是留给有充分准备的人,在经过一系列改革创新之后,公司于2016年8月成功在新三板挂牌,证券代码:838157,并在当年成功进行了两轮资金募集。

肖成峰本人被评选为"2016新三板品牌十大创新人物",华光光电被评选为"2016新三板品牌价值100强"。

华光光电上市以后,肖成峰并未沉浸在喜悦当中,反而有了更多的思考。作为一名成功的企业家不能止步于眼前,要高瞻远瞩、立足长远,不断地超越自我,谋求更高的发展。结合现状,肖成峰又提出了阶段性的发展目标"企业上规模、技术争标杆"。在经过多番论证后,肖成峰带领大家制定了企业新的发展规划,在继续扩大原有优势产品的前提下,将产业向高端化发展,布局面向先进制造、通信存储、军工、安防照明、医疗、新型显示等行业应用的激光芯片。在肖成峰的带领下该规划第一阶段投资1.4亿元。经过一系列的改革创新,2017年公司激光器件销售额近1.8亿元,利润超过7000万元。同时,由于技术实力的不断提升,华光光电在研发项目上还成功获批两项科技部重点研发计划。

从无到有,从有到优,从优到超,经过21年的技术沉淀和发展,华光光电已经拥有山东省激光领域过半的专利,掌握半导体激光器外延结构设计、材料生长、芯片制备及器件封装等关键核心技术,其中多项技术处于业界领先水平。

二、保持中小功率市场优势,拓展高功率市场

华光光电已经成为世界较大规模的小功率激光器生产基地,在小功率激光器产品领域已经形成规模优势。公司生产的650芯片已经占据市场主流,808 nm小功率激光器的产销量连续12年位居国内市场前列,在泵浦绿激光市场中占据了主导地位。

华光光电没有止步于此,为继续保持市场、技术领先优势,肖成峰亲自带队组织技术人员与国内外知名高等院所、企业进行技术交流,同时延揽高端技术人才,以提升技术水平。

华光光电在保持小功率产品市场、技术领先的同时,注重产业的培育和规模的扩张,积极向高功率产品市场拓展,经过不断的技术创新提升,目前已成功攻克了15 W单芯片及200 W大功率巴条制备核心技术。百瓦级光纤耦合输出激光器生产初具规模,千瓦级叠阵激光器批量进入市场。

2016年,肖成峰注意到激光在医疗美容领域中的应用市场递增迅速,同时

又是高功率激光器所对应的市场。所以他立即组织相关人员进行市场调研论证，并迅速制定了研发及推广方案。不到一年的时间，公司依靠在高功率半导体激光器外延设计、芯片制备、器件封装等工艺上的经验和技术积累，推出了长寿命、高可靠性的金锡封装宏通道半导体激光器模块，功率覆盖 300 W、500 W、1000 W。到目前 808 nm 系列美容产品已经达到批量供货水平，月产量超过 1000 台。

美容脱毛模组

光纤耦合输出激光器

该系列模块封装技术采用了华光光电战略性项目研究成果，通过了山东省信息技术与信息化科技成果鉴定。300 W、500 W、1000 W 宏通道模块在连续电流测试下的最大输出功率分别达 360 W、750 W、1200 W，对应的能量远超脱毛应用的需求，波长-电流漂移系数达 0.15 nm/A，已经达到业界领先水平。

三、储备技术，多领域拓展

在"中国制造 2025"不断深化的背景下，激光技术势必推动制造业向价值链高端拓展。航空航天装备、新能源汽车等领域对激光焊接、激光切割、3D 激光熔融打印等高端激光技术的需求将被不断释放。

肖成峰非常看好半导体激光器未来的发展。他表示，在未来发展过程中，量子技术和增强现实/虚拟现实（AR/VR）领域的应用值得关注。AR/VR 市场有望在未来几年的大量投资中受益。这不仅对光子晶体、光电子学和衍射光学的发展具有重要意义，而且也可以促进这些产品使用激光材料加工设备，并促使将更多的激光器集成到用于眼球追踪和投影应用的 AR/VR 设备中。

华光光电激光产品已实现从外延设计、芯片制备到器件封装的规模化生产，有效地保证了产品的可靠性、一致性。华光光电在做好电动工具、仪器仪表等传统领域的同时，积极布局激光熔覆、激光焊接、激光切割、激光增材制造等工业加工领域,以及 AR 产品、激光显示、人工智能、生命科学、医养健康、激光雷达等新技术、新产业领域,为先进制造、智能制造和产业升级提供核心激光器件。

在当下比较流行的激光显示、垂直腔面发射激光器(VCSEL)等领域,肖成峰再一次把握时机,提早布局蓝、绿光激光产品,同时提高现有显示用红光激光芯片性能指标。经专家鉴定,华光光电显示用红光半导体激光芯片技术已达到国际领先水平。

四、引领省内企业协同创新

在"中国制造 2025"的推动下,激光产业在山东省内已具相当规模,产业涉及从激光外延材料、芯片到封装器件及应用产品,再到下游的安防、工业、医疗、显示等应用,以及与激光相关的电源、晶体材料、光纤等领域,覆盖整个产业链。然而肖成峰认为,山东省激光产业虽然发展迅速,但跨界融合相对较弱,制约了应用的拓展,因此很有必要成立一个联盟,引导联盟成员跨界融合、协同创新。在肖成峰的提议和推动下,经与山东省、市两级经信委以及省内诸多企业进行积极沟通交流后,最终山东省激光产业技术创新联盟于 2018 年 6 月 13 日在济南成立。在第一届理事会上肖成峰当选为联盟理事长。

肖成峰当选联盟理事长

联盟成立后,肖成峰立即着手组织联盟企业整理产业汇报材料,多次向山东省、市等相关部门进行产业情况汇报,在北京光电展上以联盟名义携手各家企业进行了共同展示,同时联系联盟企业上下游互动、联合攻关,真正做到了引领行业、促进企业上下游协同发展。

激光领军人物之何立东

武汉华日精密激光股份有限公司

○ 公司简介

　　武汉华日精密激光股份有限公司(以下简称华日激光)是世界一流的激光技术提供商,秉承"汇聚全球智慧,实现中国智造"的理念,华日激光在全球范围内寻求技术资源,经过与国际顶尖器件供应商的紧密合作以及持续的制程优化与创新,在中国实现高可靠产品的批量交付,全系列产品均具有自主知识产权。华日激光拥有固体和光纤两大技术路线,北美(多伦多)超快激光器研发中心、武汉紫外与深紫外激光器研发中心、武汉飞秒激光器研发中心三大研发中心,由三位首席科学家领衔产品研发工作,坚持以市场需求引导新产品的研发,并根据材料加工领域的不同应用,研发出纳秒级、皮秒级、飞秒级等多种脉宽,红外、绿光、紫外等多波段的固体激光器产品。华日激光建有两个国际一流水准的制造基地,在满足激光器快速交付的同时,可以保证批量可靠性和一致性。所有产品已通过欧盟CE质量安全认证,完全满足严苛条件下的工业加工要求。在全球市场,华日激光已建立了覆盖全球的经销网络和售后服务体系,优质的产品和服务保障可以让用户的投资更加保值。

人物简介

武汉华日精密激光股份有限公司
总经理何立东

何立东,男,1971年出生于江西萍乡。武汉华日精密激光股份有限公司总经理,中国光学学会激光加工专委会委员,"光学前沿"年度风云企业家,拥有多年激光行业的管理经验。2009年,何立东凭借着对市场敏锐的洞察和前瞻性的评估,引进顶尖技术团队,通过多年来对激光应用领域的深入了解,带领公司团队研制了国内首台工业级紫外激光器,产品不仅获得行业内的一致认可,同时还成功打入全球市场,销往美国、德国、日本、韩国等,打破了国外激光器在此行业的垄断。随后,何立东成功完成了对加拿大皮秒激光器公司的收购,并在此基础上建立了北美超快激光研发中心,同时在武汉实现了超快激光器的批量可靠性交付,为实现"汇聚全球智慧,助力中国制造"发挥力量。

领军之路

一、与光结缘,让梦想照进现实

与激光结缘,何立东用"神奇"来形容。2000年,在上海的某一次展会上,何立东第一次看到了激光雕刻,这个神奇的工具深深地震撼了他。随后,学习经济管理的他毅然辞去了当时的工作,加入一家刚成立的激光公司。在激光领域打拼了8年,何立东从销售员做到了销售总监。

与光同行的日子,何立东的每一步都走得很踏实,一个特殊的客户,却让他对自己的激光梦有了新的思考。

经过两年多的沟通与测试,何立东将产品销售到了法国某知名公司,这是进入世界一流企业的第一台国产品牌小功率脉冲焊接机。来之不易的订单让何立东和他的团队兴奋不已。

然而在项目交流过程中,何立东从侧面了解到自己的产品其实只是其他品牌机故障时的备胎。这个巨大的冲击令他停下脚步静心思考:"国内激光加工市场行业规模虽然越来越大,但中高端市场大部分都被国外品牌占据。国内许多公司都是简单购买激光器进行集成,没有真正的核心技术,这将是一个非常危险的隐患。"

二、做中国自己的工业用激光器

命运总是垂青有准备的人。2009年,何立东所在的公司与在美国激光领域深耕多年的归国博士共同成立了武汉华日精密激光股份有限公司,瞄准高端固体激光器。何立东被任命为公司总经理。而这位在美国顶尖激光研究所苦修八年的博士落户光谷,用他带来的一束光,点亮了国内激光产业科技自主创新之魂。

光源是激光系统的核心,生产稳定的光源并投入到工业市场并非易事,这项技术研发在美国成熟实验室一般需要3年,在国内则最少需要15年。华日激光仅半年就面向国际市场推出了自主研发的高端固体激光器,打破了国外品牌在精密激光器领域的垄断,也改变了国内激光器市场的价格格局。同样的产品,国外进口的至少卖50万元,而华日激光自主研发的只需要20多万元。

三、着眼未来,抢占精细微加工制造高地

脉宽短、单脉冲能量大、重复频率高的超快激光技术将是未来主要发展方向。华日激光虽然掌握核心技术,但核心元器件的缺乏制约了国产激光器的工业化道路,国产精密激光器要实现完全地自主研发,必须要打造一条完全自主研发的产业链。2016年,华日激光牵头的项目"工业级皮秒/飞秒激光器关键技术研究及产业化"成功入选国家重点研发计划,预期在项目完成后,打造

一条中国人自己的超快激光器全产业链。

经过技术攻关,国内首台工业用皮秒级超快激光器已研制成功,开创了国内工业用中高功率超快激光器的先河,华日激光也成为少数拥有高功率皮秒激光器批量制造能力的企业之一。工业用皮秒级超快激光器的自主研发成功改变了国内工业用激光器高度依赖进口的局面,大幅降低使用成本的同时,带动国内精密制造及上下游产业链的发展。2017年8月,国家科技部对当年项目进展全面评估,华日激光牵头承担的该项目获评为优秀项目。

四、公司荣誉

2009年以来,华日激光已牵手三位首席科学家,牵头纳秒、皮秒、飞秒三大产品线的研发,并引入国际先进激光器研发经验,紧密结合市场和行业需求,按照国际一流水平进行产品设计研发。2011年,华日激光的全固态11 W紫外激光器和全固态30 W红外激光器均获得了"湖北省重大科技成果奖"。截至目前,公司共获得发明专利5项,实用新型专利及软件著作权专利等共9项。同时,华日激光全系列产品均已通过欧盟CE认证,产品出口欧美、日本、韩国等国家和地区。

在公司总经理何立东的领导下,华日激光多次被评为湖北省"高新技术企业"、东湖高新区"瞪羚企业",并荣获第二届中国创新创业大赛湖北赛区年度科技创业企业奖、2014年度德勤——光谷高成长20强、中国激光行业卓越贡献奖、第十三届"中国光谷"国际光电子博览会暨论坛优秀产品奖等荣誉。

短短11年,华日激光成长为全球知名、国内领先的高端激光器专业制造商,成为全球顶级客户供应商,成为国内首个收购欧美激光器公司的企业,并经历了销售额增长百倍的蜕变。华日激光正代表着中国制造的高水平,走向全世界。

如今,何立东的激光梦已经走在了实现的路上。尽管精密激光器国产化道路任重而道远,但为了中国制造的更高荣耀,何立东和他的华日激光团队将再接再厉,一往无前!

激光领军人物之罗敬文

激光切割机产业化开拓者

上海普睿玛智能科技有限公司

◯ 公司简介

上海普睿玛智能科技有限公司（以下简称普睿玛）是在"工业4.0"浪潮中应运而生的智能自动化成套设备及大功率激光成套设备制造商，公司集团化运作，产业链完整，并具有国际化视野。

普睿玛亦新亦老。新在设立时间短，新在对最新技术的关注，新在面貌，新在产品；老在拥有一支从事高功率激光设备研发应用30余年的整建制专业团队，老在拥有5000台（套）高功率激光设备生产使用经验。团队中一大批自动化领域和激光行业的资深人士具有业界丰富的自动控制、激光加工工艺和装备的工程经验，创造了众多国内激光装备首台（套）应用案例，先后研发了百余项激光通用或专用设备，完成多项技术创新及难点突破，20余项产品填补了国内空白，部分产品达到国际先进水平。还承担国家863课题、国家发改委产业化项目、国家创新基金项目、国家重点新产品项目和上海市高新技术产业化项目、上海市级科研与重点新产品项目等，推进中国的大功率激光切割产业化发展。

普睿玛拥有品类齐全的产品线，包括激光切割（平面切割、管材切割、3D

切割、坡口切割等),激光焊接、激光表面改性、表面熔覆(3D打印)等全方位的工艺、设备技术和工程经验,是世界上为数不多的致力于光纤激光技术和气体激光技术均衡发展的厂商之一。公司高性能智能激光设备在尖端应用领域具有良好信誉和特殊影响力。产品广泛应用于航空航天、汽车制造、船舶制造、能源、轨道交通、工程机械等重点行业,普睿玛是国家航空航天、军工、石油、船舶等行业指定优秀供应商之一。

公司以智能装备制造业为核心产业,通过产业整合,为高端智能装备领域,提供完整工业4.0智能制造所需的"工业激光＋机器人"等自主研发底层技术的核心关键产品与整体解决方案。自主研发和生产制造高品质、高性能激光焊接及激光切割等核心产品与工业机器人、光纤激光器、CO_2激光器、"工业激光＋机器人"等产业链垂直整合,为公司的持续发展提供了坚实的基础。

○ 人物简介

**上海普睿玛智能科技有限公司
副董事长罗敬文**

罗敬文,1968年4月出生,1990年毕业于吉林工业大学,学士学位。1990年至2000年在机械部济南铸锻研究所工作,任技术部部长,参与研发了中国第一台激光切割机,并参与制定了中国第一个激光切割机行业标准。2000年,在上海创业,创办第一家激光公司,随着国内外资本进入,公司实力不断增强。2015年,成立上海团结普瑞玛激光设备有限公司,一直担任总工程师及总经理职务,带领公司创造激光切割机连续13年在国内销量第一的优秀业绩。2016

年至今任上海普睿玛智能科技有限公司总工程师及总经理职务。

他是全国光学学会理事,全国激光加工专委会副主任,上海激光学会激光加工专委会主任,上海激光加工装备工程技术研究中心主任,上海市领军人才,上海市学科带头人,享受国务院特殊津贴专家,吉林大学、江苏大学、湖南大学研究生导师,上海市科技项目评审专家。

他曾荣获国家"八五"攻关国家科技进步二等奖、上海市科技进步二等奖和三等奖、机械部发明三等奖;在产品的产业化转换过程中成绩显著。先后承担了30余项国家、地方科研项目,其中国家级项目3项,上海市第一批高新技术产业化项目1项,上海市十二五科技攻关重大项目1项,上海市创新行动科技项目6项,上海市重大装备项目6项,上海市经信委、区级项目共15项。拥有近30项自主知识产权,掌握大功率激光加工装备的关键技术、核心工艺与软件。

他领导研发了数十个国内首台(套)产品,包括国内第一条不等厚板曲线轮廓激光拼焊生产线、国内第一台汽车行业专用三维激光切割机、国内第一台大台面三维激光加工机、国内第一套柔性加工单元汽车大梁板在线激光切割生产线、国内第一台超大台面造船,桥梁行业专用激光切割机、国内第一台大台面板式换热器激光焊接机、国内第一台航天专用激光切割焊接一体机、国内第一台割缝筛管专用激光切割机等。

他领导研发的全球最大的钛合金构件激光3D打印机,在大型运载火箭及C919等重大专项中发挥了重要作用。

2018年中国机械部原部长何光远亲临公司考察

 激光领军人物

◯ 领军之路

> 以持续不断地提升客户满意度为企业的基本点
> 将持续不断地进行技术管理创新作为企业的工作重点
> ——上海普睿玛智能科技有限公司副董事长 罗敬文

一、初到闵行：怀揣梦想南下创业

2000年7月10日，罗敬文在大学毕业十年之际，怀着对激光切割机产业的激情，辞掉济南铸锻所的铁饭碗，揣着3000元来到了上海。凭着对激光市场发展前景的敏锐嗅觉，罗敬文很快找到了合作伙伴上海激光集团总公司，创立了上海百超数控设备有限公司（即寓意英文best choice:最佳选择），并很快接到第一笔订单。当时的第一个客户现在已成为他最忠实的客户。

当时，中国的激光加工设备市场还很小，每年大约10台，主要被国外厂商占领。国内还没有一家专业的激光设备厂商。

产业化之路不平坦，罗敬文面临的第一个困难是资金不足，为此他开源节流，多跑多接单、多收预付款、少花钱、外出坐公交或大巴、住廉价旅馆；第二个困难是人手不够，为此公司设立一人多岗制度，员工们加班加点完成工作。经过创业者们的坚持不懈，当时的百超数控为激光技术规模化应用在中国制造业打开了一片天地，也为中国激光设备的产业化打下了基础。

二、一路创新：面对挑战强势胜出

从2000年成立，注册资金100万的小公司起步，百超数控高速发展的态势吸引了国内首家激光技术上市企业的关注，并在2002年接受武汉团结激光有限公司注资，成立"UNITY百超"，生产规模达到30台，从此开始了激光切割机产业化、规模化之路，位居大功率激光设备龙头老大的位置。2003年，又和全球第四大激光设备制造商——意大利普瑞玛公司合资，成立"UNITYPRIMA"（团结普瑞玛）。

凭借着扎实的技术，良好的口碑，优质的服务，普瑞玛一直是国内激光设备领域的领头羊。2010年前，公司每年出货量占市场增量的50%以上。2010年，公司成立十周年之际，普瑞玛迎来历史发展的新高峰，销售量达到惊人的308台，发货296台，验收286台，产值超过6亿元，利润创历史新高，在行业内实现了五项第一，即销量第一、发货量第一、资金周转率第一、验收量第一和综合效率第一。2011年，普瑞玛又以280套设备销量、5.7亿销售额、超过50%市场占有率的业绩，作为中国最大的大功率激光切割和焊接设备制造商，继续领跑大功率激光装备市场。

以罗敬文为核心的这个团队，囊括了激光、机械、自动控制、计算机、制造等各方面的专家，以仅为同行十分之一、甚至百分之一的原始资金与各路激光设备"大鳄"一路搏杀，最终成为中国大功率激光切割及焊接装备行业中产品品种最全、技术最优、规模最大的激光高科技股份公司。

由于普瑞玛对激光技术产业化的突出贡献，中国光学学会激光加工专业委员会授予普瑞玛"大功率激光切割产业的开拓者"称号。

中国光学学会激光加工专业委员会王又良主任亲自授匾

三、立定脚跟：两大能力与制胜法宝

罗敬文把取得这些成绩的原因归纳为"两个力"，洞察力和创新力，即善于洞察周边生存竞争环境的变化，先于竞争对手制定出产品策略、技术策略、营销策略和管理策略。

随着公司不断向军工、航空航天、汽车、船舶、石油、工程机械等掌握国家经济命脉的领域进军,并把产品源源不断往美国、英国、智利、巴西、澳大利亚、韩国等国输送,作为公司行政与技术一把手的罗敬文无疑成为行业最耀眼的一颗明星。

新中国建国70周年国庆阅兵式上,最先驶出的四个方队的企业,都应用了罗敬文团队设计研制的激光设备。例如,北航、西北工业大学用公司的3D激光打印设备,造出世界最大的金属打印机,并应用在C919的机翼骨架、飞机舷窗以及某隐形战机的零件修复,大型运输机、航母舰载机的关键零件制造等。作为激光加工技术产业化的开拓者,公司的激光设备不断在各行各业大显身手,为许多企业提供了优质、高效、低成本的加工生产方式,拓展全新的激光加工技术应用空间。

在罗敬文的领导下,公司先后研发了百余项激光通用及专用设备,进行了多项技术创新及难点突破,20余项产品填补了国内空白,部分产品达到国际先进水平。

2019年中国国际工业博览会上,公司重装亮相

在罗敬文眼里,公司团队走的是一条不断创新和不断超越的道路,以发展为中心,让员工分享企业发展的成果,将持续不断地进行技术、管理创新作为公司的工作重点。在公司的四个重要体系"创新管理体系、服务管理体系、培训管理体系、供应链管理体系"中,创新管理体系尤为重要。

罗敬文的用人理念是不拘一格用人才,不问学历、不问出处、不问亲疏,努力让每一个有用之才脱颖而出,让每一个有益于企业的金点子变成现实。

从2000年至今,以罗敬文为核心的团队已累计为各行业各领域提供了5000多台(套)激光装备,广泛应用于航空航天、汽车制造、船舶制造、能源、轨道交通等重点行业,加快了"光加工"时代到来的速度,为制造工艺的升级做出了极大贡献。

四、顺应时代:把握机遇顺势而为

2015年,罗敬文顺应"中国制造2025"时代趋势,又创建了上海普睿玛智能科技有限公司。从"普瑞玛"到"普睿玛",一字之改,正反映了时代的变化以及罗敬文对这个变化的敏锐捕捉。工业4.0,即"互联网+制造",是以智能制造为主导的第四次工业革命,而智能化装备是工业4.0的直接体现。

睿意创新,智造梦想。普睿玛将适应经济新常态,以创新谋求发展,以技术引领市场,树立行业新标杆。目前,公司技术和产品全面更新换代,已进化到第9代,全面对接工业互联激光加工平台,运行速度达到280 m/min、切割速度达到100 m/min,综合性能媲美德国一线品牌,综合效率比内同类产品高30%。

普睿玛一直十分注重产业布局,旗下产品线齐全,行业应用广泛,包括激光切割机、激光焊接机、激光3D打印机、激光加工机器人及自动化生产线等在内多达100余品种的装备能够为用户提供激光加工整套解决方案。

普睿玛为中国商飞公司定制的高速三维五轴激光切割机

五、谋划未来：中国制造 世界品牌

如今，随着"中国制造2025"的持续深入，激光加工技术正以其多重优势不断突破传统制造业的瓶颈，为现代制造业注入更多的生命力。据激光加工专业委员会的统计，2018年中国激光装备市场规模超过500亿元，超过全球市场的一半份额，其中工业领域的装备规模达到300亿元。"光"制造的步伐已势不可挡。

**第十三届全国激光加工产业年会暨宝鸡激光产业发展大会上，
罗敬文就激光装备行业发展趋势做报告**

作为激光高科技领域的领头羊，罗敬文带领着团队耕耘高功率激光装备20年，为客户提供光机电一体化的高端智能装备及产业链的延伸，提供智慧工厂、共享工厂等领域的全套解决方案。公司的定位是"致力做出中国最好的激光装备"。凭借业界丰富的自动控制、激光加工工艺和装备的工程经验，普睿玛的激光装备已历经9代的"睿意创新"，目前已有的5000台（套）高功率激光装备广泛应用于航空航天、汽车制造、船舶制造、能源、轨道交通等重点行业。另外，将目光瞄准机器人、激光器和智能产线的普睿玛嘉定智能工厂目前也在建中，不久后即可竣工投入使用，普睿玛未来的发展版图将不断扩大。

普睿玛正在进行产业链的垂直整合，以实现多元化发展。普睿玛结合激光切割机、激光焊接机、智能化成套设备、机器人、光源、激光3D打印机和数字化工厂等众多要素，不断提升整个价值链创造价值的能力。

普睿玛集团业务范围

积极拥抱数字时代,实现智能智造,"光智造"时代已急速驶来。如今,借助"中国制造2025"以及"工业4.0"等行业东风,激光智造也迎来更多发展机遇。"激光＋"趋势也成了发展共识,譬如"激光＋3D打印""激光＋智能化""激光＋传感器""激光＋大数据""激光＋工业机器人""激光＋可穿戴设备"等。目前普睿玛也正加速共享工厂的发展,利用发达的互联网、物流技术,将分散、零星的加工需求,进行最佳工厂匹配,实现自动接单、分发业务。

展望前行之路,普睿玛期待在激光产业能够勇攀新峰,逐步实现量变向质变的突破和转型,不断提升制造品质,创造出中国版的智能制造智慧工厂,做大做强全产业链,为中国经济的腾飞做出更多贡献。"睿意创新",智造梦想,普睿玛有志为中华民族制造出世界一流的激光装备,最终实现"中国制造,世界品牌"。

激光领军人物之付俊

二十五载,绽放在激光界的巾帼风采

武汉华俄激光工程有限公司

◯ 公司简介

武汉华俄激光工程有限公司(以下简称华俄激光)2008年成立于武汉·中国光谷,是国内激光领域第一家中俄合资的高新技术企业。公司旗下拥有武汉希利激光技术有限公司、湖北华俄激光科技有限公司和三个现代化工厂(华俄激光光谷工厂、凤凰山工厂、京山工厂)。

作为中国激光切割成套设备研发的先行者和引领者,公司广纳人才,集聚了一批中国、俄罗斯、日本激光领域资深专家,组建了一支国际顶尖的激光技术研发队伍。华俄激光以一流的激光技艺、开拓性的创新精神,不断引领着激光产品的创新发展,成为全球专业的激光智能装备制造商。

公司成立以来一直注重核心自主知识产权的研发。12年来,公司获得近60项国家专利,20多项新技术获得国家、省市科技成果奖,公司团队获得国家创新创业大赛湖北赛区二等奖。

华俄激光是国家审批通过的高新技术企业,湖北省规模以上企业,武汉市技术创新先进企业,武汉东湖高新区瞪羚企业,也是国家级火炬计划及省市科技攻关项目承担单位。企业研发中心被湖北省科技厅认定为"湖北省校企共建研发中心",被武汉市科技局认定为"武汉市企业研发中心"。华俄激光联合中国科学院开发了"智能机器人激光修复装备项目",并取得国家项目资金支持;公司自主研发的"中小功率固体激光切割机项目"获得湖北省科技厅科技进步二等奖;华俄激光产品外观设计获得"国际红星设计奖"。公司推出的15大系列60多个型号的激光切割机、激光切管机、激光焊接机、激光修复等产品和自动化生产线成套设备,广泛应用于航空航天、汽车制造、轨道交通、机械制造、机箱机柜、五金厨卫、家用电器、农林机械、健身器材、门业、广告工艺品、新能源等领域,为钣金加工市场提供了专业、快捷的行业应用综合解决方案,产品驰销国内外市场,市场占有率逐年快速攀升。

人物简介

武汉华俄激光工程有限公司
董事长付俊

付俊,湖北省民建企业家专委会副主任,民建中央新技术产业与制造业专委会委员,中国光学学会激光加工专业委员会常委,武汉·中国光谷激光行业协会副会长,湖北省激光行业协会轮值会长、副会长,湖北省科技企业家协会常务副会长,湖北省浙江企业联合会常务副会长,武汉市宁波商会副会长,武汉市妇女联合会第十一届执委会委员,洪山区政协第八届委员会委员;获得"武汉市十大创业人物""武汉市三八红旗手标兵""武汉市十佳创业女性""湖北风尚女企业家""激光领军人物"等称号。

她的身上有很多标签,她曾获得许多荣誉称号。一重身份,一份责任,路

激光领军人物

漫漫兮，无畏担当。从一个人的柜台到创办激光产业集团，从不懂激光技术到缔造上亿元的激光帝国，27年走来，她从一个青涩女孩，成长为睿智的女老板，以及一个肩负社会责任的企业家。她就是付俊，武汉华俄激光工程有限公司董事长，激光界的巾帼之花。

○ 领军之路

一、从柜台到公司

付俊毕业于武汉大学生物系遗传专业。1993年一个偶然的机会，她发现做印章材料能挣钱，第一笔买卖净收入2000元，相当于她当年工作一年的工资。初尝胜果，付俊的创业激情一下子被点燃，便辞掉了中国科学院武汉分院的"铁饭碗"，在武汉鲁巷租了个门面，成立了武汉众泰雕刻经营部。

三年里，付俊一个人站柜台、联系业务，没日没夜打拼，终于获得第一桶金。1996年，付俊看到市场上出现了一种新设备——激光刻章机，比起传统手工刻章，又快又好，完全可以取代手工刻章。她迅速成立武汉众泰科技有限公司（以下简称众泰科技），并招聘研发人员，开始研制激光刻章机。到了年底，第一台激光刻章机面世。随后，付俊和她的团队通过近半年的努力又成功地研发了一种体积小、对多材料适应性和加工质量都优于国内同类产品的激光刻章机。产品一研发出来，就立即被客户抢走。"众泰科技成功研发泛材料激光刻章机"的消息在业界不胫而走，引起国内激光行业的轰动，谁都不相信一个生物专业毕业、对激光一窍不通的"门外汉"竟然能发明全性能、泛材料的激光刻章机。直到有同行扮成客户到众泰科技明察暗访，这才诚服于付俊抢得的市场先机。通过这一次创新，付俊"巾帼不让须眉"的名声在激光界响了起来。

二、从公司到集团

市场没有永远的王者，更没有一成不变的市场规律。2003年，刻章机的品种越来越多，2000元一台的光敏机一秒钟就可以制作出一枚印章。竞争进入白热化阶段。"我宁愿冒险做别人没做的事,也不愿与人家进行价格竞争。"怀有这种信念的付俊决定转型。一次在广州参展,一名广告人来询问:"激光能不能雕刻一些花纹呢?"这句话打开了付俊的思路。

回武汉后,她向一些高校科研机构咨询,得到的答案是:该技术很成熟,大型制造中已被应用,但小设备市场还是空白。得知这一商机,付俊立即向科研机构购买该技术,开始转向生产工艺礼品雕刻机。这种机器可以在竹子、木头等材料上雕出美丽、细致的图案,产品再次一炮而红。

付俊带领研发团队接着又设计出了一系列专利激光雕刻切割机,成功研发了六大系列近70款设备,广泛应用于广告、工艺品雕刻、服装裁剪、绣花切割、皮革雕花等多个领域。

在求变求新中,众泰科技发展为集团,产品远销亚洲、欧洲、美洲各地区。2006年,众泰科技位于武汉东湖高新区关南科技园内的新厂区举行了隆重的奠基典礼,整个工业园占地30亩,总投资7000万。工业园的建成投产为公司快速发展注入了强大的后劲。众泰科技的高速发展也引起了社会和政府的广泛关注,付俊被评为"2006年度武汉十大杰出创业人物",2007年获"武汉市三八红旗手标兵"光荣称号。她成功完成了从一个商人到企业家的转变。

三、跨国引进技术

都说企业家就是一盏灯。付俊深刻明白,公司越大,意味着责任越大,人们的期待也越高。她说:"每一个员工背后都是一个家庭,这些家庭对我来说是沉甸甸的、意义非凡的,而我必须要做好掌舵人,永不止步,带领大家朝着更高的目标前进。"

2007年底,金融危机初露端倪,付俊随湖北省科技厅、武汉东湖新技术开发区管委会、湖北省暨武汉激光学会共同组织的中国湖北省激光技术参展考察团,赴莫斯科参加"2007国际光子展览会"。在访问俄罗斯期间,付俊敏锐地察觉到激光金属切割的市场前景和俄罗斯具有世界先进水平的激光技术,于是及时与俄罗斯 TETA 公司建立联系,并达成将大幅面激光切割技术引入中国产业化的意向。经过一年多的谈判,武汉众泰数码光电设备有限公司、湖北中科对外科技合作有限公司、俄罗斯专家三方达成协议,创办武汉华俄激光工程有限公司。此后,华俄激光开始专注于生产大幅面金属激光切割机,国内

研发团队多次赴俄罗斯学习大幅面激光切割机技术,俄方也多次来武汉指导切割机样机的研制,该项目被列为中华人民共和国、独联体、东欧国家政府间科技合作项目。

通过对俄罗斯先进激光技术的引进消化、吸收创新,华俄激光在样机研制过程中实现技术创新和改进项目共 28 项。2009 年,华俄激光第一台具有自主知识产权的大幅面金属激光切割机面世。付俊代表华俄激光与武汉·中国光谷激光行业协会会长朱晓、湖北中科对外科技合作有限公司对外交流中心主任邓智勇、俄罗斯技术专家等一同到客户现场考察设备使用情况,并组织湖北省科技厅专家对此项目进行科技成果鉴定,结论为"填补了该类型国内空白,技术水平达到国际领先",成果被武汉市、武汉市东湖开发区评为"自主创新产品",并获得国家专利。

2009 年,华俄激光推出专利产品大幅面金属激光切割机,一经上市即得到市场的充分认可,首批生产 10 台,远远不能满足市场需求。为此,付俊再次投入资金扩大生产规模,将大幅面金属激光切割机投入量产,2010 年实现销售收入 2000 多万元。

随着业务量的突飞猛进,华俄激光进入了发展快车道。从 2011 年开始,华俄激光逐步成功研制出 YAG 750 W 激光切割机、500 W 单驱/双驱光纤激光切割机、1000 W/2000 W/3000 W/4000 W 全封闭交换式光纤激光切割机、管板一体机、专业切管机等系列精品,投放市场后深受业界好评,实现了对德国、波兰、西班牙等十多个国家的销售,并返销俄罗斯,年销售收入实现翻番。华俄激光也因超快的成长速度和极强的研发能力荣获武汉市东湖开发区第一批"瞪羚企业"称号,通过国家高新技术企业认证。付俊凭借在激光领域做出的杰出贡献荣获"湖北风尚女企业家"称号,并当选为洪山区政协委员。

成为激光切割设备的优秀供应商,这是付俊当初的期望,显然她做到了。而付俊最终的目标是带领华俄激光成为全球的行业领军企业。"金字塔越往上越难攀登,但我们不畏困难,目标终有实现的一天。"付俊豪情满怀地说:"按照华俄激光成立之初的长远规划,目前仅仅是万里长征第一步,要做就做全球领先。"2012 年,付俊调整研发战略,与俄罗斯方面达成深度合作协议,成立了由华俄激光控股的中外合资企业——武汉希利激光技术有限公司,从事激光腔体技术及相关器件的开发,投入大量精力钻研尖端激光焊接技术和激光焊接装备的研发、激光焊接工艺的探索,以及激光焊接设备的推广应用,为新能源、光通信和消费电子等领域提供快捷、专业的行业应用综合解决方案。同年,华俄激光研发的两款产品获得"中国设计红星奖",大幅面激光切割系统被列为东湖新技术开发区"科学技术发展专项资金"第一批创新项目,华俄激光技术总监傅杰博士作为该系统主要负责人入选"3551人才"计划。俄罗斯籍技术专家西里切夫·奥列格博士与塔拉索夫·亚历山大·瓦西里耶维奇博士相继获得湖北省政府颁发的"编钟奖"。

四、自强不息,成就凌云之志

天行健,君子以自强不息。尽管华俄激光在付俊的带领下已经成长为一棵行业大树,但她却从未因此稍作停歇,而是以坚守和执着的创业精神,绽放出灿烂的商界巾帼风采。

如今,全球激光切割技术不断成熟,为了满足客户的不同需求,华俄激光进一步丰富产品线,研发出超大幅面激光切割机,如 12030 光纤激光切割机;高功率激光切割机,如 6000 W/8000 W/10000 W/12000 W/15000 W/20000 W 全封闭交换式高速光纤激光切割机。随着激光切割设备朝着自动化和智能化方向迈进,付俊带领研发团队经过两年的探索及技术攻关,于 2018 年年初成功推出激光切割自动化产线配套解决方案:平板自动上下料高速光纤激光切割机、全自动专业切管机、自动卷料激光切割机等系列智能化产品。

在产能方面,为满足市场需求,占领高端市场,付俊于 2017 年成立湖北华俄激光科技有限公司,与湖北京山市政府签下投资合同,建立华俄激光湖北京山激光产业园,用于生产大幅面、高功率激光切割机及激光切割自动化产线配套设备。产业园占地 10451 m^2,总建筑面积 12949.47 m^2,可年产激光切割机 1000 余台,实现产值 10 亿余元。

属于华俄激光的产业版图仍在扩张。2019 年 11 月,付俊与光谷光电子信息产业园建设管理办公室签署一份净用地面积 17 亩的土地协议,用来打造华俄激光智能制造产业园,建立总部新基地!

华俄激光的多方布局带来了订单的爆发式增长,公司逐渐成长为激光行业领导品牌,品牌的知名度、美誉度不断提升,品牌影响力逐步增强。这些市场表现,引来了客户的热捧,引来了同行的赞许,自然也引来了国内知名投资机构的关注。

五、大国工匠，不忘初心

从2008年正式成立至今，华俄激光始终践行着"创新、合作、共赢"的创新战略和"专注专业、精益求精"的企业精神，已经形成了一套完整的产品和销售体系，斩获近60项国家专利，技术遥遥领先，产品热销国内外，创造多项行业辉煌。多位省市级领导莅临华俄激光考察，勉励公司继续向世界一流激光企业迈进。

公司推出的激光切割机系列，助力钣金加工行业，为钣金加工领域提供快捷、专业的行业应用综合解决方案，产品不仅热销国内，还远销北欧、东欧、北美、南美、南非、东南亚等30多个国家，并返销俄罗斯，国际市场占有率逐年攀升。

公司秉承着"诚信为本、品质为本、创新为本"的企业宗旨，凭借雄厚的技术实力、专业的客户服务及自主技术创新体系，始终走在行业领域的前列。公司连续多年获评武汉市东湖高新开发区"瞪羚企业"，是国家级火炬计划及省"十一五"科技攻关项目承担单位，还承担了"国家创新基金重点扶持项目""武汉市中小企业发展专项资金项目"等项目。

成功的路上没有一帆风顺，对企业家来说更是如此。从草根创业到行业翘楚，付俊带领华俄激光携艰辛与璀璨前行，收获了多少掌声、认可就遭遇了多少坎坷、曲折。虽苦乐参半，但激励付俊前行的是承载着梦想的不变的初心——专注于激光切割领域，做大国工匠！

六、以人为本，厚德载物

"人才是企业的财富，也是企业得以运作、发展、持久的基石，我们只有解决了'人'的问题，才能解决企业的发展大计。"付俊说："创办优秀的激光专业培训学校，为学生提供实践平台，为企业输送技术人才，是我一直以来的心愿。"

早在华俄激光成立之初，付俊便积极整合公司优势资源，自筹资金，开办武汉乐博职业技术培训学校，定期聘请华中科技大学光电学院的教授来校授课，也从公司选拔有实践经验的专业技术人员为学员作定向辅导，培养激光应用方面的专业人才,开创了激光企业自办学校的先河。这一创新的办学模式不仅为广大学生提供了免费就业、实习的机会,提高了学生的实际操作能力,也为公司及整个激光行业提供了大量的专业人才。

作为公司的创始人,付俊的一言一行无形中构成华俄激光企业文化的一部分,而她的人格魅力也汇聚成企业持续发展的凝聚力和感召力。近几年,公司年会始终保留一个固定的环节——付俊亲自给工作满十年、二十年的员工颁发千足金纪念金牌,以感谢他们对企业金子般的赤诚。此外,付俊还邀请员工家属参加公司的团年饭,对公司员工喜庆事件送上真诚的祝福,对员工伤病、困难尽企业所能予以帮助,这些关爱是润物细无声的关怀,也是她最真挚情感的流露。

"企业从社会中来,最终仍要回到社会中去,这不仅是时代发展的要求,也是企业的责任。"付俊在公司高速发展、创造财富的同时也不忘反哺社会。多年来,付俊在安排下岗职工、支持残疾人就业、自然灾害慈善捐款、关爱贫困儿童学业问题等方面默默践行着一个企业家应有的社会责任。每每谈到这些,她总是表现得很平淡,说得最多的一句话是"我还做得不够,这是我应该做的"。

一滴水,虽然微小,却可以折射出太阳的光辉;一缕光,虽然暗弱,却可以指明希望的方向。付俊用实际行动支持公益、履行社会责任,给需要帮助的人们带来温暖和希望,也阐述着自己的人生态度:以人为本,厚德载物。

激光领军人物之李思佳
智能激光制造综合解决方案的弄潮儿

上海嘉强自动化技术有限公司

◯ 公司简介

　　上海嘉强自动化技术有限公司致力于工业激光自动化解决方案,全心全意为激光设备集成商和用户提供一站式服务。公司专注于工业激光和自动化技术的融合集成,结合国际知名激光光学及加工头模块品牌 RayTools、Laser-mech、Kugler、ULO Optics 等,基于行业先进的 EtherCAT 工业总线的自动化方案平台 AheadTechs、Bech-hoff 等,立足本土,逐步推出适合设备集成商 OEM 的各行业的完整解决方案及工艺备品配件服务,涵盖各种工业激光机器人,五轴三维激光机床,500 W/1000 W/2000 W 光纤激光平面切割、4000 W CO_2 激光平面切割,导光臂三维非金属切割焊接,光纤激光远程焊接,高速、高精度陶瓷玻璃打孔划线,金属表面毛化热处理等成熟的激光光路和总线式基于 PC 的软 CNC/PLC 自动化控制解决方案,为客户提供稳定、灵活的开放平台,顺应下一步智能激光制造的分布式网络化发展趋势。

人物简介

上海嘉强自动化技术有限公司
总经理李思佳

李思佳,美国中佛罗里达大学 UCF 电子工程硕士,上海交通大学电子工程硕士。上海嘉强自动化技术有限公司发起人之一,积极开拓中国激光加工模块市场,为国内清华大学、上海交通大学、华中科技大学等激光加工相关实验室,以及大族激光、华工激光、楚天激光等数百家业内公司提供配套激光加工头数控系统套件等智能激光制造 ABC 解决方案。

1997 年至 1999 年,在上海朗讯科技通信设备有限公司担任系统工程师,参与过美国朗讯项目。2000 年至 2007 年,先后在美国加州硅谷 OptiWorks、Dowslake Microsystems Inc.、Altamar Networks Inc.、Optiwave Inc.、Light-bit/IOA Inc、Oplink Communications Inc. 等多家光电系统和模块公司担任过市场总监、研发部经理、项目主管和高级工程师等职位。2007 年,担任美国 Laser Mechanisms Inc. 的亚太地区首席代表,负责激光加工头模块的行业推广。2009 年,创建上海嘉强自动化技术有限公司。

曾为美国电气与电子工程师协会 IEEE 会员和光学学会 OSA 会员。现为美国激光协会 LIA 会员。发表多篇技术文章,获 100 余项发明专利、新型专利及软件著作权等。参与了国家七五 860-307 计划光子电子交换技术研究项目和八五 863-317 全光通信网重大项目。

激光领军人物

◯ 领军之路

作为智能激光制造的领导者，上海嘉强自动化技术有限公司（以下简称嘉强）自2009年成立起，就为智能激光制造领域树立一个开放创新、追求卓越的国际化高科技企业形象。

2009年，嘉强成立于上海市松江科技创业中心（现紧邻长三角"G60科创走廊"的科技绿洲）。从最初的几名员工发展到今天200余名员工，公司分别在武汉、深圳、济南等地设有分公司或办事处，并战略布局了美国波士顿Open Laser（浙江湖州睿制开源）和瑞士伯尔尼Ray Tools全球团队，国内外配备技术和销售服务团队近百人，以贴近OEM集成商，从而为其及时提供更好的服务。在11年的发展历程中，本着不断创新、不断提高产品的品质和技术含量，更快捷、高效地服务全球客户的"嘉言善行，庄敬自强"理念，公司已经发展成为智能激光制造领域拥有功能单元部件自主核心技术平台能力的行业翘楚。

嘉强的总经理李思佳本科学的是应用物理金属材料方向，1997年他于上海交通大学电子工程专业硕士毕业后加入了电信设备行业的知名企业，并在工作两年后去美国学习，于中佛罗里达大学取得通信专业博士学位，毕业后在加州硅谷Oplink、IOA、Optiwave、Ditech和OptiWorks等多家光电子公司工作近10年。2007年，李思佳回归材料物理专业，加入美国Lasermech公司，并与深圳大族激光和武汉华工激光等设备龙头企业开始合作，导入高功率CO_2钣金切割头及YAG切割焊接头和传感器调高器等项目，推广高功率工业激光器的外光路传输核心部件。在这个过程中，李思佳逐步建立了良好稳健的合作伙伴群。于是他顺势而为，和毕业于同济大学的兄弟李思泉共同创业，成立了上海嘉强自动化技术有限公司。中高功率、高性价比光纤激光器的金属加工行业切入，带动了产业纵深扩展。公司成立之初是一个不到10人的团队，一直紧跟工业激光，渗透制造业的各个细分市场，发展稳步增长，现在嘉强已经有上千行业客户及集成商，销售规模和供应链品控体系历经磨砺，打造了每年按质、按量10000套以上激光头制造的交付平台。全新X系列总线数控系统已得到多家OEM认可，为行业推广做好了充分准备。以武汉为中心的技术培训及售后团队已经运营多年，成了一支年轻、稳定的服务团队，为公司未来更上一层楼打下了基础。

改革开放以来,中国作为制造大国对作为最绿色、最高效的激光制造工具的需求越来越大。嘉强及时地把握了中国制造发展升级的契机,和中国实体经济同步繁荣壮大。

李思佳谈起嘉强在中国发展之路时说:"嘉强在国内的客户占到90%以上,我们希望下游客户都是有一定差异化且有竞争力的,2009年,我们代理Lasermech、kugler及ULO产品,2011年便开始做研发,招募工程师做本土化创新,为国内客户定制产品。先积累技术,再来做产品,终于生产出了客户满意的24/7的制造业装备产品——冲锋陷阵的激光头部件。我们算是国内较早培育这个细分市场的开拓者。很庆幸那个阶段客户认可我们的敬业和专注,这才逐步有了本土制造的有品牌、有服务、可依赖的激光头激光枪。我们对自动化和控制系统很看重,为总线电容传感器调高器和基于嵌入Linux开放平台数控系统的研发和稳定交付投入了近10年的努力。公司创立之初就加入了德国ETG协会,成为EtherCAT在中国激光行业推广的先行者。再加上我在美国工作多年,注重技术创新,多年来围绕激光应用也沉淀了解决方案和行业理解。这些经验都被有效地运用到公司产品研发和战略定位上。目前,嘉强已经成为国内领先的激光头和数控系统一站式全套综合解决方案的制造和服务提供商。"

随着中国经济的快速崛起,中国的市场地位在全球变得越来越重要。为了更好地服务于中国客户,嘉强10多年来与国内外几十家激光器公司不断合作,为国内激光制造领域及行业推广树立了标杆。

嘉强从2007年开始代理美国Lasermech激光头及其配件业务,2009年开始转型建立自主研发团队,先后推出市场占有率极高的Beam Tools/Ray Tools激光头导光臂等光路产品及调高器、Ahead Techs总线数控系统、ECAT智能总线硬件IO及传感器,并且将其整合推出"激光智能制造ABC解决方案",其中包含平面钣金切割、管切等方案,近年来,又推出精密切割(PSO双轴功能的直线电机龙门双驱切割)、非金属切割(Laser Robot一体式激光机器人)、专业切管机和五轴等方案。自公司成立以来,嘉强保持和众多的合作伙伴(包括美国Laser Mech、德国KUGLER光学和英国ULO光学等)共同服务OEM服务商以及终端客户。在代理中,面对客户的需求,嘉强经常思考创新和本土化以应对新的市场机会。经过一系列产品战略及国际化的规划,嘉强与Ruedi Weber博士创建的瑞士Ray Tools AG公司达成深度合作战略,Weber 博士(德国斯图加特大学教授、激光中心副主任)持续担任了嘉强的战略顾问。公司 2014 年推出 AK 经典系列(AK390 熔覆焊接)、BT 铋图系列激光头(BT240 硬质氧化 IP67 等级)和 BM 凌动变焦系列(BM109 和 BM111)等,并以其高性价比迅速扩张国内市场占有率。同期又与美国 Ahead Techs 品牌共同研发合作推出嵌入式 X 总线数控系统。紧接着嘉强先后收购了 ECAT 以铠智能、深圳市旭控科技有限公司(总线驱动器和自动化桌面工厂项目),继续潜心开发基于总线和 PC/ARM 的新自动化体系的核心模块和平台,给装备制造业提供完整、高效的绿色解决方案。

  2018 年,嘉强扩展制造基地,移师浙江湖州,成立了浙江睿制开源智能技术有限公司(OpenLaser 中国),并与上海交通大学材料学院激光中心共同成立了湖州激光智能制造研发中心,针对激光淬火表面强化处理及未来激光材料加工工艺研究等工业产业项目,以及本地上下游合作伙伴产业链积极搭建产、学、研及教育培训平台。嘉强 2018 年与上海交通大学、浙江工业大学等高校一起攻关国家重大科技专项——风电轴承激光强化项目。"为激光服务更嘉更强",嘉强作为上海市高新技术企业,2018 年获得"上海市科技小巨人"及"上海市专精特新科技企业"等荣誉称号,各种专利著作权商标等知识产权近 200 项。全资子公司——深圳市旭控科技有限公司(深圳市高新技术企业),作为上海交通大学深圳研究院下属的激光智造中心责任单位,积极推进桌面工厂柔性制造的演示平台的研发和教育培训等产学研项目。

  在谈到嘉强为何能保持竞争优势时,李思佳充满自信地说:"兼容并包容差异化,更专心、更专注、更专业为客户服务。2018 年我们走出国门,在美国波士顿成立研发和销售中心,与瑞士 RayTools 品牌合作,定位 Open Laser 协会模式的开放平台甚至开源模式的激光智造解决方案,来满足个性化、自动化和信息化的各行业需求。独木不能成林,行业协同合作、差异化竞争才能可持续发展。我们推出的较高性价比的 X1(单幅面)、X2(交换台面)、X3(管板一体机)系列总线 Linux 底层的开放总线数控系统,采用基于 Windows 的上位机 HMI 开放开源架构,分别针对 1000 W 以下小功率的广告机 X1,2000 W 中小功率钣金交换台面应用 X2 和 3000 W 中功率管板一体机 X3 设备,融合铋图 BT 系列、变焦凌动 BM 系列激光头或 BS 睿智智能头和总线 88C1 传感器的解决方案,就是为了提供各式各样的差异化套件供集成商选用。总体来讲,嘉强的定位是希望能够独立地提供技术后盾平台及客户差异化可能,集中精力在上游针对需求攻坚,一起配合下游集成商把行业差异化做深,把服务做好。另外,公司内部也在积极完善各项体制,让员工和企业一同奋斗和成长,共同缔造企业的未来。"

李思佳 2007 年回国至今已有十多年。当年毅然回国择业、创业,其间经历了抉择与创业的艰辛,他表示:"回国想做些有意义的事,尽管有 10 多年的 IT 通信设备行业经验和 10 多年的装备制造业经验,但我有点理想主义,所以走了不少弯路。不过对激光制造这个行业的选择我毫不后悔。对行业的理解、对客户的需求,现在有了更精准的把握,希望和客户、同行、合作伙伴甚至竞争伙伴一起做实业,发挥严谨的工匠精神,开放包容创新共赢。"

在谈到未来的发展计划时,李思佳幽默地说:"我希望我们成为幕后英雄,成为一个真正的解决方案提供商。我们把核心的技术方案提供给客户,让他们做好工艺、做深每个细分行业。就好像我们是中央厨房,可以为有各种需求的客户做出满足要求的美食。"

2020 年是嘉强创立 11 周年,在李思佳的带领下,公司正铆足马力,内外兼修,珍惜团队精神和客户认可,持续为客户、为行业创造价值,可谓"为激光服务,更嘉更强"!

激光领军人物之赵裕兴

着眼未来，引领行业，抢占市场先机

苏州德龙激光股份有限公司

○ 公司简介

苏州德龙激光股份有限公司成立于2005年，位于苏州工业园区，由中、澳两方投资创立，致力于研发、生产和销售各类高端工业应用激光设备，尤其是基于紫外激光和超短脉冲激光技术的设备，公司产品已被广泛应用于半导体、显示、精密电子、高校科研和新能源等精密加工领域。

公司是国家火炬计划重点高新技术企业，是江苏省科技厅、财政厅、国税局、地税局联合认定的高新技术企业，江苏省科技型中小企业，江苏省创新型企业，苏州市创新先锋企业，苏州工业园区高成长性企业；建有江苏省认定企业技术中心、江苏省太阳能电池激光加工工程技术研究中心、江苏省先进激光材料与器件重点实验室、苏州工业园区博士后科研工作站分站等高规格、高水平的技术研发平台。

公司一贯重视在研发方面的投入，培养了一支包括激光、光学、机械、电子、控制、软件和工艺等专业的工程师队伍，建有各类激光应用超净实验室和洁净生产车间，并配备了先进的紫外激光加工系统、超短脉冲微加工系统以及各种精密检测仪器，为自主研发提供了完备的硬件保障。公司拥有授权专利70余项，其中发明专利20余项，实用新型专利50余项，以及软件著作权10余项。

○ 人物简介

苏州德龙激光股份有限公司
董事长赵裕兴

赵裕兴，中国科学院上海光学精密机械研究所光学硕士，悉尼大学电机系博士，有30多年激光、光电领域学术研究的经验。

1985年至1988年，中国科学院上海光学精密机械研究所助理研究员，1988年作为公派高级访问学者前往澳大利亚从事研究工作。

1988年至2000年，任澳大利亚悉尼大学光纤技术研究中心研究工程师、澳大利亚悉尼大学电机系光子实验室主任、澳大利亚国家光子中心高级研究员。

2000年至2004年，回国创建江苏法尔胜光子有限公司，担任董事、副总经理、总工程师。

2005年，创建苏州德龙激光股份有限公司（以下简称德龙激光），始终坚持做真正有强大技术竞争力的高科技企业，为中国光电产业的发展做贡献。

2010年，获江苏省人民政府颁发的江苏省科学技术奖。

2014年，入选为中国创新人才推进计划科技创新创业人才。

领军之路

一、一人一房一包,创起了业

"创业都是艰苦的,尤其是像我这种技术人员,研究方面我是有信心的,但是对于市场营销一开始总是忐忑不安的。"赵裕兴回忆起艰难的创业期仍是满脸笑容。2005年,苏州工业园区一间小小的办公室里,赵裕兴怀着对中国激光行业发展的美好期许,他支起了一张办公桌,靠一个公文包开始了创业。

之所以选择苏州工业园区,赵裕兴也有自己的考虑:"一方面,苏州人杰地灵,创业条件得天独厚;另一方面,苏州工业园区的制造业很发达,市场氛围浓厚,隔一条马路就能找到客户。"

二、一手抓研发,技术是第一生产力

1. 研发里程碑

2006年,第一台晶硅太阳能电池激光刻划设备研发成功。

2007年,应用于触摸屏行业的新工艺设备研发成功。

2008年,半导体泵浦固体激光器研发成功,包括红外、绿光和紫外输出;应用于LED芯片的切割设备研发成功。

2009年,激光晶圆划片设备研发成功并开始进入市场。

2010年,第一台皮秒激光加工设备交付于中国航天科工集团第二研究院。

2011年,第一台电容式触摸屏激光刻蚀设备投入市场,占国内同产品市场份额的50%以上。

2012年,高功率紫外激光和皮秒超短脉冲激光器实现商用化;用于强化玻璃切割和钻孔的设备也投入市场。

2013年,应用于半导体玻璃晶圆的激光切割设备投入市场。

2014年,陶瓷切割和钻孔设备投入市场。

2015年,硅基半导体晶圆激光切割设备投入市场。

2016年,透明材料激光多焦点切割设备投入市场;完成全国首条车载玻璃

生产线。

2017年,全面屏系列激光切割设备抢占市场先机。

2. 科技成果和知识产权

十多年来,德龙激光拥有授权专利70余项,其中发明专利20余项,实用新型专利50余项,以及软件著作权10余项。

德龙激光先后承接了一项国家火炬计划项目、两项江苏省科技成果转化专项资金项目、多项科技部科技型中小企业技术创新基金项目,以及多项省市级重点科技项目。

3. 获奖产品

皮秒激光精细微加工设备、半导体端面泵浦高功率声光调Q紫外激光器、用于触控面板玻璃的激光钻孔设备、用于新型触控技术的导电薄膜的激光刻蚀设备、硅晶圆激光划片设备等13项产品获江苏省高新技术产品。

ITO薄膜激光刻蚀设备获江苏省科学技术奖三等奖;硅晶圆激光划片设备获江苏省首台重大装备产品及江苏省中小企业专精特新产品;高速、高精度薄膜电池切割设备及多光束高效晶圆激光划片设备获江苏省优秀新产品奖;LES-ITO500型激光刻蚀设备获苏州市科学技术进步奖一等奖;皮秒激光应力诱导加工设备获苏州市科学技术进步奖三等奖;多光束紫外晶圆划片设备获苏州市技术发明奖二等奖。

江苏省知识产权局朱宇局长一行来我司调研座谈

这些成绩的取得归结于赵裕兴始终坚持的理念"研发是核心,技术是第一生产力"。目前,德龙激光每年光投入的研发费用就占公司全年预算的40%以上,并针对各新兴行业的产品特点专门建立了若干应用研究实验室。赵裕兴的目标是要每年推出 2~3 个能够满足规模化生产需求且具有强大市场竞争力的新产品。

皮秒激光晶圆划片设备是德龙激光的明星产品,它应用于 LED 晶圆切割,可以有效地提高 LED 晶粒发光效率,极大地促进了 LED 向照明、显示行业衍生,推动了 LED 产业的变革。这一 LED 产业的关键装备国产化可以极大地降低国内 LED 生产企业的投资成本,便于设备的维护和更新换代,提升国内企业的国际竞争力。

三、一手抓市场,眼光要看"透"未来

赵裕兴说:"看市场并不是简单的盯着当前看,看出市场的未来趋势需要的是超前的眼光和过人的决断力,这是每一个成功的企业管理者必须具备的素质。"

苏州电视台专题报道德龙激光多元化发展

多年前,太阳能电池行业发展蓬勃,德龙激光也抢占了这块市场的先机。直到 2008 年,德龙激光在太阳能电池市场仍然有很丰厚的收益。但凭借市场分析,赵裕兴敏锐地感觉到这个市场要开始不稳定了,于是他忍痛退出薄膜太阳能市场,这个果断的决定让德龙激光没有在太阳能电池市场"大跳水"的时候吃亏。

"实现企业盈利并不难,难的是持续的盈利。"这是赵裕兴十多年来最深的感受,如何实现企业的持续性盈利是他考虑最多的,他认为关键在于技术与市场的匹配度。没有什么技术是永远先进的,技术要能随时"起跑",他形象地将

此比喻为"不能吃了上顿没下顿"。

2008年,德龙激光推出了紫外激光切割的第一代产品,市场反应热烈。后来由于市场上此类产品的激增,2011年5月,第一代产品突然停滞。赵裕兴当即下决定,推出已经研发完成的效率翻倍、品质提升的第二代产品——皮秒激光晶圆划片设备,继续占得了市场的先机。然而,就在这时,国外某大公司和其代理发起了对德龙激光的专利攻击,经过两年多的艰苦努力,最终德龙激光赢得了这场重要的胜利,为企业后续的发展提供了坚强的保障。

2011年,德龙激光的第一台电容式触摸屏激光刻蚀设备投入市场后,迅速引起市场强烈反应,引爆触摸屏行业,该设备市场占有率一直在50%以上。实际上德龙激光在触摸屏市场已经耕耘了近5年,早在2007年德龙激光就进入了电阻屏蚀刻设备市场,这也是全球第一家将激光设备引进该市场的企业。

全球手机市场历经多年的高速增长,增速逐渐趋缓。2017年,全面屏概念手机,再次刺激手机市场,根据网络相关数据显示,2017年全面屏在智能机市场的渗透率为6%,2018年飙升至50%,后续有可能在2021年升至93%。早在2016年12月,德龙激光基于IR Pico的激光多焦点切割技术,研发出成功应用于显示面板异型切割的方案。2017年7月,德龙激光又研发出可对应notch切割的全自动玻璃倒角激光加工设备,并成功推向市场。

1. 激光设备的核心——激光器

相比于光纤激光器,紫外激光器低调很多,然而,不可忽略的是近两年紫外激光器需求出现了大幅增长,甚至一度出现缺货现象。从技术空白到商业化应用,中、高功率紫外激光器仍有较大研发空间。紫外激光由于其短波长的特性,可以被大多数材料较好地吸收,在激光材料加工方面有独特的优势。谈及目前紫外激光器的技术和应用进展,赵裕兴表示,"紫外激光产业化应用越来越多,促进了纳秒紫外、皮秒紫外和飞秒紫外激光技术在激光材料、光学元器件和激光器设计等方面的快速发展。"

由于大多数材料对紫外激光有很好的吸收,同时紫外激光加工产生的热影响较少,减少了对加工对象的材料损伤。紫外激光器的波长比可见光波长更短,而短波长可以实现较小的光斑和线宽,从而更精确地聚焦,因此,相较于其他种类的激光器,紫外激光器有着独特的应用和市场。但由于成本和可靠性不能与红外光纤激光器相比,在功率上也不能与高功率半导体激光器相比,所以紫外激光不能替代光纤和半导体激光。紫外激光就其特性和优势目前主要应用在标记、复合材料切割、钻孔、精细加工等领域。

对国内外在紫外激光领域的技术差异,赵裕兴认为,"随着国内的制造业从传统走向高端,国产紫外激光器技术在过去几年中实现了从几乎空白到能够基本实现商业化应用的跨越。就纳秒紫外而言,5 W以下的紫外激光器市场大部分由国产激光器占领,皮秒紫外、飞秒紫外激光器技术也得到了很好的发展,但中、高功率紫外激光器相较于国外激光器还有一定的差距。"

对于紫外激光器的行业缺货和增长现象,赵裕兴认为,"紫外激光器在2016年至2017年确实实现了大发展,但数量还是不能与光纤激光器相比。而部分元器件缺货应该与总体激光器需求的大幅增加有关。"

2. 激光器业务合并——贝林激光

为了生存与发展,德龙激光一直在求新、求变。2017年,德龙激光将激光器业务并入全资子公司苏州贝林激光有限公司(以下简称贝林激光)。

对于这一举措,赵裕兴指出,"激光器作为一个独立的产品,只有在市场上参与竞争,才能得到真正持续改进的机会。德龙激光是一个激光设备集成商,随着激光器生产量的提升,原来的激光器部门需要一个独立的环境和团队来成长。德龙激光将激光器业务并入贝林激光,实现业务整合重组,达到资源的优化配置。"可喜的是,2017年贝林激光的激光器销量超过1000台,其中紫外激光器销售超过800台,实现了很好的发展。

这种业务上的改变,对于德龙激光来说,不但带来了销售额和利润的增加,同时对促进贝林激光的团队成长、激光技术的不断进步都有了非常积极的效果。目前,贝林激光产品主要有纳秒激光器、皮秒激光器和飞秒激光器三大系列,波长有355 nm、532 nm及1064 nm,品质达到国际水平。贝林激光产品远销美国、日本、韩国等,市场需求旺盛。

四、未来展望

德龙激光经过10多年的发展,从单一产品、单一市场发展到有30多个产品,应用涵盖多个市场领域。德龙激光通过内部结构调整和市场优化产生了很多成果,包括在市场上极具优势的显示类相关产品,如应用于先进显示的全面屏、窄边框和OLED产品。这些成果使德龙激光在所聚焦的半导体、显示、激光器和激光代加工业务领域的表现更为出色。

在赵裕兴的带领下,德龙激光进行了深度的调整,公司的产品、市场和核心竞争力因此更加凝聚、更加突出,适应市场变化的能力也得到了极大的提升。这些进步有助于德龙激光在未来几年迎来更大的发展空间。

谈及未来,赵裕兴表示,"我依然非常看好激光技术的发展和激光应用这个市场,尤其是随着激光加工设备新产品的不断推陈出新和激光器技术的飞速发展,越来越多的应用技术及市场也会随之而来。德龙激光作为一家以技术为发展引擎的企业,一直以来都非常注重激光技术的不断创新和发展,也将继续致力于把最新的研究成果转换为实际的价值,服务于广大的客户。经过了这么多年的研发,德龙激光已经具备了非常扎实的技术基础,拥有很大的发展潜力,在未来我们还能做得更好,力争为推进中国激光产业的大发展做出贡献!"

激光领军人物之陈义红

勇抓机遇,创业光谷

武汉新特光电技术有限公司

○ 公司简介

武汉新特光电技术有限公司(以下简称新特光电)2006年6月成立,注册资本1000万元,是国内激光配件、激光器和激光设备的全产业链产品生产服务商,提供激光器件的开发、生产、销售和技术服务,是武汉光谷的核心高科技激光企业,湖北省博士后科研工作站,武汉东湖高新区瞪羚企业。

新特光电位于武汉市东湖高新技术开发区流芳园南路18号新特光电工业园,建筑面积近40000 m^2。合理的定位和强大的技术实力让新特光电在激光领域迅速崛起,成为世界知名的激光器件供应商,并连续多年销售过亿。公司拥有进出口权,产品远销日本、韩国、越南、印度、新加坡、澳大利亚、美国、德国、荷兰等全球70多个国家和地区。新特光电拥有具有丰富国际、国内研发和管理经验的专业技术和管理人才。自成立以来,公司致力于将国外的先进技术、高品质的激光产品、性能可靠的配件引进中国,并结合国情再开发,以优惠的价格供应国内外市场。目前,国内激光器和激光设备主要生产厂家都已经选用新特光电的产品,其激光器和激光设备性能达到国际先进水平,且价格合理。

人物简介

武汉新特光电技术有限公司
董事长陈义红

陈义红,武汉市城市合伙人,中国侨联特聘专家,国家科技奖励评审专家,湖北产业教授,武汉新特光电技术有限公司董事长,涉足激光领域41年,先后获得87项国内外专利,创立和经营管理10多家激光公司。

1979年至1986年,就读于华中工学院(现华中科技大学)激光专业;1993年,为华中理工大学激光技术国家重点实验室副教授;1998年,获新加坡南洋理工大学博士学位;1998年至2000年,受聘为南洋理工大学博士生导师;2001年,回国创业。发明生产的"TEA CO_2 激光打标机""无氦横流 CO_2 激光器"和"大功率全固化固体激光器"等填补了国内空白;先后获得武汉市优秀企业家称号、湖北省优秀创业者称号,中国首届华侨华人专业人士杰出创业奖,中国侨联"科技创新人才奖",全国归侨侨眷先进个人,湖北省有突出贡献中青年专家称号等荣誉;现为湖北省归国华侨联合会副主席,武汉市政协常委,湖北省暨武汉市新侨专业人士联谊会会长,湖北省欧美同学会副会长,湖北省激光行业协会副会长,武汉·中国光谷激光行业协会副会长。

激光领军人物

○ 领军之路

陈义红,一位海归博士,一位伫立前沿而又不断搏击长空的人。他不仅在激光科学领域取得了骄人的成绩,由他领军的武汉新特光电技术有限公司已是中国激光产业中一颗耀眼的明星。

一、从华中工学院副教授到南洋理工大学博士导师

陈义红与激光的缘分来自多年前的一部电影。

那时,17 岁的陈义红在升大学前恰好看了正热播的国产电影《珊瑚岛上的死光》,银幕上神话般的死光(激光)把他带进了一个神秘的世界。当时的激光是一门新兴学科,本来喜欢物理的陈义红就报考了华中工学院(现华中科技大学)的激光专业。用他的话说,"年轻人喜欢追逐时髦的东西"。

从此,陈义红便在激光领域辛勤耕耘,不断前行。

进入大学,出身农门的陈义红成绩排在全班后列,但他并没有气馁,而是更加发奋图强。那时候的娱乐生活不如现在丰富,外界干扰也少,同学们的学习劲头都很足。大学四年,教室、食堂和寝室三点一线的看似枯燥无味的生活让陈义红倍觉踏实。

大学毕业,陈义红以优异的成绩考上了本校激光专业的硕士研究生。在硕士研究生期间,陈义红跟着激光大师——丘军林教授从事脉冲 CO_2 激光打标机和无氦横流 CO_2 激光器的研究。最终,两项研究均有可喜成果,前者获得湖北省科技进步三等奖,填补了一项国内空白;后者入选教育部科技进步三等奖,并获得发明金奖。

1986 年,陈义红硕士研究生毕业。在导师及学院领导的邀请下,他选择留校任教,一边兼任硕士研究生的辅导员,一边从事教学、科研。短短几年时间里,从助教到讲师,再被破格评为副教授,陈义红成为校园里最年轻的副教授之一。似乎一切都是那么顺利,但他并不满足。激光被称为"最亮的光",20 世纪 90 年代初,正是改革开放如火如荼的深入时期,陈义红希望到更大的舞台去历练自己,成为行业内一道"最亮的光",用他所学的激光知识改变世界。

1994 年,在了解了外国激光技术的发展情况之后,三十而立的陈义红踏上

了继续求学深造的路途。由于当时国家教委（现教育部）政策规定，副教授以上职称的青年教师不能出国工作，但可以攻读博士学位。隶属于南洋理工大学的精迪制造技术研究院（现新加坡制造技术研究院）得知这一情况后，立即向南洋理工大学申请，特许他在研究院做研究的同时，在南洋理工大学读博士研究生。就这样，陈义红开始了一边学习一边工作的海外生活。

在新加坡的日子繁忙而又充实。通过四年的艰辛努力，陈义红博士研究生顺利毕业，当时任新加坡总统的王鼎昌先生为他颁发学位证书，成为当年新加坡制造技术研究院应届毕业生中唯一的博士生。

取得博士学位后，陈义红仍被新加坡制造技术研究院聘为研究员，同时也被南洋理工大学聘为博士生导师。当时，陈义红是新加坡研制激光器和激光加工设备的开拓者之一，先后帮助三家企业研制了激光器和激光设备，在新加坡开启了自主制造激光器的先河。一时之间，他在新加坡拥有了一些名气，薪资待遇也不错，家人都随他到了新加坡。拥有熟悉的工作环境，舒服的生活条件，陈义红当时已经是一名非常成功的学者了。

二、揣着一个梦毅然回国创业

在新加坡，陈义红享受着高年薪的优厚待遇，生活富裕而安逸。然而，事业心很强的他感觉这种温水煮青蛙式的生活很容易消磨斗志，因此，他时刻关注着国内激光事业的发展，寻找回国服务的机会。2000年5月，时任武汉市副市长的辜胜阻和东湖开发区管委会副主任唐良智，率武汉经贸代表团到新加坡招商引资，招才引智，陈义红参与组织接待工作。唐良智和陈义红同为华中工学院校友，二人一见如故，陈义红也第一次从他那里听到了"武汉光谷"的概念。

彼时的武汉光谷，正处于初创阶段，需要大量的人才和项目。唐良智向陈义红发出了邀请，希望他能够回到国内，投身家乡的建设。听完这位校友的介绍，陈义红心潮澎湃，希望同电影《珊瑚岛上的死光》中的那些爱国科学家一样，通过自己的所学开拓一片事业，为国家的繁荣富强做出自己的贡献。

一边是高薪稳定的工作，一边是贫瘠荒芜的土地；一边是爱妻爱女的期盼，一边是告别家人的孤苦。陈义红心里有过犹豫，离开新加坡，意味着他必须冒着商海的风险白手起家，也必须离开年幼的女儿，无法陪伴她的成长。

陈义红心里燃烧着的一团熊熊之火,已然无法熄灭。陈义红明白,创业的机会不能等待论证,在创业之前就把事业发展的规划经过反复论证是不现实的,如果全想明白了,可能机会就错过了;创业时的环境往往大多数人不看好,这正是给少数人提供的机会,这时用常规的方法去论证,往往会得出这个机会将会失败的结论。经过深思熟虑,不惑之年的陈义红决定投身到祖国发展的洪流中去,也希望给自己的人生"换换跑道"。一个月后,他加班加点写好的固体激光器项目计划书交到了武汉·中国光谷项目组。没多久,陈义红收到了项目组的邀请函,随后,考察洽谈,一切都是那样顺利。他立马递交辞呈坐上了回国的飞机。机场离别,看着临别时妻女失落的表情和不舍的眼神,陈义红心生歉意,但也只能暗自抹去眼角的泪水,此一去,他决心做出一番事业。

三、市场历练

2001年的武汉光谷,还只是一个区域概念,仅涵盖鲁巷广场方圆几公里的范围。陈义红的项目被几个企业看中,几经比较,他选择了其中一家,共同创立了以激光设备制造为主的公司,开启了创业之路。

为了节省时间,陈义红在公司附近找了一个厂房住下。每天伴随着巨大鼓风机的轰鸣声,吃着盒饭,陈义红全身心投入到工作中去。期望美好,但创业路途殊为不易。当时陈义红手握28项全固化固体激光器相关核心技术,本以为只要制造出完美的产品就能迅速打开市场,但从2001年到2006年,最初的创业团队遭受三次裂变,陈义红自己沦落为"三无"人员,即一无资金,二无市场,三无品牌。

不甘心的陈义红并没有选择放弃,他再度从零起步,于2006年创办了武汉新特光电技术有限公司,开发、生产和销售激光产业链上游的激光器和核心激光配件,如陶瓷激光器、半导体泵浦固体激光器、激光泵浦腔等。遵从市场逻辑,琢磨市场,加大技术投入,不断研发新产品,公司慢慢步入正轨,走上良性循环的发展之道。回首过往,陈义红颇多感慨,他认为创业环境好是公司良性发展的先决条件之一。公司成立之初,急需流动资金,东湖开发区主动提出为陈义红融资100万元,解了燃眉之急,之后又提供了许多优惠政策支持。

"成功还在于专注与坚守!"一路走来,陈义红感叹,他一生只专注于激光,把激光做到极致便能成功。所谓的极致,就是创业者的专注,专注在一件事情上,持续地研究,持续地为此付出精力和时间,持续地在这件事情上超越其他人,那么等越过了一切人都共有的"瓶颈"之后,你就能取得非常丰厚的回报。与此同时,创业者还要有一个明确的目的,不断提升自身才能、口碑、社会影响力,专注的方向要朝着这些目的努力。在创业的过程中要"眼观六路,耳听八方",随时等候抓住下一个机遇。但是在这个过程之初,创业者至少要有一个专注的、可以做到极致的方面,在这个方面是独一无二的、是无可替代的。

如今,新特光电的产品逐渐赢得了这样的口碑:欧美品质,中国价格。陈义红也完成了由学者到企业家的蜕变。2014年,投资近亿元的新特光电工业园建成,还成立了企业技术中心。新特光电先后被认定为湖北省高新技术企业、武汉市企业技术研究中心、博士后科研工作站。陈义红也在2016年被选为武汉城市合伙人。目前,陈义红的事业有了自己的技术基础、人才基础、产业基础。作为商界老兵,他深知:研发先行、模式创新、市场为首是中小企业做大、做强的不二法门!追逐行业发展趋势是发展之本、未来之本!

从业近40年,陈义红经历过低谷时的黯淡时光,也徜徉过顺境时的和煦春风。改革开放已40多年,陈义红亲历了其间的波澜壮阔,朝朝奋进,日日奔忙,搭乘时代的列车一路奔来,有失意、有落寞,但更多的是收获。陈义红常怀感恩,时代于他始终是和蔼的,它没有抛弃陈义红,没有抛弃每一位辛勤奋斗的人。作为武汉市政协常委、湖北省侨联副主席,陈义红自知千钧重担压肩,这是组织对他的信任与托付。在市政协,他积极建言献策,为高新技术企业和海归群体发声。在历次会议上,数次提交相关提案,涉及中小企业发展、企业信贷融资、人才政策、便民服务等诸多方面,相关提案得到了政府部门的积极回应。

四、立足光谷树典范

激光产业是一个新兴产业,更是一个朝阳产业。陈义红看好激光在工业应用领域的发展。激光器的性能和参数不断改进,新的激光器如雨后春笋,而它会最先应用在工业领域,因为工业应用可以带动其他行业生产效率的提升,会给下游带来比较直接的利益,所以激光工业应用的前景是非常值得期待的。

如今的新特光电围绕着东湖高新技术开发区激光产业的发展,为武汉地区乃至全国的激光加工设备制造和激光应用的下游企业提供一站式服务,其规模化生产的技术和设备装置都已经非常成熟,在质量控制、生产能力上处于国内领先地位,客户遍布全国,产品远销国外。近两年,陈义红加大了在研发前沿的投入力度,累计投入近千万用于设备研发、人才培养,着力构筑技术网络。目前公司已申请专利近百项,在技术层面形成了厚实的基础。同时企业内部大力推进技术进步、产品升级、应用更新。

创新不易,持续创新更难。陈义红认为,在创新过程中,人才、资金、环境缺一不可。只有愿意沉迷某项研究,才有获得突破的可能性,而人才是创新的根基,资金是创新的原动力,良好的环境是创新的奠基石。如今国内的创新气氛浓厚,国家一直在倡导的"双创"为广大创业者提供了好时机,广大从业者只要善于抓住机遇,不愁没有发展。

谈及新特光电未来的发展,陈义红显然早已绘就了蓝图"我们在开发区已经建成新特光电工业园、侨邑科技孵化器和激光超市,正在建设武汉光谷电子工业园,与武汉及其他地区的激光制造厂家形成良性、有效的产业链,建成集研发、生产、销售为一体的完整产业体系,将新特光电打造成中国激光器件最大、最全、最强的供应中心。"

激光领军人物之闫大鹏

为梦想转身

武汉锐科光纤激光技术股份有限公司

○ 公司简介

武汉锐科光纤激光技术股份有限公司(以下简称锐科)是中国第一家专门从事高功率光纤激光器及核心器件研发和规模化生产的企业,也是国内规模最大并具有全球影响力的光纤激光器研发和生产基地。

锐科拥有国际一流的光纤激光器及关键器件研发团队,拥有多项世界领先的专利技术,创造了多个国内行业第一。先后研制出了国内第一台10 W脉冲光纤激光器、第一台25 W脉冲光纤激光器、第一台100 W连续光纤激光器、第一台1000 W连续光纤激光器、第一台4000 W连续光纤激光器和第一台6000 W连续光纤激光器,并于2013年3月研制出国内首台10 kW工业级光纤激光器,使中国成为全球第二个掌握万瓦级光纤激光器核心技术的国家。自2007年创建至今,已实现了10 W~100 W脉冲光纤激光器和200 W~10 kW连续光纤激光器两大系列产品的产业化,并具备年产脉冲光纤激光器3万台

(套)、中高功率连续光纤激光器1万台(套)的生产能力,占国内同类产品市场份额的30%,相关产品已出口亚洲、欧洲、美洲等地区。

锐科还主持并承担了国家科技支撑计划项目、国家重大科技专项、国家重大仪器专项和国家"863"计划等项目的研究。公司迄今已有五项成果通过省部级鉴定,两项成果获湖北省科技进步一等奖。2010年通过ISO9001—2008质量体系认证,多个产品被列为国家重点新产品和湖北省名牌产品,并于2010年通过欧盟CE认证。2012年入选"国家火炬计划重点高新技术企业"。2013年被批准为湖北省光纤激光器工程研究中心,湖北省高功率激光装备工程技术研究中心,以及博士后科研工作站。2014年入选科技部"国家重点领域创新团队"。2015年获批光纤激光技术国家地方联合工程研究中心,由公司牵头制定的中国光纤激光器行业标准(2012—2028T—JB)正式颁布。

锐科在行业内的影响力及取得的成就受到了国家和业界的高度关注,习近平总书记等党和国家领导人曾听取锐科在高功率光纤激光器研发和产业化方面取得成就的汇报,并给予了高度肯定。

锐科一贯秉承"立足国内,拓展国际"的市场战略,坚持"锐意进取,科技创新"的企业精神,以研发和生产高品质、多样化、适合各类工业加工用高功率光纤激光器产品为使命,持续引领中国高功率光纤激光器的发展,努力打造中国人自己的光纤激光器品牌,力争成为世界一流的光纤激光器制造商。

人物简介

武汉锐科光纤激光技术股份有限公司
副董事长、总工程师闫大鹏

闫大鹏,武汉锐科光纤激光技术股份有限公司副董事长兼总工程师,华中科技大学兼职教授、博士生导师,曾任南京理工大学应用物理系教授、博士生导师,1994年被授予"国家级有突出贡献中青年专家"。拥有中国发明专利20项,出版专著2部,发表论文100多篇。

○ 领军之路

谈起创业心得,闫大鹏总结了三个关键词:机遇、伙伴、人才。

在美国,闫大鹏十年如一日,学技术、做研发。在光纤激光器这一行,他从"不甚精通"一路做到"业内大牛"。

回国之前,他供职于实力雄厚的特种光纤及光纤激光器巨头——美国Nufern公司多年,正做得风生水起,却在巅峰时期抛弃高薪厚职归国,一切重新开始。这对于任何人来说都不是一个容易的决定。

闫大鹏说,在他的心底,有个梦想早已埋藏多年:为国家激光器的产业化尽一份力。

51岁这一年,闫大鹏刚刚踏过"知天命"的门槛,但他毅然决定回国,为梦转身。

一、从美国到武汉

闫大鹏在美国是做光纤激光器的,而国内的激光器研究一直处在实验室阶段,长期依靠进口。那几年,闫大鹏得知自己在美国参与研发的产品被高价卖回国内,内心深受触动。他想,"我有技术,为何不回国助力国内激光器产业的发展,扭转国内受制外国技术封锁、价格垄断的困局呢?"

2006年,闫大鹏随海外高端人才代表团到武汉参加"华创会",抱着试试看的心态寻找合作伙伴。

当时,国内激光龙头企业——华工科技产业股份有限公司(以下简称华工科技)也正在寻求一名领军人才。得知闫大鹏的到来,华工科技如获至宝,立刻向闫大鹏伸出橄榄枝。当天,华工科技的董事长马新强出差在外,获知消息立即回武汉,又追着闫大鹏的脚步,飞到了北京。

一夜长谈之后,闫大鹏被马新强的真诚打动,当即拍板与华工科技展开合作。次年,闫大鹏便出资1000万元入股,双方合作成立了武汉锐科光纤激光

器技术有限责任公司(曾用名)。

这是业内广为流传的一段美谈,被称作现代版的"萧何月下追韩信"。

事实上,锐科并不是闫大鹏创办的第一个公司。早在2003年,闫大鹏还在美国的时候,他就有所尝试,但当年的小打小闹并没有成气候。闫大鹏说:"那会儿我和三个同事每人拿出5万美元,在一个教堂的地下室办起了公司,也是做光纤激光器。但创业毕竟不比供职企业,尤其是激光器这一行,这行太烧钱,原材料贵得很,20万美元根本做不起来。"闫大鹏初次创业的公司在经营一年之后关闭。

这个经历让闫大鹏意识到,依托有背景有资源的合作伙伴十分重要。"不要单干,要先找到合作单位,找到一个很好的平台。"闫大鹏说,"回到国内之后,华工科技是我的第一个合作伙伴,它就是这样一个好的平台。"作为国内激光龙头企业,华工科技在资金、人才等各方面都实力雄厚,拥有得天独厚的发展条件。

也正因为如此,2007年底,闫大鹏如期坐上了美国至武汉的飞机。

二、闫总的创业经

回国之后,闫大鹏感觉各方面都出乎意料的顺利。华工科技提供光、机、电方面的技术团队支持,时任华工激光副总裁的闵大勇负责管理和营销,这为专攻技术却不善经营的闫大鹏解决了后顾之忧。

公司的发展势头极好,短短三四年时间,公司的产品不仅占领了大部分的国内市场,而且受到来自日本、德国等国外企业的青睐,迅速跻身为国内第一、全球第三的光纤激光器供应商。闫大鹏也从一个外企的"高级打工仔"华丽转身为"闫总"。

创业5年之久,谈起创业心得,闫总总结了三个关键词:机遇、伙伴、人才。

闫大鹏一直觉得自己很幸运,一回国就赶上国家大力发展高新技术产业的好时机。国家对光纤激光器产业发展更是重视有加,将科技支撑计划和重大项目交由闫大鹏的公司来承担。闫大鹏动情地说"我觉得这是国家对锐科和我个人的认可。"

另一方面,闫大鹏认为自己之所以能够快速成长,与华工科技这个合作伙伴密不可分,"我们拿到国家科技支撑的两个大项目都是华工科技出面申请的。虽然产品是由我们的团队来做,但是国家还是要看一下你的平台。"闫大鹏对华工科技心存感激。

事实上,华工科技不仅是公司的合作商,还是产品的用户。锐科刚起步的时候,产品完全由华工科技包销。闫大鹏深知,公司初创时期的产品存在不少瑕疵和不足,而华工科技通过使用产品给予的反馈意见,对公司产品质量的提升至关重要。

2011年年底,中国最大经营规模的工业企业——航天三江将闫大鹏的公司收购,成为最大的股东。华工科技为了支持公司独立发展、做好上市的准备,更是忍痛割爱,自愿退出做个小股东。"无论是航天三江的收购,还是华工科技的退出,都是为了我们更好的发展。"闫大鹏对未来充满信心,"我们预计在五年内会成为'中国的IPG2'。"

抓住了回国创业的好机遇,遇到华工科技这样的好伙伴,如今又有航天三江这样实力雄厚的后台支持,这一切都让闫大鹏庆幸。但更让闫大鹏庆幸的是,锐科人才济济,而这对公司的发展是不可或缺的。

自从闫大鹏和华工科技合作,徐进林、肖黎明等多位国际一流技术人才相继加盟华工科技,许多年轻的博士为了能够学到最前沿的技术、参与研发,纷纷赶来武汉投奔闫大鹏团队。一时间,业内竟出现了"闫大鹏效应"。

直到现在,"闫大鹏效应"也一直在发挥作用。李成、卢昆忠两位专家先后加入闫大鹏团队,助力锐科。闫大鹏说:"我把这种效应解释为'人才引进人才',你是人才,但还要把人才引进来才行。"

三、"爱动手"的闫教授

"闫总"之外,闫大鹏的另一个身份是"闫教授",他目前受聘于华中科技大学担任兼职教授,带了一个硕士生和一个博士生。

实际上,在做产业、办企业之前,闫大鹏是个名副其实的教授。这得追溯到1985年,彼时,刚刚从华东工学院(现南京理工大学)硕士毕业的闫大鹏由于表现优异,得到了留校任教的机会。

在华东工学院,闫大鹏从来都是忙得不可开交,带着学生一起动手做项目,利用激光做各种测试工作。功夫不负有心人,闫大鹏前后获得了四项发明专利,捧回了不少技术进步奖。也正因为如此,闫大鹏在36岁的时候就被华

东工学院"破格"提拔为教授。

闫大鹏做测试、搞发明,都源于他爱动手的习惯。"动手能力很重要!"闫大鹏告诉记者,在美国莱特州立大学做研究员期间,他曾和一个公司合作申请到美国空军基地的项目。在此期间,他积极动手、不厌其烦地做测试,最终成功研制出可以穿透烟雾的"消防头盔",当时《匹兹堡邮报》《中国日报》等都曾争相报道。

但令闫教授困惑的是,在国内,这种动手能力时常没有用武之地。更无奈的是,国内的教育一直以来都忽视了对学生实践操作能力的培养。"中国的教育太重视基础理论,虽然基础理论研究也很重要,但是占用掉的时间过多,学生根本无暇把理论知识转化为实际操作能力。"

闫大鹏坦言,"当年在国内大学当老师,发过很多论文,也动手做项目,获得过不少专利,但仍感遗憾的是,没有机会把研究成果变成实实在在的产品。而在美国这么多年,一篇论文也没有写过,却真正学到了技术,研发出了产品,所以我才能够回国为激光器的产业化尽一份力。"

"'纸上谈兵'价值并不大,"闫大鹏在美国的经历让他坚信"'会动手'比'会写论文'重要得多",所以他很少拿理论知识给学生"充饥"。

为此,现在的"闫教授"索性把课堂搬到了自己公司研发生产的一线,让学生亲自参与到激光器产品从研制到出产的每一个环节,通过亲自演练、实习操作的方式让学生学到真正的知识和技术。"锐科有高端的实验设备,学生亲自动手,接触最前沿的研究,才能有真才实学。到学期末的时候,要求每个学生做出一个实实在在的东西,做得成,课就是成功的,学习才有收获。"就是这样,闫大鹏亲手带出不少激光器领域的一流专业人才。

四、"老闫"其人

平日里,大家喊闫大鹏"闫总""闫教授",但闫大鹏自己却始终对"老闫"这个称呼情有独钟,"喊我'老闫',我就会觉得特别亲切。"

闫大鹏公司里的同事几乎都是20来岁的年轻人,但闫大鹏总能和他们打成一片。闫大鹏说:"公司里20多个年轻人,和他们打交道感觉特别好,觉得自己也越来越年轻了。工作忙时,熬夜加班,年轻人都比不过我。"

而到了周末,忙碌了5个工作日的闫大鹏也并不着急放松休息,而是像平时一样准时早起,亲自送女儿去兴趣班上课,等到放学的时候,再去把女儿接回来。

在闫大鹏看来,不管工作再忙,身为父亲,陪女儿是义不容辞的。同事和朋友都知道,闫大鹏是个很顾家的人,他的"好爸爸"形象也已经深入人心。

真正闲下来的时候,闫大鹏会约上几个朋友一起去钓鱼。"公司周边的鱼塘、水库我都跑遍了。"闫大鹏笑着说。

但与一般人不同的是,闫大鹏并非想通过钓鱼来寻求内心的宁静。他说,他更享受鱼儿上钩的那一刹那。对于颇爱接受挑战的闫大鹏来说,拉起钓竿,收获成果,才是最大的乐趣。闫大鹏谈起他在美国密歇根钓起一条38磅的大鱼的经历时还兴奋不已:"整整拉扯了2个多小时才把鱼拖上岸来!"

有挑战才有成就,这就是闫大鹏的信条。钓鱼如此,人生的每一次选择,也是如此。

激光领军人物之吴轩
用激光助力智能制造升级

武汉逸飞激光设备有限公司

◯ 公司简介

武汉逸飞激光设备有限公司(以下简称逸飞激光)地处武汉光谷,成立于2005年,是一家专业从事工业激光产品及自动化产线的研发、生产和销售的国家级高新技术企业。逸飞激光专注于激光焊接工艺和自动化应用,致力于激光焊接和智能装备技术的研发,产品广泛应用于新能源电池(电芯、模组和PACK)、家电厨卫、机械五金、钣材、管材、汽车零部件、电热电器、电子电工、科研院校等众多领域。

逸飞激光通过了ISO9001、ISO14000和知识产权管理体系等多项认证,获得200余项软件著作权、实用新型和发明专利授权,是武汉市知识产权示范企业、武汉市首批"金种子"企业、激光行业优秀企业。公司以工业智能化为发展方向,打造多维度智能制造生态链,形成以华中武汉总部为依托,华东制造中心和华南工艺体验中心为支撑,十六个办事处为辅助,覆盖全国的服务网络。

公司秉承"以市场为导向,以客户为中心,以技术为保证,以服务为后盾"

的经营理念,践行"品质稳定,服务贴心,持续改进,不断创新"的经营目标,积极开拓、锐意进取,为成为智能焊接及工艺创新引领者而不懈努力。

人物简介

武汉逸飞激光设备有限公司
董事长吴轩

吴轩是我国工业激光焊接领域知名企业家,目前任华中科技大学光学与电子信息学院企业导师,华中科技大学管理学院 MBA 社会导师,湖北省激光行业协会副会长。获评"光谷 30 年创新 30 人"候选人、湖北省激光行业十大风云人物、激光领军人物、2016/2017 年激光行业特别贡献奖、优秀轮值会长、锂电设备最具影响力企业家等荣誉。获多项国家发明专利,承担过多个重大科技专项,在激光焊接工艺研究方面取得较高造诣。于 2005 年成立武汉逸飞激光设备有限公司,致力于为客户提供智能焊接装备和智能化解决方案。

吴轩独创的"全极耳"激光焊接技术在新能源汽车行业得到广泛应用及推广。2015 年,推出自主研发具有完全知识产权的"动力电池全极耳激光自动生产线",广受行业及媒体关注,为动力电池制造装备迈向自动化、信息化、智能化起到了积极作用。

激光领军人物

◯ 领军之路

一、与激光结缘

吴轩用"误打误撞"来形容他进入激光行业。华中科技大学机械工程及自动化专业毕业的他,毕业课题选择的是关于不等厚金属板材的激光焊接技术。在找工作时,他的第一选择是快速消费品行业某知名外企,在7家想与他签约单位中,没有一家是与激光相关的,且均在外地。然而,几年的大学时光让他对武汉有了感情,他最终放弃了这7家单位。随着毕业季的临近,吴轩跟着室友无意间投了一份简历,并最后选择了武汉这家知名激光企业。

吴轩从最初的技术员做起,先后从事过产品开发、项目管理、市场营销、客户服务等岗位,从部门经理一直做到了副总经理。由于工作业绩突出,2004年,三十岁不到的吴轩被公司委任为筹建与欧洲某企业合资项目的执行副总经理,当时在很多人眼中,吴轩是一位成功的职业经理人。

由于工作的关系,吴轩先后走访了欧美、日本、韩国、新加坡等国家和地区,看到以德国、美国、日本为代表的少数发达国家长期主导和控制着全球激光技术和产业的发展方向。其中,德国公司在高功率工业激光器上称霸天下,美国激光器引领世界激光产业发展方向,欧美主要国家在机械、汽车、航空、造船、电子等大型制造产业上基本完成了激光加工工艺对传统工艺的更新换代,并进入"光加工"时代。然而在中国珠三角、长三角地区等发达产业带,激光加工技术的应用市场才刚刚起步,这里面蕴藏着巨大的商机。

2005年,在一个大额签约项目落定后,经过深思熟虑,怀揣振兴中国激光产业梦想的吴轩放弃了当下舒适、稳定的平台,毅然选择了一条艰难的自主创业之路,这才有了今天的逸飞激光。当记者问到为什么将公司的名字取名为"逸飞"时,吴轩说:"厚积薄发,一飞冲天,从骨子里我就有这股劲!"这股劲就是让逸飞激光突破重围,成为我国激光焊接领域的标杆企业的动力所在。

逸飞激光成立后,首先要解决的就是核心部件激光器的自主研发及量产问题。截至2018年,我国激光产业链总产值约1440亿元,激光加工装备产业达605亿元,中国正逐渐成为全球最大的激光应用市场,其发展趋势正好印证了吴轩当初对市场的预判。2007年,逸飞激光推出了完全自主知识产权的第一台脉冲激光器,至今已研发到了第五代产品。

目前,搭载逸飞激光器的激光加工成套设备服务于国企、上市公司、大学和科研院所,并远销俄罗斯、日本、韩国、欧美、马来西亚、印度、新加坡等国家和地区。

二、用激光技术助力新能源汽车产业发展

动力电池作为新能源产业中至关重要的一环,近年来呈现出突飞猛进的发展态势,有关机构预计到2022年,全球动力电池的需求量将突破325 GWh;《中国制造2025》中指出,新能源汽车在2020年预计销量将突破100万辆,2025年预计将突破300万辆。目前新能源电动汽车已成为汽车产业的重点发展方向,动力电池业的蓬勃发展为产业链上游设备企业带来了诸多利好,巨大的增量空间也让我国激光焊接设备企业迅速成长起来。数据显示,2018年我国锂电池焊接市场规模已突破36亿元,激光焊接作为近年来兴起的一种新型工艺越来越受欢迎。

由于动力电池制造是一个朝阳行业,众多激光企业纷纷开始抢占这个市场。但是这个行业前期资本投入巨大,再加上研发时间长、技术要求高,还要不断快速适应新技术的迭代更新,因此准入门槛较高。精度、速度、智能化水平成为考验激光焊接设备公司实力的关键。随着动力电池生产规模的不断扩大,电池厂对生产制造过程中的一致性、可靠性也提出了更高的要求。此外,动力电池的制作工艺相当复杂,并且对安全性要求较高,激光焊接技术成为其制作过程中最为关键的工艺技术之一。

逸飞激光先后攻克了众多焊接难题,如在国内最早实现铝合金焊接,后来又拿下了曾被称为"激光禁区"的铜焊接。把铜、铝等材料焊接起来,所需温度在1600 ℃以上,而焊接部位下方2 mm可能就是不耐高温的材料,只能承受80 ℃,对于这类热传导控制,逸飞激光早已"炉火纯青"。截至目前,逸飞激光已形成强大的工艺创新与应用拓展能力,创新型拓展全极耳、立焊、汇流盘转换、模块拼接等工艺和应用,全极耳焊接工艺降低电阻率、提升电流通量、抗振,满足新能源汽车动力电池高能量密度、长续航与高倍率的快充发展需求。

逸飞激光创新推出"动力电池全极耳激光自动生产线"和"柔性模组自动

焊接生产线",产品覆盖动力电池电芯模组部件、动力电池电芯、动力电池模组、动力电池包等核心制造工艺和关键设备产线。逸飞激光的产品紧密贴合客户的需求,并在模块化、标准化、数字化等方面形成了独具优势的产品解决方案。以动力电池电芯模组PACK数字化车间打造为例,设备核心功能实现参数化,设备检测元器件实现数字化,产线设备实现模块化,各设备间网络一体化;各种报表数据按需导出,指导产品和设备改进,不断完善制造系统;软件模块统一平台架构,各企业按需选用,分阶段导入,支持定制。通过系统集成、基础数据管理、物料管理、生产计划与过程管理、质量管理、设备与工具管理、报表与看板和产品追溯管理等,将产品设计、生产和生命周期管理、工厂运营规划结合起来;通过数学建模进行模拟,实现数字与现实交融。逸飞激光已经为多家电池企业提供了方形电芯组装线、全极耳圆柱电芯组装线、方形电芯模组PACK线、软包模组PACK线、圆柱电芯模组PACK线等多条产品线,实现了从卷芯/电芯上线到装盘/模组分档下线的制造工序全覆盖。

随着国家宏观政策调整,面对新能源补贴退坡带来的降低成本压力,逸飞激光提前准备了应对方案,通过标准化、模块化批量制造,最终实现了有效降低成本。吴轩提出:"降低成本绝对不能在产品品质上做文章,一个好的产品,需要经过几代产品的技术迭代以及多年经验的沉淀,企业应该在优化成本的同时更多地提高产品性能。未来动力电池最大的降本空间不在于材料、零部件,而在于整个工程管理过程,即如何缩短周期、快速交付,为客户生产做好充分的准备。"同时,吴轩强调:"设备的安全、可靠、稳定大于一切。"若设备加工率低、良品率低、故障率高,则客户的使用成本、维护成本就会增加。

逸飞激光谋划了一整套适合自身发展的规划,进一步优化公司的产业布局,为客户提供更优质的服务,实现销售额的成倍增长,整合产业链优势资源,在新能源汽车市场锂电池自动化领域以及激光工艺技术研究等方面展开战略合作,实现互利共赢,助力新能源行业关键技术的突破,推动产业的转型升级。

三、布局众多行业,让制造更智能

与其他焊接技术相比,激光焊接具有非接触、精度高、加工速度快、焊缝美观、产品外形无限制、适应性强、易实现自动化等优点,广泛应用于各行各业。逸飞激光专注激光焊接15年,发展至今已成为智能焊接及工艺创新的提供商,产品广泛应用于新能源电池、家电厨具、新光源、管材、汽车零部件、电热电器、电子电工、科研院校等众多领域,并远销欧美、日韩、俄罗斯、马来西亚、印度、新加坡等国家和地区,已成为行业知名品牌,是各行业用户最值得信赖的合作伙伴之一。

目前,市场需求由规模化向个性化、定制化转变,这就要求企业必须快速响应市场。以消费电子产品为例,其生命周期不断缩短,三到五个月的时间潮流就大有不同,所以生产要求更加自动化。

"每个制造厂商由于制造流程产线工艺不同,因此碰到的问题也就不尽相同,到底是提供单机设备还是提供激光组件又或是提供一套整体解决方案,这些都需要依据客户实际需求和现场情况而定。"吴轩表示,为企业选择最合适的解决方案不仅关系到成本的压缩、效率的提升,也关系到整体的连贯性和最终产品的质量。

因此,在提供产品之前,逸飞激光都会先对客户的需求、要求实现的目标,甚至是产线工艺进行详细的沟通了解,明确需求,力求为客户提供最适合的激光解决方案。

越来越多的激光焊接公司开始涉足整线交付,这也对设备厂商提出了更高要求,要统筹设计复杂的工艺,实现设备与设备之间数字化、自动化、智能化的无缝对接,最终为客户提供"交钥匙工程"。单一的企业往往很难做到,难得的是,依托十几年的技术积淀之后,逸飞激光已开始迈向整线"智"造的坦途。

四、创新激光应用发展,着力智能装备推广

智能装备是制造装备的前沿和制造业的基础,更是当今先进国家的竞争目标。作为高端装备制造业的重点发展方向和信息化与工业化深度融合的重要体现,智能装备产业的良好发展对加快制造业转型升级,提升生产效率、技术水平和产品质量,降低资源消耗,对企业实现生产过程的智能化和绿色化发展有着重要的意义。

然而,各种原因致使我国智能装备与发达国家相比仍有较大差距。智能装备企业规模小,竞争力弱;产业基础薄弱,缺乏行业内的配套支持。为了扭转这个被动局面,更好地为制造企业提供优质的服务,作为我国智能工厂整体解决方案的权威提供商,逸飞激光很早就提出通过智能装备来优化、完善解决

方案的战略构思,打造完整的智能制造生态链,助力企业实现转型升级。

成立 15 年来,逸飞激光坚持用年销售额的 8% 投入研发激光工艺新技术、新应用领域的跟踪和研究,形成了一系列成熟的应用解决方案,广泛应用于各行业领域。公司与德国、美国等国际知名激光企业合作成立激光工艺研究中心,期间申请了多项发明专利、实用新型及软件著作权,部分产品被收入国家高新技术产品名录。

五、创新,创未来

创新技术的应运而生持续推动着工业激光器的发展,先进的工业激光器正在被引入到更多的终端应用中。例如,光纤激光技术的不断突破,对全球工业激光器市场的发展起着关键的作用。消费电子行业也有望推动工业激光器市场的可持续增长。2018 年中国激光设备市场销售额 605 亿元,同比增长 22.2%,激光市场发展前景良好。

激光市场的快速发展也使得市场竞争日益加剧,很多企业都选择了转型。作为一个有着十多年历史的企业,吴轩认为,激光行业是一个日新月异的产业,目前市场尚未饱和,行业仍在高速发展。逸飞激光始终专注于激光焊接领域,是否转型并非关键,关键在于一个企业对行业的专注度,如果投注了最集中的专注度,市场一定会给予相应的回报。

在谈及企业的发展之道时,吴轩说:"当选定一个行业以后,一定要挖掘这个行业的内涵,然后再成为一个引领发展的带头人。这是企业家要有的使命感。企业运营没有秘诀,只有专注,常怀危机意识,持续不断的坚持创新。"

吴轩表示,逸飞激光将继续发挥企业自身的技术优势,更好地服务于各行业的制造工艺革新,深深扎根在激光焊接行业,做专做精,真正成为我国激光焊接领域的标杆企业,更好地参与国际竞争。

激光领军人物之尹锋

心怀锦绣,向光而生

武汉高能激光设备制造有限公司

◯ 公司简介

武汉高能激光设备制造有限公司(以下简称高能激光)是一家集激光成套设备研发、生产、销售和服务为一体的国家高新技术企业,致力于为全球用户提供激光成套设备解决方案。

自2002年成立以来,依托武汉光谷的优质资源,集聚了一大批机械、电气、软件等行业高端人才,努力拼搏、不断创新,将高能激光打造成激光制造行业新技术、新工艺、新服务、新生态圈的新标杆。

公司一直坚持以市场为导向、以客户为中心、以品质为核心、以服务为保障、以创新求发展的经营理念,专注于激光切割、激光焊接、激光清洗、自动化成套设备的研发与制造,已获得ISO9001、CE认证,产品远销世界80多个国家和地区,广泛应用于汽车制造、轨道交通、新能源、工程机械、钣金加工、环保设备、灯饰灯具、机箱电柜、厨具卫浴、农用机械、制药食品机械、电梯制造、健身器材、金属制品等众多行业领域。

公司现拥有超 30000 m^2 的现代化生产基地,依靠自身专业的技术团队和完善的售后服务体系,始终秉承"创新、发展、合作、共赢"的企业精神,从售前、售中、售后全方位服务于每位用户。

精益求精,以推动激光技术转化为先进生产力的民族事业为使命,以成为中国走向世界值得信赖的高端品牌为目标。

发展历程

2002 年,高能达科技公司成立。

2003 年,YAG 300 W 切割焊接机诞生,企业发展加速。

2006 年,更名为武汉高能激光设备制造有限公司,产品远销 40 余个国家和地区。

2007 年,大幅面激光切割机 700 W 上线,通过 BACL 美国实验室认证。

2008 年,通过 CE 认证,产品畅销欧洲、美国主流市场。

2009 年,光纤激光切割机上线,成为中国最早掌握光纤激光切割技术的厂商之一。

2011 年,推出单腔 850 W YAG 激光切割机,引领市场风潮。

2012 年,向客户提供深度定制化服务,从而更精准地满足世界各地的客户需求。

2013 年,与德国通快签署战略合作协议,开始逐步搭建世界级的供应链体系。

2014 年,研制并推出 3000 W 激光切割机,产品线不断完善。

2015 年,与美国激光器龙头厂商 IPG、中国激光器顶级厂商锐科签订合作协议。

2016 年,8000 W 大功率激光切割机上市,高能激光迈向高端市场。

2017 年,全新 I8 系列上线,产品突破万瓦级。

2018 年,新建占地超 30000 m^2 的研发制造基地。

2019 年,与法国液化空气集团联合共建激光创新实验室。

人物简介

武汉高能激光设备制造有限公司
创始人、总经理尹锋

尹锋,男,湖北武汉人,武汉理工大学硕士,武汉高能激光设备制造有限公司创始人、总经理,武汉激光加工行业开拓先锋之一,也是武汉光谷走向世界的亲历者和见证者。他在激光加工领域奋斗20多年,将一家作坊式企业打造成为国内激光切割行业的领军企业之一,产品远销世界80多个国家和地区。

凭借非凡的创业经历、独特而睿智的市场战略,尹锋带领企业稳步快速发展,以质量赢得口碑,以品牌赢得市场,立志做世界级高端制造品牌,唱响中国制造。

领军之路

一、追风去:小工厂的大野望

2002年不同寻常,2002年意味深长。最具里程碑意义的是,2002年是中国入世元年,也有人称2002年为"国际化元年"。

就像蒲公英被风吹过,种子乘风而旅,中国走向世界的融入和开放开始达到前所未有的广度和深度,并影响了千万家企业。怀揣一颗产业报国之心,尹锋的创业梦想也在这一年生根发芽、茁壮成长。

一次偶然的机会，尹锋了解到一家电池公司需要激光焊接机，他以敏锐的洞察力抓住了商机，成立了高能激光，开始研发激光焊接机。公司成立之初，只是一个小工厂，缺乏技术、资金、渠道，可以依靠的只有相互信任的伙伴和对激光事业的热情。

当时公司遇到最大的技术瓶颈就是激光焊接机电缆容易折断，为了选择合适的电缆，尹锋两年时间几乎跑遍了整个内地，却仍未找到合适产品。他并未气馁，把目光投向了香港。彼时，香港刚回归不久，办理签证护照非常烦琐，他冒着徒劳无功的风险毅然决定去香港考察市场。功夫不负有心人，他当年就从香港采购回一批适配的电缆，解了公司燃眉之急。

正是这种直面困难的执着精神，让他带领公司攻克了一道道难题，赢到了客户的认可和好评，成功地在激光加工领域占领了一席之地。

二、怀匠心：要做行业的质量担当

今天，高能激光已成长为国内激光加工领域的一流企业，产品覆盖板材激光切割机、管板两用激光切割机、管材激光切割机、激光焊接机等，市场份额稳居同行业前十，客户数量突破4000家，在亚洲、欧洲、非洲、美洲等市场逐渐站稳了脚跟。

质量是高能激光蜚声国内外市场的关键。曾几何时，"8亿件衬衫换1架飞机"的故事深深压在国人心头，成为中国制造不可承受之痛。历经数十年发展，虽然中国已经成为当之无愧的制造业大国，却还远未成为制造业强国。

高能激光成立之初，便视产品质量如生命，将"以质取胜"视为成功突破发展瓶颈的不二法门。多年来，企业严格追求产品质量、精益求精，严格把控每道工序，不放过任何一个微小的细节。可以说，高能激光的发展是一条不断夯实质量基石的质量立身之路。

本着"只和世界上优秀的供应商合作"的原则，高能激光建立了严苛的供应商筛选机制，从源头打造"零缺陷"品质；建立了覆盖整个生产流程的产品质量管理体系，确保产品质量可追溯；引入激光准直仪对出厂产品进行检测，确保每个产品都符合国家标准；产品通过ISO9001、CE认证，与国际全面接轨。

"金杯银杯，不如用户的口碑"正是这种精准、高效的质量管理与创新，确保了高能激光产品质量的高度稳定和领先水平，也正是这种对质量的孜孜追求,让越来越多的用户选择高能激光的产品。

三、守初心:敢为天下先

面对日新月异的行业变化,尹锋深知技术研发是公司的核心竞争力,他反对固步自封,坚持创新,不断加大研发投入力度,为业务赋能。

创业初期,尹锋率领技术团队攻关 YAG 激光切割机,在研发前期就用掉了 20 多根 YAG 晶体。当时一根 YAG 晶体造价上万元,加上其他研发设备,成本投入差不多 100 多万元。

尹锋还联合世界工业气体巨头法国液化空气集团建设了激光创新实验室。该实验室瞄准激光切割气体进行一系列的应用研究,成了业内最先进的气体试验平台之一。

他多次带队出国考察,学习最前沿的光纤激光切割技术工艺,对标杆行业及企业进行考察学习,查找企业存在的差距。

他还要求销售人员在与客户交流的过程当中,必须第一时间把客户的需求反馈到技术部门,认真评估之后,对自身产品在最短的时间内进行优化调整。

如今,高能激光已经研发、推出第三代高功率光纤激光切割设备,功率成功突破万瓦级,成为国内少数掌握万瓦级光纤激光切割机技术的厂商之一。

四、诚以远:唱响中国制造

当前世界正处于新一轮产业革命兴起的变革期,激光作为 20 世纪以来,继原子能、计算机、半导体之后,人类的又一重大发明,正逐渐成为当前最具活力的新兴产业,特别是在战略新兴产业的地位越来越重要。

谈及未来,尹锋表示,非常看好激光技术的发展和激光应用市场,尤其是中国传统制造业正面临深度转型和升级,激光技术在电子信息、装备制造、交通设备、医疗设备、航空航天、增材制造等诸多重要工业领域获得了越来越多的应用。

尹锋表示,高能激光将保持战略定力,实现高质量发展。一是聚焦主业,继续深耕激光加工行业。二是走专业化路线,做精产品、做细服务,努力在激

光切割等细分领域走向世界前列。三是持续进行产品研究和创新,不断满足市场的个性化需求,为客户创造更大价值,不断创新服务模式,以优质的产品和服务回报客户,力争在2025年将高能激光打造成中国制造走向世界的高端品牌。

五、企业魂:发展核心

高能激光发展至今已跻身行业领先者阵营,回顾其发展历程大致可划分为三个阶段。第一阶段是初创阶段。这是一个不断摸索、不断试错的时期,主要精力聚焦在摸索市场需求、研发产品及积累用户方面。第二阶段是从区域品牌走向全国。目前公司在国内有60多个办事处,近100名售后工程师,基本实现全国覆盖及本地运营服务。第三阶段是走出国门,进行全球布局。公司产品已经通过CE、FDA等国际标准认证,服务全球80多个国家和地区的4000多个用户。

高能激光能在同行业中保持现有的发展态势,主要有四大核心竞争力。第一是人才储备。高能激光组建、培育了一支高端制造工艺团队,并与高校合作,进行技术转化、人才输送等。第二是供应链整合能力。高能激光现在有400多家供应商,囊括了国内外一线品牌,并建立了严苛的管理审核制度,保证了产品出色的性能和稳定的质量。第三是专注。高能激光近20年只坚持做一件事,即激光切割,反复打磨、精益求精、年复一年的坚持让产品更具市场竞争力。第四是先进的技术设备、严格的品质管控体系以及良好的产能供应能力。高能激光从原材料到研发,再到每一个生产设备、每一道工艺流程,都会进行严格的检测。

一代人有一代人的使命,一代人有一代人的担当。高能激光有自己的愿景和使命,把制造大国建设成为制造强国,这是尹锋这一代人的强国志向。高能激光成立之初就确立了推进激光产业技术转化、促进中国高端制造业发展的使命,并在近20年的发展中始终践行着产业强国之梦。尹锋立志把高能激光建成世界级的高端制造品牌,成为世界了解中国制造转型成果和创新实力的一个窗口,向全球用户展示中国制造、中国智造和中国创造的力量。

最近几年国内的激光企业都在积极开拓国外市场,尹锋也一直在思考如何打造中国制造的品牌形象。"在激光切割行业,大多数国内企业或主动或被动,都已经走进了国际舞台。我们已经是全球激光切割市场的一分子。我当然希望中国品牌能够在这一轮竞争中脱颖而出。中国制造从模仿到创造,从形式学习到本质创新,今天已经到了收获成果的时期。"尹锋充满激情地说。

在企业迈向全球市场的过程中,尹锋认为有两点很重要:一是创新,企业有了创新的能力,就能以新技术、新产品引领市场,掌握主导权,就能持续盈利,企业面临的所有难题就会迎刃而解;二是质量,产品质量是产品走向世界的基础,做产品的时候,必须重视每个环节、每个零部件的质量问题,只有过硬的产品质量才能让品牌走向世界。

尹锋对企业家精神也有他自己的理解:"作为一个企业家或者创业者,首先需要不屈不挠,敢于担当。创业是一次艰辛的修行,不可能轻易成功。每个人在创业的路上都会遇到心理彷徨期和挫折,想要成功跨越就需要坚持不懈、不屈不挠的坚守精神,还需要一份责任感。不管是大企业还是小企业,既然你是这个企业的负责人,那你就承担了一份责任。另外,还需要情怀。如果想把产品做得有口碑,甚至做到行业第一,让更多用户接受、认可,可能需要花很长时间去打磨,在没有成功之前,就需要情怀的驱动。这也是我理解的企业家精神中很核心的一个价值。如果用一个词来形容高能激光,那就是'实干家'。过去十几年,我们靠点滴积累,靠锲而不舍地艰苦奋斗,从产品研发、摸索工艺开始,终于在市场上取得了一定的成绩。不过,我们清醒地认识到我们所在的时代是变革的时代,所处的行业是变革的行业。高能激光如果想真正实现腾飞,还要靠二次创业。变革需要思想家,更需要实干家。我们希望能够少喊点口号,多做点实事,面对用户,换位思考,身体力行,多一些真诚,少一些套路。在企业内部形成认真做事、高度务实的企业文化!"

激光领军人物之何成鹏

筚路蓝缕的"激光大师"

武汉三工光电设备制造有限公司

○ 公司简介

武汉三工光电设备制造有限公司（以下简称三工光电）是国家认定的高新技术企业，863项目承担单位，拥有自营进出口权。公司致力于激光加工设备和太阳能成套设备的研发、生产，竭诚为中外企业提供全套的应用解决方案和完善的系统服务。

公司成立于2005年，生产的YAG系列太阳能激光划片机是国家外经贸委援外项目指定产品；研制的激光刻膜机取代进口，改变了国内刻膜机依赖进口的局面；研发的端面泵浦红外(1064 nm)、绿光(532 nm)、紫外(355 nm)等激光器产品，其性能指标超过许多国产激光器的水平；先后通过了CE认证、ISO9001认证、国家实验室电磁兼容认证、3A认证，拥有30多项国家专利。

"行业聚焦，产品聚焦"是三工光电一直坚持的理念。公司产品主要有：激光器、激光切割雕刻、激光打标、激光微加工、非晶硅太阳能电池激光加工和晶硅电池成套封装等设备系列，近百个品种。公司在国内设有10多个办事处和

30多家代理商,产品出口多个国家和地区,目前已成为中国光谷激光行业的核心企业。

公司自第一台激光划片机问世并取代进口以来,长期保持与国内外科研机构紧密合作,拥有一批致力于激光应用的工程技术人员和太阳能产业的资深专家,始终站在激光技术与太阳能应用的前沿,以"发展激光产业,振兴民族工业"为己任,秉承"以顾客为中心,与客户共成功"的经营理念,坚持"专业化和实用化"的产品设计原则,竭诚为中外企业提供全套的应用解决方案和完善的系统服务,不断铸造中国诚信企业品牌新形象。

人物简介

武汉三工光电设备制造有限公司
董事长何成鹏

何成鹏1986年毕业于武汉大学物理学专业,获理学学士学位,高级工程师,中国光伏制造设备的开拓者和领军人物。现任武汉三工光电设备制造有限公司董事长,湖北省激光行业协会副会长,湖北省激光学会暨武汉激光学会理事,曾获"最光谷·创造力30人"奖,获第八届武汉市"十大"杰出创业家、武汉市"十佳"创业家、科技部"创新创业人才"等称号。

1999年,创办武汉三工科技发展有限公司。2005年,成立武汉三工光电设备制造有限公司,长期专注于光伏产业激光加工设备的研发与制造,为用户提供完整解决方案。带领公司技术团队,先后研制出端面泵浦激光器、红外激光器、绿光激光器、紫外激光器、太阳能薄膜电池及晶体硅电池生产用激光划

片裂片机、激光刻线机、激光清边机、激光绝缘机、激光开孔机和激光微加工设备系列,以及激光打标、激光切割、激光雕刻等系列产品,公司逐步成为国内激光太阳能设备产品系列最全、应用最广、最专业的光电设备制造企业。

○ 领军之路

武汉光谷,从武汉地图上"容易被遗忘的角落"到今天成为湖北耀眼的财富与智力高地,因其聚集了一大批富有创造力的企业家、科研人员、资本新星而熠熠生辉。何成鹏便是其中之一。

一、在食堂里办起科技公司

1997年,何成鹏在一个激光企业做销售,发现激光雕刻机、印章机的市场前景广阔。于是他1998年辞职,到原武汉市第三机床厂食堂租了一间30 m^2 的房间办公。1999年,他成立武汉三工科技发展有限公司,开始了创业之旅。

创业之初,公司没有市场、技术薄弱、资金紧缺,设备的设计、物料采购、组装调试、销售及售后服务都是何成鹏一人完成。

在何成鹏接待第一个前来洽谈业务的客户时,由于房间塞满了零件,他只能坐在装零件的泡沫盒上与客户交谈。多年后忆起这件事,何成鹏对那位客户仍然心存感激,"正是他给公司带来的5万多元销售额坚定了我创业的信心。"

为了推销自己的企业和产品,何成鹏经常和一些供货商朋友四处参加展会。由于那个时候资金很紧张,他们经常三个人开一个标准间,大家轮流睡地铺。有一次,四个人住进四星级宾馆,只开了一间房,两个人睡床,两个人睡地铺。何成鹏回忆说:"那真是所谓的一人扛一星。"

2001年,何成鹏得到一个机遇。大学时的老师——武汉珈伟科技有限公司董事长丁孔贤让何成鹏帮忙改造一台激光划片机用于太阳能电池生产,但改造的时候何成鹏发现那台激光划片机已经没法用了,就重新做了一台。新做的激光划片机完全符合生产要求,武汉珈伟科技有限公司又给了何成鹏10万元,让他再做两台,国产激光划片机由此问世。

二、进军太阳能领域

机遇总是垂青有准备的人。

在帮老师做激光划片机期间,何成鹏发现太阳能产业在国家扶持下发展迅速,而且对激光制造设备需求量很大。他在调研了世界激光应用领域技术和产品情况后发现中国的激光技术并不落伍,但激光加工应用却停滞不前,于是他决定从事太阳能激光加工设备的开发和生产这一领域。

当时,全国已有 10 多家激光加工应用企业纷纷踏入这个市场,虽然竞争比较激烈,但都是以雕刻机等简单的激光加工设备为主,产品单一,技术含金量不高。

在激光行业摸爬滚打多年的何成鹏总结了一个规律:做出一台样机很容易,但把设备做好、做精、做出个性却需要长期的积累。他决心通过加大研发投入提升公司竞争力,并确立了三工光电"专业化和实用化"的产品设计原则。

"那个时候,我们没有资金,依靠的是国家的优惠政策。通过一年的努力,我们研发了第一台太阳能激光划片机并取得成功。可以说,激光划片机是三工光电的灵魂。YAG 系列太阳能激光划片机的问世填补了国内空缺,很快得到了市场的广泛认可,其用户包括尚德电力、赛维 LDK 等著名上市公司。"

为了更好地发展激光加工应用产业,振兴民族工业,何成鹏开始到处寻找投资者。武汉东湖经济开发区技术创新基金管理中心通过对三工光电的考察和对市场的了解,很快就对三工光电投资了 300 万元。

三、自主研发实现质的飞跃

2007 年,三工光电立项的非晶硅薄膜太阳能电池成套生产设备通过国家科技部专家评审,获得 100 万元中小企业引导基金资助。自此,三工光电开始了质的飞跃。他们自主研发的 YAG 系列激光太阳能划片机国内市场占有率超过 85%;非晶硅薄膜太阳能电池成套生产设备通过国家验收,填补了国内空白,达到国际先进水平;由科技部专项资金承担、三工光电公司开发的第五代非晶硅薄膜太阳能电池刻膜机 G5 也通过了国家验收,其中 SEF-G5 太阳能光伏激光刻膜机的技术指标和产能效率都达到了世界先进水平。

激光领军人物

SEF-G5 太阳能光伏激光刻膜机可替代进口,具有自主知识产权,并已在国内推广使用,其产生的经济效益和社会效益显示出良好的市场应用前景。

目前,三工光电研制生产的太阳能领域相关产品按应用来分,主要有以下三大系列产品。

(1)晶体硅封装系列设备,包括激光划片机、电池分选机、组件测试仪、缺陷检测仪等系列产品,并形成封装全自动生产线。

(2)薄膜电池生产系列设备,包括激光刻膜机(用于 P1、P2、P3 刻膜)、激光清边机、太阳能组件测试仪、激光开孔机、激光绝缘机、激光打点机系列成套设备,技术在国内居领先地位。其中研制的第八代刻膜机,是国内首台达到了国际先进水平的新一代激光刻膜机,三工光电亦是国内第一家也是目前唯一一家具备 8.5 代薄膜电池刻膜设备设计和制造能力的企业。

(3)高效晶体硅电池制造系列设备,包括激光制绒、激光刻槽、去膜、打孔、烧结、绝缘等工艺的研发以及设备制造。

这些新产品的研发成功,为中外企业提供了全套的激光应用解决方案和完善的系统服务,铸造了中国诚信企业品牌新形象。这更增加了何成鹏通过自主研发来赢得市场的决心。

四、金融危机中创收 8000 万

2009 年,全球经济受金融海啸重创,中国也未能幸免,一大批中小企业的生存遭遇到前所未有的危机,而这场经济危机却让三工光电尽显英雄本色。

何成鹏说:"这场金融风暴确实对我们影响不大。随着新产品的不断研发、技术的不断突破和成本的降低,再加上光伏产业也进入了一个高速发展期,我们三工光电在全球经济萧条的情况下取得了骄人的业绩。2007 年,我们的年销售收入不足 2000 万元;2008 年,我们的年销售收入达 6700 万元;而到 2009 年,我们的年销售收入达到了 8000 万元。其中仅江苏强生公司就斥资 1000 万元订制了我们的非晶硅薄膜太阳能电池成套生产设备。"

何成鹏告诫员工:"技术更新太快了,一年甚至半年就会有新技术出现。三工光电要得到客户认可,必须在短时间内不断研发出满足客户需求的新产品,才能确立领先地位!"2011 年 3 月,三工光电成立了激光加工中心,这标志着三工光电的激光设备加工手段多样化、市场应用广泛化程度逐步增强。

历经十几年的发展,武汉三工光电从一家默默无闻的小公司一举成为武汉市市政府认定的高新技术企业、世界知名的激光加工设备生产厂商。三工光电现有8个事业部、员工200余人。

五、创新未来,振兴民族工业

何成鹏始终站在激光技术与应用的前沿,以"发展激光产业,振兴民族工业"为己任,秉承"以顾客为中心,与客户共成功"的经营理念,坚持"专业化和实用化"的产品设计原则,注重产品质量,视"为客户提供高性价比的设备"为企业责任。在他的带领下,三工光电先后获得自营产品进出口权、CE认证、ISO9001认证、国家实验室电磁兼容认证、3A认证等,拥有30余项国家专利,1项成果鉴定,是国家科技部火炬计划项目承担单位、国家外经贸委外援项目指定产品单位、国家太阳能协会理事单位、武汉市东湖新技术开发区明星企业的"优秀创新企业"、国家高新技术企业、武汉市创新型试点企业;连续五年获得东湖开发区"瞪羚企业"称号。

三工光电研发的产品均拥有自主知识产权,具有很好的市场应用前景,并已在国内推广使用,获得了良好的经济和社会效益。三工光电与中山大学、华中科技大学、武汉工程大学、武汉纺织大学等高校均有紧密合作,建立了良好的产、学、研合作模式。

近年来,三工光电通过加强质量管理、知识产权管理和知名度及美誉度建设,利用行业展会、媒体广告、网络推广等多种渠道不断扩大企业市场影响力。从2011年开始加大品牌宣传的投入,每年参展近40个国内外展会。在2013年光博会上,时任湖北省委书记李鸿忠、省长王国生、副书记张昌尔均亲临三工光电展台。

2014年,三工光电投资5000多万元,在东湖新技术开发区东二产业园内兴建成了总建筑面积达23166.68 m^2 的两栋工业厂房及一栋研发办公楼,成了技术先进、生产线完整的激光加工成套设备示范基地建设。这进一步完善了湖北省激光产业链建设,有效带动了激光上下游产业的发展。

对于未来,何成鹏还有许多期待与梦想。他希望企业在今后能充分发挥三工光电在激光技术应用领域的领先优势,致力于激光加工设备和太阳能成套设备的研发、生产、销售和服务,并为客户提供完整的激光应用解决方案和

完善的系统服务,做最专业的激光设备制造商。

千里之行,始于足下。

武汉三工光电设备制造有限公司正以崭新的姿态和扎实的工作书写着自己的现在、描绘着自己的未来,全体三工光电员工也一定能够在新的征途谱写新的乐章,以骄人的成绩再展新的辉煌!

激光领军人物之王志伟

深圳市铭镭激光设备有限公司

○ 公司简介

深圳市铭镭激光设备有限公司成立于2004年，注册资本7500万元；国家级高新技术企业，从事工业激光设备的研发、生产与销售，已形成了完整的工业激光设备系列供应平台。

经过16年的发展，公司规模不断壮大，已建立了强大的国内外技术支持及售后服务网络。公司总部在深圳，在江苏、浙江、天津、山东、重庆、河南、福建、香港等地成立了办事处；境外已在泰国、印度尼西亚、日本、韩国等国家和地区成立了办事处。目前拥有深圳市铭镭激光科技有限公司、浙江铭镭激光设备有限公司、铭镭激光设备(苏州)有限公司、铭镭激光智能装备(河源)有限公司等子公司。

公司主导五大激光产品类型：激光切割机、激光切管机、激光焊接机、激光打标机、激光清洗机及配套自动化系列。并拥有全系列的工业激光设备生产线，可为客户提供激光加工设备和加工解决方案。产品广泛应用于电工电器、手机通信、五金制品、工具配件、精密器械、首饰饰品、眼镜钟表、集成电路、工艺礼品、塑胶模具、医疗器械等行业。

公司一直秉承"创新"理念,以市场为导向,以推出高新技术产品为目标,致力于研发更好的激光设备。为保证科研工作的顺利进展,公司已建立现代化、智能化的科研实验室,拥有国际领先的工业激光研发实验设备,拥有一支以公司总经理王志伟为总指挥的理论知识扎实和实践经验丰富的核心技术团队。团队结构分配合理,技术分工明确,相继研发出了一系列具有自主知识产权的高新技术产品。公司取得发明专利5项,实用新型专利16项,外观设计专利6项,软件著作权6项。公司未来的研发路径,除继续研究工业激光应用领域更加适合的激光设备外,将契合环保理念去开创新的科研之路。

在公司成立之初,便确立了走差异化竞争战略。国内首先研发、推出中高功率激光清洗机,抢占市场先机,激光清洗技术在我国保持领先地位;在切割方面,专注小幅面精密切割,研究出激光切割零尾料方案,为客户节约了大量耗材;在焊接方面,独创的wobble焊接技术让激光焊接应用领域更广泛;在市场应用行业开拓方面,专注细分市场应用,在眼镜切割焊接应用领域、模具清洗及焊接应用领域、电子产品打标领域拥有较高的市场份额。

专业的技术人才、丰富的管理经验、明确的发展方向保证了公司在激光行业快速发展。公司将持续践行"铭镭激光,给您更适合的"的核心理念,给客户提供合适的产品、方案、服务。

◯ 人物简介

深圳市铭镭激光设备有限公司
总经理王志伟

王志伟,2004年创立深圳市铭镭激光科技有限公司,任公司总经理。2014

年5月,被评为"深圳市高层次专业人才"。2015年3月,被评为"深圳市宝安区高层次人才"。

○ 领军之路

深圳市铭镭激光设备有限公司(以下简称铭镭激光)经营了16年,它的创始人王志伟是一位80后。在王志伟的带领下,公司在技术研发上下功夫,以最新、最适合的技术作为公司的核心竞争力,在市场中取得了不俗的成绩。

一、选择激光,因为这是更令人激动的新技术

2004年,在深圳闯荡一年的王志伟打算自己创业,但是他在选择行业上有点拿不定主意,是选择互联网,还是激光呢?

在王志伟看来,对互联网自己更专业。互联网在美国发展速度很快,但是当时在中国好像没有什么人做这个行业,太冷门了,不知道什么时候才能有起色。激光也是一个很新的行业,虽然相比欧美一些国家,中国的基础很弱,但是相对来说差距没有那么大。对这个行业自己的专业知识虽然差一些,但是发展的机会也多一些。最后王志伟决定选择激光行业。

在实际生活中,激光的应用范围也越来越广泛。有一次,王志伟观看了好莱坞电影《星球大战:帝国反击战》。影片里卢克与黑武士决斗时,手中的激光剑寒光闪闪、威力强大,让他感觉奇妙无比。也许,就是电影里的这些奇幻镜头对他形成了潜移默化的作用,最终让他选择将激光技术的研究作为自己的终身事业。

当时深圳激光行业还发生了一件大事:深圳激光行业的龙头企业——大族激光在深圳股票交易所中小板成功上市。这对激光行业的企业鼓舞很大,更坚定了王志伟投身这个行业的决心。

创业需要资金。而在激光行业创业要求的资金门槛更高。王志伟毕业不久,一点积蓄都没有。这时,多亏王志伟有个好大哥,知道了弟弟立志创业的想法后,表示全力支持,将自己在深圳工作数年积累的20多万元全部投给了他,为王志伟创业奠定了基础。

当时,国内的激光行业刚刚起步,激光的核心技术还掌握在外国同行手

中。国内企业一般从国外进口关键的激光核心部件,然后设计生产出不同用途的激光设备出售给各种行业。而进口的核心部件都很贵,就算制造一台最简单的激光设备也需要几十万元,因此在同行们看来,王志伟想用 20 多万元创业是完全不可能的。

除了资金不足的困难,还有招不到技术人员的问题。创业这一年王志伟刚好 24 岁,身材瘦削加上一张娃娃脸,给人不成熟的印象。王志伟发了很多招聘的广告,也亲自登门邀请行业里有工作经验的技术人员加入。但是,他们看到老板这么年轻,都婉言谢绝了。这种情况下,王志伟只有亲自负责技术研发工作。他不懂就学,刻苦钻研技术到了痴迷的程度。遇到技术难题了,就虚心向同行中的一些技术人员学习,请他们吃饭讨教;遇到更难的技术问题,就请国家激光研究院所的一些教授前来帮忙。通过这些办法,王志伟慢慢积累了自己的技术知识。

二、初战告捷,拳打脚踢艰苦创业

铭镭激光的第一项业务是从一台旧机器的改造开始的。

当时,王志伟了解到有一种德国制造的激光焊接机器在市场上比较畅销,这种机器在中国的售价约 50 万元一台。于是王志伟自己任设计师,带着一个电工工程师做助手,两人日夜奋战开始研制。激光核心部件要从德国进口,新的太贵买不起。王志伟到处寻找,找到了年限不算太长的旧机器上拆卸下来的激光部件,用了几万元购入。接着寻找各种配件。为配齐各种配件,王志伟跑细了腿、磨破了脚。配件需要一个灯夹头,他不知道从哪里找,就向一个同行的技术员咨询。这位技术员随口说可以到商店去买。王志伟就一个个门店去找,跑了五六天也没有找到。他又问了几个人,才知道这个零件虽然不复杂,但是市场上买不到,只能定做。这时候王志伟才意识到那个技术员有意骗他,设置障碍浪费他的时间。这件小事让王志伟领教了竞争的激烈、市场的险恶。

还好,这台机器的制造后期没有遇到太大问题,成本费用控制得比较好。机器很快销售出去。

首战告捷极大地鼓舞了王志伟创业的信心。他研制一台,卖掉一台,回收资金再投入新的生产,一鼓作气生产了 5 台机器。他回忆说:"这 5 台机器卖到了昆山、无锡、天津等地,都是我亲自去安装、调试、收款、做售后服务……创业阶段,什么都得自己亲自动手,十分辛苦。但是这种辛苦是值得的,使我迅速掌握了研发和生产技术,了解了市场销售的窍门,积累了宝贵的创业经验,成为激光行业的内行。"由于生产的激光焊接机价格低、使用效果好,铭镭激光很快在行业内有了好名声。他笑着说:"买我机器的顾客都发财了。最早生产的几台机器都是个人买的。一位天津的客户,买了一台我的激光机用来修补模具。他买设备时资金不够,将自己的房子卖了筹钱。机器开始使用后,一天能赚2万块钱。他用几个月内赚的钱买了一套更大的房子,他夸奖我的机器可以跟银行的印钞机媲美。"

铭镭激光在行业里形成良好口碑后,生产订单一直比较稳定。仅是激光焊接设备每月就可以销售两三台,一年下来,销售了几十台。就这样公司滚雪球式发展,赚到了创业的第一桶金。

在创业过程中,铭镭激光也遇到过人才队伍建设方面的危机。也许是看到公司研发出来的新设备出人意料的好销,感觉创业并不难,员工们的心态出现了微妙变化。一天早晨,王志伟上班发现工厂里空无一人,自己的办公桌上摆着主要员工的集体辞职报告。

遇到这种情况,王志伟一开始心里有些发慌,"公司开业迎来了'开门红',订单不断,没有队伍怎么办呢?"但他又想,"强扭的瓜不甜。既然员工想离职谋求独立发展,想留是留不住了。好在自己这个老板是干出来的,从技术研发到市场销售都是亲自带头干,在技术诀窍上没有人掌握得比自己好;在市场业务上没有人比自己更熟。靠山山会倒,靠人人会跑,靠别人不如靠自己。"他从头来过,重新组织了一支队伍。

后来一段时间里,技术队伍还是不太稳定。公司不断招工,来的新手多,但他们学到了一技之长又容易跳槽,公司的技术积累始终处在一个比较低的水平上。对这一点王志伟非常着急。他知道,对一个公司来说,技术研发是支撑品牌的核心因素之一,单靠生产品种单一、技术含量低的设备,公司连生存都困难。公司必须在技术上快速积累,在积累的基础上才有不断提高、创新的可能。

2008年,美国发生了严重的金融危机,国外的订单大幅度下降,让中国的很多企业大量裁员。深圳很多初具规模的激光公司都开始大量裁人。铭镭激光逆市发展,生意仍然非常好。王志伟趁这个机会招聘了一批技术人才。有

人才就有底气。王志伟开始向技术研发投入大量资金,有一段时间,他投向技术研发的资金高达公司销售额的 10% 以上。

三、抱团取暖,渡过逆境难关

市场决定企业能否生存。王志伟深知这一点,他会密切关注市场的变化和动向,在一些其他人不太注意的细分市场上发现做生意的机会。

2008 年,深圳手机制造业异军突起,王志伟发现手机制造过程中,有一道工序需要将螺丝、弹片等焊接到金属线路板上。这种焊接精密度要求很高,如果研发出一种激光精密焊接机一定有市场。这是一个重要商机。王志伟迅速研制出了一种自动化程度很高的激光精密焊接机,以 15 万元一台的适中价格投放市场。因为深圳当时已经成为"世界手机制造基地",所以这种激光焊接机销售火爆,成为公司销售量最多的一款机器。直到现在,这款机器仍然有一定的市场需求。

从 2009 年开始,铭镭激光公司开始推出激光标记机。这种机器使用激光技术在各种材料上烧灼出号码标记、图案等。与传统的丝印技术相比,激光技术刻图效率高、效果好、零耗材,因此颇受市场欢迎。尽管在这个领域铭镭激光是后来者,但在 2008 年公司招聘的技术人员中,有几位是激光雕刻行业中比较出众的人才,所以王志伟决定研制这类机器。结果铭镭激光研制的激光标记机成本低、技术先进、使用效果好,很快就销售了几百台。

激光雕刻机相对来说技术含量较低,入门比较容易,深圳有很多小公司都生产这类机器。2013 年,市场突然出现波澜。深圳一家很大的激光公司对激光雕刻机大幅度降价,并在许多广告上将自己的报价公告出来。激光设备的市场并不是很大,几乎所有的客户立刻知道了这个价格。当采购商们与小公司谈判时,就会拿出这个价格表说:"既然这家公司能够报出这样的低价格,你们为什么做不到?"小公司一下就处在了两难境地:如果答应以这种价格销售,不但不赚钱,甚至可能会亏本;如果不答应,生意就可能泡汤,老客户可能会跑掉。大公司发起的这种价格战让许多小公司面临倒闭。

大公司下了战书,王志伟被迫出招应战。大公司之所以能够把价格压得这么低,除了他想抢占市场外,还有一个重要的原因是大公司采购量多,从国外进口激光核心部件时可以享受到优惠价格。王志伟想:既然采购量大就能够拿到优惠价格,那我们小企业能不能联合起来共同进货呢?这样大家就可以抱团取暖。王志伟将这个想法告诉同行后,得到了大家的热烈响应。不久,一个由十几家小公司组成的商会成立了。商会代表到德国将较低的进货价格谈了下来。从此,商会里的企业也能够以更低的价格出售产品。几番较量下来,在激光标记机的市场上,参加商会的企业联盟占了上风,取得了更大的市场份额。

虽然加入商会的企业联盟最终渡过了难关,但是很多没有加入商会的企业在价格战中倒下了。谈到这一点,王志伟对市场竞争的残酷感叹不已。

四、不断创新,寻找激光技术研发的蓝海

近年来,国内激光行业发展很快,不断有新企业出现,行业兼并洗牌愈演愈烈,市场竞争越来越激烈。为了生存下去,同行间大打价格战,用"跳楼价""割喉价"拼命争夺市场,使市场变成为经济学家们所说的"红海"。铭镭激光已经感觉到了这种威胁。例如,铭镭激光研制的激光焊接机,两年中价格由20万元跌到6万元,利润完全没有了。铭镭激光要想建设成为品牌企业,就必须靠技术研发使自己脱离"红海"竞争,不断走向竞争者少的"蓝海"市场。

2012年,铭镭激光将公司的主攻方向转向激光切割机上。这种设备除了有不同的技术要求外,资本投入大,上项目的门槛很高。这个领域一般小企业可望而不可即,能够上这个项目,说明公司无论是技术还是资金都具备了相当的实力。这正是王志伟看中的竞争强度较小的"蓝海"市场。

但王志伟还是有点低估了这个项目"烧钱"的速度。这一年,公司同时研制两台机器,投入了几百万元,做着做着就没钱了。机器倒是初步完成了,但是王志伟对机器的质量有些不放心。怎么办?这两台机器有客户的订单,而且付了定金。如果交货,说得过去。退一步讲,如果使用中发现机器有缺陷,公司也能够提供良好的售后服务,帮助解决问题。但王志伟却认为,这两台机器某些技术方面不完全过关,这样的设备卖出去不放心。他决定退还定金,机器不出售。王志伟非常看重公司的信誉、珍惜公司的招牌。他决定继续在技术研发上下功夫。

因为激光切割技术应用的范围非常广,市场足够大。所以进入这个领域的公司慢慢多起来。激光切割机的核心技术是使用大功率光纤激光器,功率

从500 W到3000 W不等。多数公司的注意力放在"大幅面切割"上，因为这种切割机在钣金行业的市场份额更大，相比传统的各种金属切割技术，激光切割更加准确、精密。但在王志伟看来，这种"大幅面切割"只能算是"粗糙切割"。他决定铭镭激光专攻"精密切割"，其切割幅面更小，激光束更细，加工更精密。而能够做到更精密，技术要求就更高，难度能更大，能够达到这个技术标准的竞争者会更少。

2013年，铭镭激光开始向新的技术研发冲刺。进行更高级的技术研发，意味着需要更大的投入。公司资金不够，王志伟将自己的住房抵押，贷款300万元投入研发工作，目标是攻克陶瓷、蓝宝石等超硬材料的切割技术。经过一番艰苦的技术攻关，切割陶瓷的样机研制出来了，其在陶瓷上进行试验，取得了非常好的效果。随后，王志伟带领研发技术团队开始琢磨如何运用这项技术切割蓝宝石。

2014年，铭镭激光的精密激光切割机应用范围不断拓展，除了可以切割陶瓷、蓝宝石和钻石等硬度特别高的材料外，还可以切割非常薄的金属材料（3 mm以下）。切割这种极薄材料的难点在于材料非常容易变形，但铭镭激光的机器解决了这个技术难点。例如，可以用来切割极薄、极细的金属眼镜框架。没有精密激光切割机以前，眼镜行业加工金属眼镜框架一般会采用两种加工方法，一种是金刚石钢丝锯割的方法，被称为"走丝"工艺。这种工艺效率很低，而且会产生粉尘，污染环境。另一种是冲压的方法，需要开冲压模具。开冲压模具的价格很贵，如果一款眼镜生产量不大，开冲压模具不划算。现在有了精密激光切割机，就可以将设计好的镜框图纸输入电脑，将极薄的金属片放在切割机操作台上，一按控制键，激光一闪，一个极其精密的眼镜框架就做好了。与传统的方法比较，激光切割能使工效提高几十倍，且没有污染，由于不需要开冲压模具，生产数量与成本关系不大，特殊的眼镜生产一两副都可以。铭镭激光的这款机器大受眼镜行业的欢迎。2014年至2015年，铭镭激光每年卖出100台以上的眼镜精密激光切割机。激光技术给眼镜行业的生产工艺带来了革命性的变革。将精密激光切割机用在眼镜框架制作上，铭镭激光是第一家，这是真正的"蓝海"。

2015年，随着同行的模仿，铭镭激光的精密激光切割机虽然仍保持市场领先，但也受到了同行低价的冲击。在一次不锈钢家私展上，王志伟看到不锈钢管材大量应用于家私行业。随后，通过调研他了解到不锈钢管材不仅在家私行业,而且在医疗器械、运动健身器材行业都被大量使用。而当时市场上的激光管材切割机应用并不广泛,虽然有类似产品,但多是在原有大幅面钣金切割基础上改造而来的钣管一体机,价格太高,且对管材加工的精度和专业度都不够。很多仅需管材切割加工的客户觉得花几百万买来这种钣管一体激光切割机,不划算。随后,铭镭激光投入大量人力、资金进行产品研发。最终,针对薄管精密切割推出的一款能够满足圆管、方管等管材切断、开孔、切槽、雕刻图形的管材专用激光切管机在佛山展会一经展出,便获得了众多客户的高度认可。

2016 年,铭镭激光推出了激光清洗机,成为国内第一家推出高功率激光清洗机的厂家,且拥有自主知识产权。激光清洗技术是利用激光处理待清洗物体,在激光脉冲作用下使污染物从物体表面脱离。由于激光清洗可通过调整激光波长、脉宽、作用时间和作用方式等来适应不同污染物和不同基底的清洗要求,因此广泛适用于各种清洗对象,能够用于清除物件表面树脂、油污、污渍、污垢、涂层、镀层、氧化物、油漆、铁锈等,广泛应用于交通轨道、船舶维修、汽车配件、橡胶模具、轮胎模具、高端机床、环保等行业。与其他清洗技术相比,激光清洗具有无污染、效率高、无耗材等优点。在绿色智造的大环境下,激光清洗技术能够替代大部分传统表面清洗工作,为国家、为社会节省资源,为政府政策推行提供可行方案,具有巨大的市场推广前景。

铭镭激光清洗机采用最新一代光纤激光器,电光转化率高、寿命长、稳定性好,铭镭激光凭借技术领先、本地化服务、响应速度快、无中间代理商、价格低等优势迅速拿下了台积电、湘电集团、新特能源、光启研究院、万力轮胎、玲珑轮胎等应用客户。

从 2016 年开始,随着智能制造工业的不断升级,将激光用于焊接机器人成为激光焊接的一种重要形式。焊接机器人具有多自由度、编程灵活、自动化程度高、柔性程度高等特点,是焊接生产线的重要组成部分。将激光器安装在焊接机器人上进行焊接,大大提高了焊接机器人的焊接质量和适用范围,在钣金、铝合金等生产领域,激光焊接机器人具有越来越重要的地位。但当时激光光斑细的特点制约了激光焊接机器人的大范围应用。王志伟相信,一定有办法让激光焊接机器人应用到更多的行业。在走访考察了国外焊接技术后,他带领研发技术团队经过半年多的攻关,在激光焊接头上配置 wobble 焊接模块,其独特的楔形振动方式让焊缝加宽,使得激光焊接对更大工件、更宽焊缝的工件都实现了高效、精密的焊接,并且焊接质量明显优于普通焊接头,焊缝

表面较为平整、美观。这一次的成功创新,使得公司原本业绩大幅下滑、没有利润的焊接事业部迅速扭转局面,成为公司 2017 年业绩最好、获利最高的产品部门。

2018 年,铭镭激光在广东省河源市的制造基地投入使用。未来,铭镭激光将在王志伟的带领下,不断创新,给市场、客户带来更多的好产品。

激光领军人物之宋维建

致力于推动激光中国"智"造的发展

苏州领创先进智能装备有限公司

○ 公司简介

苏州领创先进智能装备有限公司(以下简称领创激光)专注于大功率激光加工成套装备的研发、制造、销售及服务,其产品包括大功率激光切割机、激光焊接机和多功能激光加工设备,公司为客户提供个性化和专业化的激光加工系统解决方案,拥有江苏昆山、河北沧州两大生产基地,销售、服务网络遍布全国各地,以及东南亚、欧洲、南美洲地区。

人物简介

苏州领创先进智能装备有限公司
常务副总经理、高级工程师宋维建

宋维建,领创激光常务副总经理,高级工程师。大学毕业后一直在数控钣金加工设备行业工作,见证了国内第一台激光切割机的诞生,参与国家"八五"攻关项目——钣金加工柔性制造FMS生产线,主持和参与研发国内第一台大型平板激光焊接机、中国第一台激光冲孔复合机,主管多系列高功率切割装备的研制工作,见证了中国激光从无到有、从有到优、从优到精,见证了中国激光装备产业的兴起和发展。

现任中国激光标准化委员会委员,中国激光加工委员会委员,中国焊接协会理事,中国锻压信息化推进委员会专家组成员,江苏省激光产业创新联盟副主任,苏州市激光产业创新联盟副主任,江苏省激光加工装备工程研究中心主任,河北省激光加工装备技术创新中心主任,江苏省重大科技成果转化项目"超大幅面多功能高速智能数控激光切割机专项基金"项目总负责人。主持研发的"大台面数控激光切割机关键技术研究与系列产品开发"获上海市科技进步二等奖,"激光高速切割关键技术与产业化"获上海市科技进步三等奖。拥有20多项专利技术,在国家级刊物发表多篇论文。

○ 领军之路

一、精工制造,见证中国激光行业飞速发展的二十年

宋维建1987年吉林工业大学(现吉林大学)毕业,进入当时机械工业部济南铸造锻压机械研究所(简称济南铸锻所)第十二研究室从事钣金加工装备的研发设计,该研究室定位于数控转塔式冲床、三点折弯和激光装备与技术的研发与应用,当时这些技术在国内都是空白。宋维建投入工作后,师从行业内著名专家张昶盛副总工程师、吴笃行及朱桂延等高级工程师,从零开始,脚踏实地,至2000年,先后主持和参与研发系列激光复合机、数控转塔冲床机床厂、150吨电液数控折弯机、数控直角剪板机、数控汽车大梁板冲切机和国家"八五"攻关项目——"钣金柔性制造FMS生产线"。

1999年,国家对部属研究所进行改制,济南铸锻所首当其冲。此时,济南铸锻所的很多工程技术人员跃跃欲试。2000年,宋维建放弃国有企业的"铁饭碗",毅然决然地来到改革开放的前沿——上海,在上海百超激光科技有限公司担任技术研发部门负责人,正式、系统地与激光结缘。2001年,武汉团结激光追加投资,成立上海团结百超激光科技有限公司。此时,国内每年对大功率激光加工装备的需求不足20台,且国产装备的技术、工艺水平与国外差距较大,市场被国际著名的激光翘楚(如德国通快、瑞士百超、意大利普瑞玛等公司)瓜分。2002年,当时位列行业技术水平前三名的意大利普瑞玛公司投资,成立上海团结普瑞玛激光科技有限公司,宋维建受命担任公司技术副总经理。他带领公司工程技术人员学习和引进欧洲先进激光装备制造技术,不断创新技术工艺。至2010年,上海团结普瑞玛激光科技有限公司已拥有近50项核心激光加工技术和专利、18项激光加工新产品(填补国内空白),年销售额超过6亿元成为行业第一品牌。

在2008年,能量激光技术迎来革命性发展,以光纤激光为代表的光源取得突破性进展。宋维建敏锐地意识到这种技术革命将会如暴风雨般扑来,将导致大功率气体激光加工装备受到猛烈冲击。他强烈建议公司抓住先机,但很遗憾当时的公司管理层意见不统一,公司选择继续以气体激光为主,结果遭

受重创。2010年可以说是光纤激光技术应用元年,一支以宋维建为首、具有激光情结、怀揣激光梦想的团队离开大上海来到昆山,创立了领创激光科技有限公司。宋维建带领团队在不到半年的时间内研制出国内首台高功率可变曲率自动调焦光纤激光切割机,解决了激光加工穿孔效率低的瓶颈问题。当时"变曲率自适应调焦技术"只在上海百超激光科技有限公司的资料中有介绍,而领创激光掌握该项技术后,很快便由"跟跑"跨越到"并跑"。而后领创激光专注于激光装备领域,为全球制造业和加工业提供相关产品和应用服务,成为同类产品和服务类别最全面、最专业的精密激光技术应用企业。

领创激光已走过10个年头。宋维建本人及其团队在能量激光加工装备行业摸爬滚打20年,见证了中国激光装备从无到有、从小到大、从弱到强、从中国走向世界的历程。领创激光成立10年来,其技术已得到世界范围的认可,并在许多不同领域和行业得到应用。公司不断深化技术创新,激光切割头、ICS智能激光切割系统、光路整形技术等专利,均证明了领创激光的技术创新能力。领创激光产品系列包括2D激光切割系统、2.5D激光切管系统、3D机器人激光切割系统、3D机器人焊接系统、定制激光焊接和熔敷系统、自动化设备、自动上料和下料系统等。

宋维建及其研发团队正不断向着功率更高(万瓦级)、设备速度更快(单轴速度200 m/min)、加工幅面更宽(6 m宽,30 m长)、加工板更厚(不锈钢80 mm)、加工断面更优(亮面切割)、自动化程度更智能(FMS)的方向发展,持续满足客户需求。

二、智能制造,推动中国激光行业赶超世界先进水平

在"工业4.0"和"中国制造2025"战略的大背景下,智能制造已经成为一个全民关注的热门话题。国家战略性地提出未来我国制造产业的转型升级,由初级、低端迈向中高端的发展规划。"中国制造2025"将智能制造作为主攻方向,着力推进制造过程智能化,这给以高端激光制造为核心的领创激光提供了前所未有的发展机遇。近年来,随着越来越多的激光制造技术在传统制造业中的广泛应用和新的激光应用领域的开拓,激光制造技术正在不断地替代和突破传统的制造技术。

目前,随着光学元器件成本下移、激光加工装备和工艺质量的提升,工业

领域正普遍接受激光加工的概念。受益于国家宏观经济进一步的深化调整，一些新兴行业（如新能源汽车、轨道交通、大飞机制造及大型船舶等）的发展必将拉动激光产业的发展。另外，激光加工还具有"无模化"和"柔性化"的特点，它与自动化、智能化相结合，将带动整体制造业的创新升级，中国激光行业正快步进入"光制造"时代。

领创激光现服务于电力制造、汽车制造、轨道交通、工程机械、农业机械、电梯制造、塑料及橡胶机械、食品机械、制药机械、航天航空、军工、石油机械、金属结构及专业化钣金加工等行业，传统的激光单机生产已远远不能满足现在市场的需求。行业的趋势决定企业的战略，激光加工装备行业将朝着自动化、智能化、多功能一体化及互联性的方向发展。正是鉴于此，领创激光2018年与意大利普玛宝公司展开战略性合作，这对领创激光是一次"质"和"智"的提升。中国激光加工专委会主任王又良先生评价这次合作将会推动中国的激光行业提前十年迈进智能制造，行业媒体评价领创激光合资是年度十大最有影响的事件之一。

作为领创激光的技术总负责人，宋维建全面主持从3015到30060全系列产品平台的研发及配套优化工作；致力于激光装备产品研发和关键技术攻关，主持开发了十几个系列产品；针对国内超大型、万瓦级激光切割与焊接装备的技术短板，在双驱同步系统、轻质高刚性移动部件、高速振镜扫描激光焊接系统、高热辐射防护系统、切焊烟尘处理系统等方面开展创新性研发工作，并取得重大突破。

宋维建积极搭建和不断完善领创激光的科研创新体系，推动企业快速发展和行业共同进步。宋维建推动领创激光组建了江苏省装备工程研发中心、河北省激光加工装备技术创新中心和科技部博士后工作站，形成了若干"中心"支撑企业自主创新发展的新格局，发挥了协同研发、联合创新的优势，持续开展先进技术研发，提升了企业研发资源的协同能力。

针对我国激光装备相对于国际先进水平可靠性差的顽疾，宋维建推动领创激光与世界著名光学器件巨头——德国普雷茨特公司成立激光加工关键功能部件联合实验室，与锐科激光、天津大学、苏州大学等建立联合实验室，与意大利普瑞玛公司联合研发二维和三维激光切割装备。领创激光联合国内外知名高校和科研院所，通过建立紧密的合作和交流机制，共同致力于激光加工装备及关键零部件可靠性、共性技术的研究，带动行业共同进步。

对于高功率激光切割金属材料而言，影响切割质量的因素多种多样，概括起来主要有设备本身的几何精度（如运动轴的动态刚性、加速度）、激光器光束模式和质量、光学元器件的性能、导光系统的稳定性，以及常见的功率、速度、嘴板距、喷嘴孔径、切割辅助气体的纯度和气压、光程距离、焦距和聚焦光斑的大小等。针对这些要素和不可预测的影响因素，研究和攻关切割过程中的实时智能控制技术，不再需要切割过程中的人工干预，达到提高切割稳定性、切割效率和切割质量的目的。通过不懈的努力，宋维建及其研发团队与引进的欧洲技术团队共同开发了智能切割控制系统的主要功能及软件，主要包括智能化焦点搜索功能、高速穿孔功能、穿孔自识别功能和切割状态监测功能。智能切割控制技术是未来激光切割加工领域重点研究的技术，它集光、机、电技术为一体，是该领域向智能化、节能化发展的重要技术，处于当今激光切割技术的制高点。该技术将传统定时、定量的开环加工控制方式改为在线监测实时分析的闭环控制加工方式，充分挖掘了现有激光加工平台的硬件潜力，在不增加激光器功率、机床速度的情况下，稳定了加工质量、提高了加工效率，并减少了能量的损耗和浪费。该技术的突破，已装备到现有产品上，极大地提升了企业的盈利能力和市场竞争力，切实地将"智"能制造落到实处。宋维建带领的智能装备团队研发出全球首台三横梁智能并联激光切割机，能完成从开卷、校平、定尺、送料到通过三套并联激光切割头同时加工零件，申报了专利十余项。经过几年的研发，汽车不等厚板和等厚板的加工方面，领创激光已经在市场上拥有一定的占有率，也已经给很多客户提供了单机和生产线，从激光下料到激光焊接，全部在一台产线上完成，重点解决一些关键技术和工艺难点：高精度开卷连续送料系统，具有纠偏、无差速；优选高能量密度的 $50\ \mu m$ 芯径光纤，最大化提高薄板切割速度；采用氮气切割防止断口氧化，提高切割速度和断口质量；多加工头并联切割系统；主机移动部件的轻量化，主要解决移动横梁和切割头轻量化，最大化提高系统的动态响应特性；切割区板料支撑输送系统；嵌套料软件系统，减少 30%～40% 的废料；烟尘收集和自清洗系统；分拣堆垛系统；再上料到焊接工位并定位；激光焊缝自动跟踪系统；焊中（过程）焊缝质量检测；成品收集系统。

目前领创激光已经可以提供不等厚板切割、分拣、焊接成套设备，这种产线被国外企业垄断，国外引进价格昂贵。除此之外，领创激光还潜心研究其他激光应用领域，机器人焊接、熔覆、切割、自动上下料、激光加工上下游生产线的整合，都是领创激光研发的方向和重点。

领创激光在食品、化工、医疗行业的大型换热器焊接方面深耕了 20 年，以宋维建为核心的研发团队为该行业提供了首套此类装备。2001年以前,中国的换热器板基本采用传统的焊接方式,欧美等国较早使用了该项新技术,并且大量向中国出口激光焊接后的换热板及其罐体,导致我国相关企业在竞争中处于被动地位。领创激光技术团队于2001年成功研制出高速度、高精度和高可靠性的大型激光板焊加工设备。该设备是利用激光将上层薄形不锈钢板通过中心穿透熔化焊方式与下层较厚或相同厚度的不锈钢板焊接在一起的先进加工工艺。被焊接的上、下板可以具有不同或相同的厚度,一般薄板小于3 mm,厚板小于20 mm。通过焊接可以成型蜂窝式夹套、板式换热器等换热罐体和装置。该工艺可以极大地减小工人的劳动强度,无焊条损耗,无环境污染。CNC控制有效地提高了制件的精度,焊缝光滑无杂质、强度高、均匀致密,焊后工件变形小,无须附加打磨工作,材料利用率可达100%。领创激光研发的"无停顿连续扫描焊接"技术,使加工效率成倍提高。另外,通过专用、自动编程软件控制,可方便地更换焊接图样,以满足不同冷媒、耐压和换热需要。这类设备广泛应用于食品制造、化工制药、大型楼宇、空港的热能循环利用等行业。

国内钣金行业的产品发展,现在基本上是从单机到单元、产线,再到更高智能化装备。未来数字化的工厂,完全靠互联网完成下料、车间信息化管理、产品直接下单和派单,这肯定是钣金从业者最终的追求。目前很多厂家可以实现柔性生产,随着计算机互联在这一块技术的不断成熟,未来中国将会出现一些智能化工厂。

三、用心制造,引导客户的选择

近年来,得益于国内旺盛的市场需求,激光加工装备行业得到跨越式发展,大量的非专业公司投身进来,其中大部分以低成本为导向,技术水平低,服务能力差。总体来说,目前的行业环境处于一个无序竞争态势。领创激光在这片"红海"竞争中,始终坚持自我,以研发创新为重点,加大研发投入,组建智能装备团队,专门针对激光三维加工、智能生产线等高端设备做设计、研发,在满足客户现有的需求外,通过客户定制化设计,为客户提供性价比高的服务,从而引导市场的秩序发展。

在未来的岁月里,领创激光将会乘风破浪,打造一条从激光的单机研发创新到整合激光产业上下游的生产链,真正推动中国激光行业"智"造的发展。

激光领军人物之韩金龙

慧眼识技术，匠心造品牌
专注打造激光焊接技术世界的标杆

深圳市联赢激光股份有限公司

○ 公司简介

  深圳市联赢激光股份有限公司于 2005 年 9 月在中国深圳成立，是一家致力于研发、生产和销售高品质的精密激光焊接机设备及其自动化设备，并为客户提供一整套的解决方案的国家级高新技术企业。拥有员工 1400 余人，厂房面积约 24000 m^2，全国设有 25 个办事处，在全球拥有 17 家优秀代理商。公司秉承"成为世界一流激光焊接设备及自动化解决方案的主要供应商"的发展愿景，一直专注于激光焊接领域，经过多年的经营发展与持续的技术创新，组建了高水平的研发团队和先进的研发平台，建立了完善的研发体系，掌握了具有自主知识产权且技术水平领先的激光焊接核心技术，截至 2020 年 3 月，拥有专利 125 项，其中发明专利 19 项、实用新型专利 84 项、外观设计专利 22 项，拥有软件著作权 108 项。目前正在申请专利 16 项，均为发明专利申请。目前公司已经成长为国内激光焊接行业的领军企业。

人物简介

**深圳市联赢激光股份有限公司
董事长、总经理韩金龙**

韩金龙,男,1968年出生。陕西宝鸡人,西安理工大学机械87级,获得工学学士学位,高级工程师职称。2005年创办深圳市联赢激光股份有限公司,现任董事长兼总经理。资深光学、机械、电气一体化专业人士,拥有丰富的设备制造管理经验,涉及光学、机械、电气等各个方面,参与创立多家自动化设备制造公司。荣获广东省科学技术奖二等奖,2010年深圳市科技进步奖,中国电池网、我爱电车网2016年度"汽车电池行业年度人物"奖等奖项。研发出具有国内领先和世界一流水平的全自动钻铣机和激光焊接机,拥有多项国家专利。

领军之路

一、慧眼识技术,力排众议创立公司

2005年,中国传统焊接市场可以说已趋近饱和,但唯独激光焊接领域迟迟未能取得突破性的进展,韩金龙对激光焊接市场的未来发展前景十分看好。敢想敢做,韩金龙当即将想创立公司的想法告知亲朋好友,这一想法得到了妻子的支持和鼓励,韩金龙更是信心百倍地说干就干!

当然这份自信和豪迈不是没有原因的。在当时,韩金龙已经是一位资深的集光学、机械、电器为一体的自动化专业工程师,积累了丰富的设备管理经验,曾经参与创立多家自动化设备制造公司。这十多年的工作经验,不但磨炼了技术、积累了经验、开拓了人脉,也练就了他的一双慧眼。

一次应邀参观深圳大学光电子学研究所的研究成果,其中有一台由牛憨笨院士研发的激光焊接设备样机,让韩金龙参观之后念念不忘,他十分清楚眼前的这台样机代表了未来激光焊接工艺的发展方向,也蕴含着巨大的市场潜力。"我不能看着这样一台技术含量超前的设备只能作为展示研究成果的样机被摆放在展示厅里。"谈起往事,韩金龙的眼中透着对技术的炙热之情。于是他极力说服牛憨笨院士作为公司激光焊接技术首席科学家,从深圳大学光学电子学研究所引进激光焊接机技术,有了设备、技术的支持,再加上所获得的300万元的创业基金,韩金龙开始筹建公司。2005年9月,深圳市联赢激光股份有限公司(以下简称联赢激光)正式成立。

二、艰苦钻研,坐上技术顺风车

先进技术是一个企业屹立在市场之巅的立命之本,是提高市场竞争力的重要利器。

联赢激光创业初期,韩金龙和几个科班出身的工程师在科技园一间车棚改造的厂房里讨论技术难题、攻克技术难关,成功地在牛憨笨院士的样机的基础上自主研发出了HWLW015A激光焊接机。2006年该激光焊接机获得了国家知识产权局专利并成功实现销售量产,实现销售出口,获得了公司成立以来的第一笔收入。

万事开头难,一个好的开始能达到事半功倍的效果。很快联赢激光就坐上了技术顺风车,迎来了联赢激光的快速发展期。

2006年联赢激光研发出了HWLW300C激光焊接机之后,陆续研发出了国内第一台200 mm/s电池顶盖焊接工艺、发明了多波长复合钎焊接工艺及送丝系统,自制的光纤激光器也由500 W突破到1000 W,半导体激光器也是屡创新高,从1000 W突破到2000 W,开发适用于连续激光器的能量负反馈系统以及UW设备云服务。公司核心技术"波形控制实时激光能量负反馈技术"提高了激光输出能量的稳定性,有效降低了焊接产品的不良率,该技术获得广东省科学技术奖二等奖、深圳市科技进步奖；拳头产品"任意波形能量负反馈控制的 YAG 激光焊接机"在国内同类产品中处于领先地位，已达到国际同类产品的先进水平。公司自主研发的多波长激光同轴复合焊接技术，在国内首次采用光纤激光与半导体激光的同轴复合焊接技术，并应用于动力电池顶盖、密封钉、极柱、软连接等环节焊接，可有效减少焊接缺陷，提高焊接效率，该技术于 2018 年荣获"2018 年度中国工业激光器创新贡献奖"。同时，公司还拥有蓝光激光器焊接技术、激光焊接实时图像处理技术、智能产线信息化管理技术、工业云平台技术、激光焊接加工工艺技术、自动化系统设计技术和激光光学系统开发技术等，先后完成并交付 600 多套非标定制自动化激光焊接系统，满足了 1300 多种产品的焊接要求。2020 年自主研发出国内首款高功率千瓦级蓝光激光器。这些技术的层层突破为联赢激光添砖加瓦，使其更上一层楼。

三、执牛耳者，敢争一先

韩金龙十分注重技术在行业发展中的重要性。联赢激光以牛憨笨院士领衔的深圳大学光电子学研究所为技术后盾，汇集了国内外众多的优秀人士，其中最重要的技术核心之一，就是先后在国内外从事激光焊接研究十几年的牛增强博士。牛增强博士在日本工作期间发明了能量负反馈技术，该技术应用于联赢激光的全系列焊接机上，技术水平在该行业处于国内领先地位。

在激光焊接技术及配套自动化技术方面，联赢激光始终定向研发，保持技术的领先性，从 YAG 到光纤技术、复合焊接技术都是联赢激光结合客户焊接工艺中的痛点、难点进行的定向研发，自主研发出来的。联赢激光的研发团队有 700 多人，占到了公司总人数的二分之一。付出总有回报，联赢激光在焊接等诸多领域领先世界，多波长复合的光纤激光技术更是诸多成果中最闪耀的一颗星。

在科学技术的保驾护航之下，2010 年 6 月，联赢激光首次被评定为国家级高新技术企业，在 2013 年、2016 年、2019 年连续获得国家高新技术企业的认定；2013 年 12 月，联赢激光成功研发出半导体激光焊接机、光纤激光焊接机等先进产品并实现量产；2018 年，联赢激光通过了一项省级认定、两项市级认定，获得了广东省精密激光焊接装备工程技术研究中心、深圳市动力电池激光装备制造研发工程研究中心，以及深圳市级企业未来产业技术中心称号，充分体

现了联赢激光具备较强的技术创新和研发实力。

目前联赢激光的焊接机产品共计 20 余种,以应对不同客户的需求。"我们的激光焊接已经应用到了三十多个领域当中。"韩金龙说。伴随着应用场景的不断拓展,联赢激光也步入了发展的快车道。

四、立足新三板,飞跃科创板

初尝战果后,韩金龙看准了产业转型到底的趋势,积极满足产业升级的需求,将激光焊接应用到了电池、新能源汽车及其零配件、3C 电子等领域,开拓了通信电子、新能源汽车等行业市场,每一次的敢于尝试都为联赢激光开拓了一个个新领域,赢得了一片片新市场,成为激光行业领头羊。韩金龙说:"我们要敢于尝试,用激光技术与客户需求改善、创新产品,研究材料与激光的相互作用,将不可能变为可能,从而促进行业发展,引领行业方向。"

随着市场的不断开拓,员工队伍的不断壮大,技术的不断创新,联赢激光打造了自己的专属品牌。

在经过漫长及艰难的等待之后,联赢激光终于成功挂牌上市了!成功募集 3.9 亿元,为公司激光研发项目的资金投入提供了可靠的保障,补充了流动资金,加快了技术研发的速度,有力地推动了技术研发进程。在新三板挂牌也帮助公司实现了规范化,使得公司的知名度得到了进一步提升。挂牌上市期间还被评为"新三板蓝筹百强"企业。

然而韩金龙并不满足于联赢激光新三板挂牌上市。借力新三板及行业发展东风,联赢激光在 2019 年申请科创板挂牌上市。2020 年 4 月证监会正式同意联赢激光科创板首次公开发行股票注册。这助力了联赢激光继续稳步向前,为联赢激光成为世界标杆增加了筹码。

五、敢立品牌,永筑基业

根据《2019 中国激光产业发展报告》,2018 年中国激光加工设备市场规模为 605 亿元,2018 年我国规模以上激光相关企业已超过 120 家,联赢激光以 9.81 亿元的年度营业收入跻身激光行业的前列。公司以"联赢激光焊接专家"为发展目标,在激光焊接领域精耕细作,积累了大量的核心技术及行业客户资源,拥有了较为突出的品牌、技术等竞争优势。

"中国不缺技术,不缺人才,不缺资金,缺的是好产品、好品牌。"韩金龙说:"我很敬佩德国的企业,在德国,拥有400年历史的企业就有十多家,这些经久不衰的企业严谨、注重细节、重视质量,制造出了优质的产品,才让'德国制造'四个字享誉全球。"韩金龙也想让联赢激光成为这样的企业,做中国制造业的支柱,让"中国制造"享誉全球。

联赢激光的设备目前已销往全球20多个国家和地区,例如韩国、日本、新加坡、美国、埃及等诸多国家,代表客户包括韩国三星SDI、韩国LG化学、美国康宁、日本松下电机、日本电产三协等。

良好的品质和当地化的服务造就了联赢激光设备在海外用户中的良好口碑,从传统的YAG激光焊接系统,到现在联赢激光自行设计研发的千瓦级的激光焊接系统,都在国外落地开花。

2012年联赢激光在日本成立子公司(联赢激光日本子公司),2016年在越南设立办事处,目前在10多个国家和地区都设有代理商和经销商。

对于联赢激光走向世界的展望,韩金龙说:"未来我们会不断吸收国外的先进技术,再结合自身的工艺技术及高端设计与制造,以优质的产品和高效率的服务来赢得国际市场,提高客户满意度,让联赢激光成为世界一流的激光焊接企业,让中国制造的品质保障走进国内外客户心里!让中国的激光焊接技术成为世界的标杆!"

激光领军人物之曹祥东

武汉虹拓新技术有限责任公司

○ 公司简介

武汉虹拓新技术有限责任公司（以下简称武汉虹拓公司）成立于2008年，专注于超快激光技术研发及应用，是中国首家拥有飞秒激光技术自主知识产权的高新技术企业。公司坐落于武汉未来科技城新能源大楼G5栋。

公司获高新技术企业认定，先后承担了国家973项目、863项目、科技支撑计划项目课题，湖北省科技厅重大创新项目，形成40余项国内外专利。入选国家发改委"战略性新兴产业区域集聚发展试点工作"；自主研发的飞秒光纤激光器获得中国·光谷（武汉）"四大发明"的赞誉，代表武汉东湖高新区参加科技部国家级开发区20周年成果展。其中"超高精度色散管理技术"于2012年入选美国光学学会"全球六大新创新技术"，这是亚洲公司首次入选，公司由此受到美国贝尔实验室的学术邀请和时任国家主席胡锦涛的接见。2016年，公司研发出世界首台"飞秒激光钙钛矿薄膜太阳能电池加工装备"，实现了国内印刷光电子从0到1的跨越；2017年，研发出世界首台飞秒医疗美容仪。

武汉虹拓公司由曹祥东博士领军,以留学归国人员为核心,由国内外知名院校毕业的博士和硕士研究生组成技术研发团队,还拥有包括贝尔实验室、清华大学、罗彻斯特大学和硅谷风险投资商组成的世界一流的专家顾问团队,曾荣获国务院"华人华侨重点创业团队"称号。

立足于颠覆性创新技术的武汉虹拓公司,将继续在激光精密加工、太赫兹检测、生物医疗和科研等应用领域进行深入攻关,努力打造中国第一家飞秒激光加工中心。

人物简介

武汉虹拓新技术有限责任公司
董事长曹祥东

曹祥东,美国罗彻斯特大学光学博士,密歇根大学博士后。曾担任西门子资深研究员,北方电讯首席科学家,Qtera 创始人兼首席科学家,T-Networks 首席系统构架师;国家 973 项目、863 项目、科技支撑计划项目负责人;入选武汉市东湖高新区"3551 光谷人才计划";"重点华侨华人创业团队"领军人、武汉城市合伙人;现任华中科技大学国家光电中心、武汉大学、武汉理工大学兼职教授;武汉虹拓新技术有限责任公司创始人兼董事长。

领军之路

曹祥东留学美国 20 余年,师从全球光通信领域泰斗美国罗彻斯特大学教授 Govind P. Agrawal，以及获美国总统奖的贝尔实验室教授 Colin McKinstrie，曾任西门子、北美电信等公司高级技术主管，于 36 岁在美国创办了自己的第一家公司——Qtera，该公司设计、研发了世界第一个超常距离波分复用传输系统，两年后被北电网络以 32.5 亿美元收购。2007 年，曹祥东随海外高端人才代表团到武汉参加"华创会"，有感于湖北省、武汉市政府求贤若渴的热情，做出了出国多年后的又一次重要决定，回到武汉，在光谷创办武汉虹拓新技术有限责任公司。武汉虹拓公司以光谷产业链为依托，努力成为行业颠覆性核心技术的引领者，在高端精密测量、新型光源、超高精度色散管理光传输技术等方面拥有多项专利技术。公司立足于开拓光纤通信系统发展的新思路，系统、科学地研究超高速光传输基础理论，探索超高速光传输系统特有的内在基本规律，通过自主创新知识产权来提高行业竞争力。近年来，公司获高新技术企业认定，相继承担国家 973 项目、国家 863 项目、国家科技支撑计划核心课题，省重大科技创新计划项目等。公司长期专注于超快激光技术及应用，是中国少数拥有飞秒激光技术自主知识产权的高新技术企业。由曹祥东领军的技术团队已获得 20 余项相关发明专利及 13 项美国专利。

  曹祥东不仅拥有高科技公司的管理经验，而且长期从事通信前沿技术的研究。他在美国密歇根大学做博士后期间发明的 100G 全光信号处理技术曾荣获 CLEO 的 Post-deadline "重大成果文章奖"。他发表了 50 余篇学术论文，17 项光通信技术专利，多次受邀在 IEEE、LEOS、CLEO 和 APOC 等国际会议作邀请报告，被推选为 2009 年中国光电产业论坛超高速光传输技术委员会的主席，负责组织国内外光通信专家研讨 100G 超高速光通信技术的发展趋势。根据多年的研究，曹祥东提出了基于超高精度色散管理技术的光传输理论。2009 年 3 月，该理论得到了国内业界和学术界的重视，成立了由武汉邮科院、华中科技大学、北京邮电大学和复旦大学组成的光通信技术联盟，将基于超高精度色散管理技术的光传输理论作为国家 973 重点项目。围绕该项目，武汉虹拓公司现已研发出产品模块和处于领先水平的第一代产品样机，并拥有完全自主知识产权。

  2011 年，武汉虹拓公司仅一项非核心技术便卖出 3000 万元，创造了我国知识产权转化的记录。

  2012 年，曹祥东主持研究的超高精度色散管理技术获得该年度美国光学学会评出的"全球六大新创新技术"，这是亚洲企业第一次获评该奖。胡锦涛和温家宝等党和国家领导人在武汉光电国家实验室还听取了曹祥东对该项技术的汇报。曹祥东向胡锦涛总书记汇报:"超高精度色散管理技术能够对现有光纤网络实现10倍的升级,不用重新施工铺设新光纤,能大大降低系统的能耗和成本,其性能处于世界领先水平。"胡锦涛总书记仔细询问了有关知识产权方面的情况,在获知曹祥东课题组已经有20余项相关专利技术,而且全部器件都是国产后,勉励他要继续增强创新能力,要拥有中国自己的知识产权。同年,在《光明日报》迎接十八大特刊——"自主创新耀光谷"的主题报道中,武汉虹拓公司作为自主创新、颠覆传统技术、领先世界技术发展潮流的高新企业从光谷众多新企业中脱颖而出,成为媒体报道的主角。

2013年武汉虹拓公司研发出中国首台全光纤飞秒激光器,打破了欧美垄断,填补了国内空白。在这之前国内光纤飞秒激光器的研究一直处在实验室阶段,长年依靠进口。武汉虹拓公司历经五年艰苦攻关,取得了超高精度色散补偿、全自动锁模、非线性放大、全光纤集成、光纤传输五大系统核心技术的重大突破,获得了十三项发明专利、三大颠覆性创新成果。武汉虹拓公司研制的光纤飞秒激光器是基于公司独有的自动锁模技术与超高精度色散管理技术,采用光电一体化与风冷设计,具有结构紧凑、低成本、免维护等特点,主要应用在光存储、光采样示波器、太赫兹、放大系统种子源、高精密测量、非线性光学研究、超快现象研究、多光子显微技术等领域。公司还针对不同的应用领域开发了系列产品,如手持式光纤飞秒激光器、高重复频率光纤飞秒激光器、高稳定性光纤飞秒激光器。

2015年,武汉虹拓公司掌握了基于飞秒激光加工工艺的新型光纤制造技术,使用飞秒激光在发丝粗细的光纤内部雕刻出双螺旋纹路,抑制传输过程中的光信号失真,并在中、美两国申请了专利。该技术使现有光纤容量提升了100倍,从而极大降低了光纤传输系统的成本。同年,武汉虹拓公司针对信息行业成功开发了小型化超高速飞秒激光器,并开展了与英国牛津大学、德国明斯特大学的合作。为其定制的千兆赫飞秒激光器将是世界上首次验证千兆光载数据产品,有望掀起大数据、智能制造和无线网络革命这三场宏大的技术变革。

2016年,曹祥东和另一位武汉城市合伙人——澳大利亚工程院院士程一兵联合提出了"光制造"的新概念,开辟了先进制造技术的一个新领域。经过近半年的联手研发,开发出首台飞秒薄膜太阳能装备。这台长2 m、宽1 m的

新装备全名为飞秒激光钙钛矿薄膜太阳能电池加工装备,其主要功能是把涂敷的太阳能薄膜材料加工成电池,就像印刷报纸一样把太阳能薄膜电池印出来,然后广泛应用于更多产业。这将实现国内印刷光电子从 0 到 1 的跨越。

如今,武汉虹拓公司已成为中国少数几家拥有飞秒激光技术自主知识产权的高科技公司,其依托核心技术研发的系列产品,如飞秒薄膜太阳能电池装备、激光清洗机、激光美容仪、超快光纤激光器等在市场上颇具竞争力,前来寻求合作者络绎不绝。武汉虹拓公司实现了飞秒激光核心技术的重大突破,抢占了核心技术制高点,突破了国外在超快激光技术及应用方面的技术壁垒及垄断,对推动激光技术的应用、促进我国制造业转型升级、确立我国国际战略优势地位具有重大意义。

未来 5 年,曹祥东将带领研发团队,把武汉虹拓公司建成世界领先的飞秒激光技术公司,让世界对"中国造"刮目相看。

激光领军人物之王军营

以专业技术做专业产品

深圳联品激光技术有限公司

○ 公司简介

深圳联品激光技术有限公司成立于 2014 年 11 月，注册资本为 2500 万元，是一家集研发、生产、销售于一体的国家高新技术企业。主要从事激光应用技术的技术开发、技术咨询、技术服务及技术转让，国内贸易（不含专营、专控、专卖商品），经营进出口业务（法律、行政法规、国务院决定禁止的项目除外，限制的项目须取得许可后方可经营）。许可经营项目包括激光技术相关应用设备及控制软件的生产加工。

公司研发实力雄厚，由激光研究领域知名博士生导师带领专业研发团队，团队中有数位深圳市高层次人才。对研发取得的成果，公司非常重视并向国家知识产权局申请专利，目前已获授权的知识产权 50 多项。专利主要以发明为主，其中多项核心技术处于国际领先水平。

公司非常注重与高等院校、研究所的合作，与多个高等院校及研究所都有产学研合作，公司高度重视人才的培养，为了更好地引进高校人才，公司向深圳市坪山区人力资源局提出增设大学生实习基地的申请。经深圳市坪山区人力资源局研究决定,同意公司增设坪山区大学生实习基地。

公司产品涵盖光纤激光器、高功率固体激光器、中低功率可见光激光器等各类激光器;具体主要有光纤激光器、半导体泵浦固体激光器(DPSSL)、半导体激光器及其周边器件,波长覆盖紫外至红外波段的激光器;产品广泛应用于激光加工、激光演示、激光医疗、激光标刻、金属板材切割、焊接、熔覆、科研等领域。

公司管理团队经验丰富。公司大力推进精益化生产模式,拥有千级无尘车间并大量引进高端精密设备,在产品制造过程严格依据ISO9001质量控制体系,确保交付产品的性能和质量。公司经广东省市场监督管理局授予广东省"守合同重信用"企业。

公司一直秉持"用激光服务大众"的理念,坚持与客户携手共赢的方针,通过产品、服务为客户创造价值。

○ 人物简介

深圳联品激光技术有限公司
总经理王军营

王军营,男,1978年出生,毕业于中国科学院长春光学精密机械与物理研究所,光学工程专业,硕士学位。2014年创立深圳联品激光技术有限公司,带领研发团队组建工程研发中心,现任公司总经理兼研发中心主任一职。从事激光行业十几年,主要从事激光器泵浦源的研发设计,对不同类型激光器的研发设计经验丰富,是国内激光器领域知名的企业管理者和激光器技术及应用的推动者之一;经深圳市人力资源局认定为深圳市高层次人才(地方级领军人才)。

○ 领军之路

一、实力团队，过硬专业

深圳联品激光技术有限公司（以下简称联品）成立于 2014 年，是一家致力于激光器的研发、生产、销售、技术支持及方案解决的国家高新技术企业。

激光制造技术是一门高新技术，与信息、计算机、机械模具、新材料、新能源等领域深度融合，将成为未来制造业的战略高地。技术出身的王军营非常清楚企业自主创新能力的重要性，也见过很多企业在浮躁的氛围中迷失自我，只重视营销、不重视企业的研发投入和品质管控，最后头重脚轻摔了跟头。联品要想在激光行业的路上实现领跑，就需要时刻重视核心技术的研发与掌握，时刻以品质为先。联品要想立于不败之地，就必须时刻把创新放在第一位。

中科院激光器研究领域知名专家檀慧明等一行莅临联品激光

在这种信念的支持下，王军营积极带动公司研发人员开展各项研发，积极拓展产学研合作。目前，公司已分别与长春理工大学、中国科学院苏州纳米所签订了互助、互利的产学研合作协议，充分有效地利用科研院所的研发成果，加速成果转化效率。另外，公司还专门聘请了来自中国科学院的激光器研究领域知名专家檀慧明作为公司的专家顾问，为公司的技术难点提供解决方案。

公司现已掌握了在光纤激光器、固体激光器、半导体激光器领域的国内先

进技术,公司产品涵盖光纤激光器、固体激光器、中低功率可见光激光器等各类激光器,波长覆盖 266 nm、355 nm、450 nm、473 nm、520 nm、532 nm、635 nm、650 nm、808 nm、915 nm、976 nm、1064 nm、1080 nm、1550 nm 等从紫外到红外波段,产品广泛应用于激光加工、激光医疗、科研等领域。

二、筑巢引凤,软硬设施齐全

注重公司研发人员的培养,特别是高级技术人才的引进,是联品立足激光行业的基石。一直以来,公司本着"核心技术是关键"的研发宗旨,在人才引进培养和研发设备投入上持续加大力度。

在研发团队的培养方面,公司设有独立的技术中心,由一名在激光行业具有丰富经验的工程师带领近 40 人组成技术团队。2016 年,承担深圳市技术攻关项目"高功率半导体激光器研发"。2018 年,承担深圳市技术攻关项目"高功率半导体激光光纤合束器及其配套器件研发"。在 2016 年至 2018 年的三年时间内,公司在研发队伍培养的投入高达 1000 余万元,申请专利 50 多项。

在设备投入方面,2016 年至 2018 年的三年时间内,公司共投入了 900 多万元从日本、德国等发达国家进口了如光纤熔接机、光纤涂覆机、光纤拉锥机、光谱分析仪、真空可控气氛共晶炉等高端设备,为公司产品核心技术的研发提供了坚实的基础。

为吸引人才,公司设立了股权激励、无息购房贷款等制度,并提供资金为员工的学历、职称与专业技能的发展提供保障。公司设立年终奖、项目奖、专利奖、季度优秀员工奖等多种措施提高员工的工作积极性。为丰富员工生活,每季度各部门均设有活动经费,公司每周举行两次微马健身运动跑,并组织羽毛球、瑜伽等活动。公司还为所有员工免费提供食宿。

三、用技术竞争,以实力抗衡

面对国外激光行业的对外扩张,联品也抓紧时间突破其技术壁垒,不断完善产品,提升质量。通过核心技术的突破,联品在方案上解决了目前市面上光纤激光器无法切割高反材料的局限性,完全解决了回返光对光路的影响问题,保障了产品性能的可靠性,拓展了激光切割、焊接等应用的广度,实现了核心器件的自产化。光纤耦合泵源模块能够自主封装耦合，并大规模生产，其功率段涵盖 10～200 W。合束器、Q 开关、隔离器、准直器、QBH、CPS 等核心器件均实现了批量生产，保证了光纤激光器的产品竞争力。目前，公司自主知识产权专利已达 50 多项，含发明专利、实用新型专利、外观专利及软件著作权。

关注市场的发展需求，同时关注激光领域的最新学术研究成果，联品逐步实现了公司产品在市场上的引领地位。基于联品对产品质量精益求精的不断追求，公司在 2016 年的销售额过亿，实现销售额翻番的目标。目前，公司的目标客户有 800 家左右，散布在全国各地，位于深圳的就有 100 多家。公司在华东、华南地区均设有办事处。

王军营一直强调，企业的竞争并不是跟同行的竞争，而是跟自己的竞赛，不断突破自己、不断提高自己、不断超越自己才能获得持续的发展。需求、成本、技术是一切产品的核心要素，作为一家激光器领域的实体企业，联品将在这三个核心要素上不断挖掘、探索，立志成为一家专业化的激光器提供商。处于高新技术领域的联品，本着"公司生命力与研发投入成正比"的原则进行运营管理。为实现更高的行业地位和销售收入，联品后期将持续注重研发的投入，从而保持公司核心技术的不断革新，为行业注入新鲜活力。

四、成绩是努力的见证，更是前进的动力

王军营经常跟研发团队说："联品于 2014 年成立，很幸运地赶上了国家产业升级的浪潮。公司虽然年轻，但核心团队都是激光行业内从业十年以上的资深人员，如果激光核心技术被国内从业者消化并掌握，对于核心器件交付保障以及成本控制等都有好处。核心技术的国产化将引发未来几年内国产激光器产业的大爆发，所以我们要时刻保持高度的紧迫感，尽早拿下这一块的市场。"

中国在光纤激光市场起步晚、发展快，经过国内厂家的努力，国产光纤激光器的市场份额在不断增长，应用领域越来越广泛，深度也越来越深入。当然，和国外厂家相比，国内光纤激光器产业在技术积累、质量控制方面还存在一定的差距，但国内厂家在各个方面提升很快，正在迎头赶上。

联品目前取得的成绩还只是万里长征第一步。当前，激光加工行业迎来了迅猛发展的浪潮，无论是光纤激光器、半导体激光器还是 CO_2 激光器在市场

的需求量都呈增长态势。从相对量来看,不管是从前几年的数据分析还是对整个行业未来几年的预判,光纤激光器的发展都最为显眼和迅速,市场份额不断增大。

激光器的要求越来越高,总体呈现为"四高一低",即更高的功率、更高的光束质量、更高的可靠性、更高的智能化,以及更低的价格。联品以服务客户、服务市场为本,积极响应市场的需求,不断加大研发投入。在应用方面,目前激光清洗、超快激光精密加工是新的趋势,正处于爆发的前夕,联品将不遗余力投入资源去满足当下以及未来的市场需求。

2018年,为满足生产需求,公司投入400多万元用于新厂房的装修,同时引进国外先进生产设备。现在联品已全部搬迁到新厂房,正按照销售额翻番的目标努力推进。

五、展望未来发展

对于未来发展,王军营也有自己的理解:"我们将专注于器件研发和生产,不涉及下游应用。公司未来将推出 10 kW 连续光纤激光器、超快激光器等一系列高功率、高可靠性、高智能化的新产品。联品目前正在通过互联网工具提升内部效率,尝试通过线上推广、线上互动、线上交易等工具提高营销效率。未来几年,我们会在国内外建立更多的分公司和售后服务网点用于市场拓展以及为用户提供更及时、更周到的服务,同时从上下游协作中获取建议,不断完善产品及服务质量。联品将朝皮秒、超快激光器方向发展,我们一贯坚持集成战略,我们有信心将联品打造成为具有核心竞争力的激光提供商,与客户携手共创价值!为智能制造尽一份力量!"

激光领军人物之陈刚

武汉吉事达科技股份有限公司

○ 公司简介

武汉吉事达科技股份有限公司(以下简称吉事达)是一家在新三板挂牌上市的武汉激光公司(股票代码:430402)。公司于2007年11月成立,秉持"专注于客户需求,持续创新"的宗旨,致力于为触控显示、半导体、新能源等生产企业集群提供具有竞争力的精密激光蚀刻、精密激光切割、自动化产线解决方案和服务。

公司技术团队由具有多年研发经验的激光光电子、机械制造专业的博士、硕士带领。2008年公司在国内首推电阻屏激光蚀刻系列,2009年主推电容屏激光蚀刻系列,至今已发展到第四代双振镜激光蚀刻系列、超大幅面激光蚀刻系列,以满足客户更细线宽、更大幅面、更高效率的加工要求。2014年底,应国内外大中型企业批量化生产的需求,公司在国内首家推出卷对卷激光蚀刻产线,并成功销往海外市场。2015年,推出激光蓝宝石切割整体解决方案,以响应蓝宝石在智能终端产品应用方面快速发展的需求。2016年底,成立沧州吉事达科技有限公司,布局超大幅面激光蚀刻设备,并推出国内首台可加工120寸(1寸≈3.3厘米)的双振镜激光蚀刻设备。2017年,推出全面屏超细线宽激光蚀刻及OLED/全面屏激光精密切割设备。公司现已拥有成熟的中小尺寸激光蚀刻、超大尺寸激光蚀刻、激光精密切割机、激光打孔、激光焊接、自动化产线等方案。

人物简介

武汉吉事达科技股份有限公司
董事长陈刚

陈刚,男,汉族,1971年11月出生,毕业于武汉水利电力大学(2000年合并为武汉大学)自动化控制专业,本科学历。1993年7月至2002年12月,在武汉特种变压器厂任实验室班长;2003年1月至2005年9月,在武汉众泰激光有限公司任固体激光技术负责人;2005年10月至2007年10月,在武汉格瑞特激光技术有限公司任总经理;2007年11月至今,先后任武汉吉事达科技股份有限公司总经理、执行董事/董事长,兼任武汉豪威拓投资管理有限公司执行董事。

领军之路

一、科技创新成就客户价值

武汉吉事达科技股份有限公司成立于2007年11月,是一家集高新技术企业、双软企业、瞪羚企业等各种荣誉于一身的企业,公司秉持"专注于客户需求,持续创新"的宗旨,致力于为触控显示、半导体、新能源等生产企业集群提供具有竞争力的精密激光蚀刻、精密激光切割、自动化产线解决方案和服务。

陈刚董事长领导的公司技术团队,由具有多年研发经验的激光光电子、机械制造专业的博士、硕士带领,多年来紧跟市场脉搏,不断推陈出新。为适应智能触控显示、半导体、新能源等领域正在发生的革命性变化及爆发式增长,陈刚提出了"生产一代、预研一代、储备一代"的战略性理念。吉事达的主要市场也从国内向海外进行扩张,并不断将激光精微加工应用向更多新领域进行延伸,协同海内外科研生产机构进行技术革新,提出有竞争力的解决方案,为客户带来高性价比的完美体验。

客户的需求是吉事达发展的原动力。吉事达坚持以客户为中心,快速响应客户需求,持续为客户创造长期价值进而成就客户。

二、每一段旅程都是吉事达人前进的动力

通过陈刚和公司员工的不懈努力,公司于2011年9月获得高新技术企业认证,同年11月通过ISO9001－2008质量管理体系认证。

2012年,公司在国内率先推出ITO/银浆蚀刻二合一机型,以满足单次加工更大幅面、更高效率的加工需求。同年,公司的"电容屏银线蚀刻机"通过了武汉市质监局检测中心型式试验报告,公司获得武汉市科技型中小企业技术创新基金项目。2013年,吉事达在激光行业中首家推出双振镜大幅面高效率ITO/银浆二合一机型,获得东湖高新区中小企业技术创新基金项目和国家科技型中小企业技术创新基金创新项目;被行业权威机构中国通信工业协会、日经BP社评为"2013触摸屏行业最具影响力十大创新企业"称号。

2014年,公司被评为武汉东湖新技术开发区第七批"3551光谷人才计划"企业,并获得湖北省科技支撑计划项目资金支持。

2017年,陈刚经过与时俱进的战略研究,与华中科技大学合作成立了激光微细应用研究合作基地、激光在脆性材料领域研究合作实验室。吉事达还获得武汉市科技局授予的"湖北省首批支柱产业细分领域隐形冠军企业"荣誉称号。

三、坚持以技术创新作为公司立足之本

陈刚从事激光行业二十多年,擅长于激光原理与应用,以及激光技术的推广,在新产品的开发上具有独到的见解,有较强的项目组织管理与协调能力,2016年被评选为"湖北省十大激光风云人物"。

陈刚坚持以技术创新作为公司立足之本,带领团队致力于激光装备制造技术研究和产品开发,主持了公司高速激光系列内雕机、ITO激光蚀刻机、银胶激光蚀刻机等项目,开发了一系列激光产品并投入市场,使公司获得了良好的经济效益和社会效益,同时获得了80多项自主知识产权。

四、占领全球超八成大触摸屏的加工市场

吉事达在陈刚的带领下,研发技术水平遥遥领先,在激光蚀刻领域中,吉事达占领全球超八成大触摸屏加工市场。

吉事达在整个触摸屏产业链中位居中游,主要解决ITO、银浆等材料的微电路成型蚀刻工艺问题。触摸屏表面是一层很薄的导电层,每块小屏里面有数百条线条,相邻的线条必须一一拼接,严丝合缝,精度要达到微米级别。吉事达开发的激光设备单次可达到170 mm的加工尺寸,然后用很多小块拼接成大屏,最大可以加工120寸触摸屏。屏越做越大,加工效率也需要同步提高。提高效率最有效的方法是增加激光头数。吉事达在国内率先研发出二头加工设备,目前已升级为四头,未来还要研发八头甚至更多。针对柔性屏、全面屏、OLED屏,吉事达不断开发出相应的激光应用设备。

吉事达目前已发展为集科研、生产、检测、营销为一体的科技型企业,本着以科技为先导,高起点、高标准起步,产学研结合的理念,公司成立之初即成立了研发技术部,拥有机械设计工程师、激光工程师、硬件控制工程师、软件设计工程师等30余人,其中博士2人、硕士5人,长期以开发激光加工技术在触摸屏行业的应用为方向,形成了一支稳定、精干、高素质的技术团队,被武汉市科技局认定为市级企业研发中心。

随着触摸屏技术的不断发展,对蚀刻精度(线宽/线距)的要求越来越高,印刷制程无法实现较高的精度,在使用上受到限制,而吉事达采用激光工艺的

蚀刻精度可以达到 40 μm 以下，足以满足边框银浆的蚀刻精度，具有较强的技术创新。

吉事达建立试验、检测、中试平台，场地面积 300 m²，仪器设备价值 400 余万元，公司近三年投入研发经费近千万元。在陈刚制定的发展战略下，公司与华中科技大学激光加工国家工程研究中心和华中科技大学武汉光电国家实验室建立了紧密的产学研合作，双方共享大型仪器设备，形成满足激光加工技术开发的试验、检测平台。

吉事达累计获得触摸屏 ITO 薄膜激光刻蚀设备、双工位触摸屏 ITO 薄膜激光刻蚀机、卷料自动送料激光刻蚀机、多振镜头激光刻蚀机、整体式多振镜头、用于吸附软质材料的吸附平台等发明专利 14 项、实用新型专利 16 项、外观设计专利 8 项、国家软件著作权 13 项。

五、十年磨一剑

回顾企业发展的历程，吉事达在陈刚的领导下多次荣获国家及省市行业协会颁发的技术创新证书和奖励，自主研发生产的激光蚀刻软、硬件获得 80 余项技术、实用新型专利。科技铸造实力，素质提升形象，吉事达在追求的道路上不断地为客户提供更优质、完善的服务，满足客户的不同需求。

陈刚针对激光技术与产业化的目前环境，为公司定下了未来五年的发展思路：以市场需求为牵引，在相关政策的引导下，深化开拓应用行业，强化自主创新，提升激光技术水平和系统集成能力，力争成为中国领先的激光技术解决方案提供商。

吉事达将保持与国际先进水平同步的技术发展态势，重点突破若干关键技术，针对激光刻蚀系列设备、激光切割系列设备建立行业共性技术研究平台；解决关键共性技术及配套设备的国产化、系列化、通用化、标准化问题。在企业现有基础上进行研究开发并实现产业化。

激光领军人物之陈晓华

自强不息,砥砺前行,成为世界一流激光产品制造商

北京凯普林光电科技股份有限公司

○ 公司简介

北京凯普林光电科技股份有限公司(以下简称凯普林)成立于2003年,注册资本6300万元,是国家高新技术企业,也是中国最早一批从事激光器研发并商业化生产的公司。公司以"用光创造美好生活"为使命,以"中国领先,世界一流的激光产品制造商"为愿景,十余年专注于高功率激光器件、激光系统研发及产业化,致力于高性能光纤耦合半导体激光器、光纤激光器、超快激光器等产品的开发与市场应用。产品线覆盖可见光到近红外波段,输出功率范围从毫瓦级至万瓦级,可提供高集成度的激光器件及系统。

公司有研发生产场地11000 m^2,拥有以海内外专家为骨干,以博士、硕士为主的研发团队百余人,其中5人入选北京市"海聚工程"。

目前,凯普林已囊括中国光电行业内几乎所有的半导体激光器产品奖项,多次荣获技术创新奖,科研成果和创新环境达到国内领先水平。凯普林先后承担或参与的项目包括2008年北京奥运大屏幕激光显示、2014年航天探索工程、2015年863激光材料重大专项、2016年北京市企业技术中心重点创新项目、2018年国家重点研发计划"增材制造与激光制造"专项。

为进一步拓展公司业务范围,同时响应绿色北京、京津冀协同的国家发展战略,2016年,公司于天津滨海新区设立天津凯普林光电科技有限公司、天津凯普林激光科技有限公司,分别从事高功率光纤激光器、超快激光器的研发与生产,目前规模300余人,产品得到国内外客户的高度认可。

随着国内及国际激光行业市场的不断成熟与发展,公司2018年销售额突破3亿元,产品出口到欧美、日韩等70多个国家和地区,年出口额超1000万美元,跻身全球具有影响力的激光器供应商行列。

● 人物简介

北京凯普林光电科技股份有限公司
董事长、总经理陈晓华

陈晓华,1974年出生,北京凯普林光电科技股份有限公司董事长兼总经理,中科创达软件股份有限公司董事。清华大学工商管理硕士,工学学士。在校学习期间,曾获清华大学优秀毕业生、北京市优秀毕业生等荣誉称号。曾担任国家863计划"高效泵浦源技术"课题组长及多项国家重点研发计划课题负责人,拥有数十项国内外专利。2019年带领公司入选工信部首批专精特新"小巨人"企业(北京市共五家创新型企业入选)。

陈晓华于1995年加入北京住力电通光电技术有限公司(母公司为日本住

友电气工业株式会社),先后任技术服务部工程师、部门经理。2000年1月至2003年3月担任北京巨创光电科技有限公司(母公司为美国 GTRAN 公司)副总经理。2003年3月起担任北京凯普林光电科技有限公司董事长兼总经理。陈晓华擅长光电子相关技术、企业管理、市场拓展,熟悉光电行业动态。经过17年的发展,在陈晓华的领导下,凯普林在半导体激光行业取得了亮眼的业绩。公司成功研发了808 nm 系列医疗用半导体激光器、830 nm/405 nm 计算机直接制版(CTP)用半导体激光器。2018年推出的 NX 高亮度泵浦源实现了200 μm 光纤输出1200 W 激光。拥有自主知识产权的1000 W 级稳波长泵源核心技术达到了国际先进水平,填补了国内市场的空白。

领军之路

一、初创心路

作为一个成功的创业者,当陈晓华被问起自己当初为何会选择创业时,他给出的答案是除了拥有一颗不甘于平庸和安逸的"不安分"的心之外,更重要的是此前他已在行业内积累了相当丰富的技术、经验和人脉,创业是水到渠成的事。

现如今的创业者们受益于国家"大众创业,万众创新"的良好创业环境,但在陈晓华创立凯普林的时候则没有那么幸运。在《全球创业观察(GEM)2003中国报告》中,中国的创业环境在37个 GEM 参与国中仅排名23,在创业资本的 GDP 占比、政府扶持政策、政府对企业支持的效率、创业教育及商业管理教育与培训、创业商务环境、科研成果的商业转化条件、知识产权保护等方面均落后于平均水平。陈晓华就是在这样的背景下开始了自己的创业历程。

当年,陈晓华以优异的成绩从大学毕业后,进入了北京住力电通光电技术有限公司,负责光纤参数测试仪、光纤熔接机、光纤光缆等产品的售后服务和技术支持工作。那个时候,公司的工程师们通常一周安排2次出差,每次去一个城市为客户提供技术服务。陈晓华则跟自己较劲:"虽然来得晚,但一定要比老工程师做得更好。"为了更快提高技术水平,陈晓华主动增加了自己的工作量,在每周的工作安排里他给自己安排了6次出差,基本上放弃了休息时间。那时的陈晓华在同事们眼里就像一个上满劲儿的发条,不知疲倦地运转。在高强度的工作下,陈晓华的技术进步飞快,并且积累了非常丰富的经验。而他的努力也获得了应有的回报,短短两年时间就升为技术服务部经理,成为公司最年轻的部门经理。

尽管进步飞快,但日企能提供给陈晓华的上升空间有限,于是他开始思考自己的未来。2000年,美国硅谷光通信领域技术领先的GTRAN公司在中国成立分公司,硅谷企业领先的技术、创新的思维、快速的迭代能力吸引了陈晓华,他随即加入了这家新成立的公司担任副总经理。三年后,陈晓华不甘心把自己的未来定格于外企职业经理人,在权衡了眼下的安稳和未来的风险后,他决定辞职开始自己的事业。在他提出离职的时候,周围的亲人、朋友纷纷劝阻,在大家看来,公司一直都很器重陈晓华,不论是他出色的才能,还是勤奋的品质都得到了公司上下的认可,而辞职创业将面对很大的风险和不确定。经过多次推心置腹的谈话后,陈晓华终于得到了大家的理解、勉励和支持。

而辞去了在别人眼里稳定、收入不错的工作后,陈晓华没有给自己丝毫懈怠和休息的机会,立马投入到新的事业上。

二、航向选择

外企的经历让陈晓华看见了通信行业的庞大市场,于是他借着自己的技术和经验,于2003年3月成立了北京凯普林光电科技有限公司。陈晓华靠着自己的积蓄和朋友的支持,半年之内筹集了一百万的注册资金。

在摸索成长的过程中,陈晓华发现,虽然国内通信市场活跃,但通信行业所用的激光器都由国外企业提供,国内没有替代品,因此价格非常昂贵。这让陈晓华萌生了打破国外垄断、自己做通信激光器的想法。

那时国内通信用半导体激光器的市场庞大,华为、中兴等通信企业的发展给小功率半导体激光器带来了巨大空间。但经过几个月的尝试,陈晓华在这一市场遇到的困难远远超过想象。当时通信激光器发展较为成熟,行业准入门槛高,国外企业牢牢控制上游产业和核心技术,凯普林迟迟未能打开市场。面对日渐萎缩的现金流,陈晓华心急如焚,他既担心资金来源,又担心公司的出路,寝食不安。幸运的是,经过数月奔波之后,他发现了另一个机会。

当时,大功率半导体激光器的工业应用已呈现良好的发展势头,但耦合封装市场却被少数几家美国公司垄断，国内企业在市场上还是空白。陈晓华认为，这是一个最适合公司突围的机会。经过几轮会议之后，几位合伙人达成一致意见，带领凯普林进行转型，转向半导体激光器的光纤封装市场，致力于实现光纤耦合的半导体激光器的量产。

三、生存，生存，生存

公司成立之初，如何生存下去是最大的问题，那时候陈晓华最关心的就是如何获取订单维持公司运转。21世纪初，国内激光器的应用较少，大多数客户都在海外，陈晓华也更多在海外市场上发力，时刻盯着在华外企的动向。

凯普林成立之初，经历了一年多的"入不敷出"时期。有一天，陈晓华偶然得到了一个消息，一家美国的激光医疗设备商将从国内采购大量激光器。当时凯普林的激光器虽具有一定的竞争力，但并不是该客户的备选，因此他一直试图联系上这个客户，向其推荐自己的激光器。

一开始考虑到时差问题，陈晓华坚持每天给客户发邮件、传真，但所有的邮件与传真都如泥牛入海、杳无音信。陈晓华意识到这个方式行不通，还是得打电话。为了解决时差的冲突，陈晓华每天早上起床后的第一件事就是打电话，晚上睡觉前又打一次，虽然每次电话那头响起的都是"嘟嘟"声，但他还是执着坚持着。如此反复一个多月，大洋彼岸的电话终于接通了！陈晓华按捺住内心万分的激动，抓住机会，诚恳地向对方介绍了自己的公司和产品。在和客户取得联系后不久，客户就到凯普林进行了考察。考察过程中，陈晓华执着的精神、专业的技术水平，以及凯普林优质的产品和服务终于打动了客户，为凯普林赢得了第一个1000万元的订单。

拿下大单的陈晓华很高兴，决定组织公司20余名员工进行一次春游。但那时创业早期的100万元早已所剩无几，为了维持公司运转，哪有更多的钱花在"玩"上呢？就这样春游计划只好一再地往后延。一直等到秋天客户账款到账，这次"春游"才终于成行。

实际上，在大订单到来之前，凯普林的核心成员中也有人感觉未来渺茫，心生退意。面对人心的波动，陈晓华一直坚持着"打造中国领先、国际一流的激光产品制造商"的目标，身先士卒，奋斗在第一线，最终稳定了人心。

尽管那时的凯普林没有名气，没有口碑，但公司一直坚持以通信行业的质量标准进行生产。通信行业对产品寿命的要求是 20 年,工业领域的要求则是 3 年。凯普林以通信行业的标准做工业产品,使其产品在质量上达到国际水准,但其价格却可以媲美国产产品。巨大的性价比优势、贴心的服务和产品的高度定制化,给客户带来了非常好的体验,凯普林最终获得了欧美客户的认可。

四、越战越勇,逐渐成长

获得客户的认可后,凯普林的发展越来越顺利。但在 2008 年,突如其来的金融危机给凯普林带来巨大的冲击,出口订单大幅度减少。当时的国内市场对激光器整体需求不大,也更青睐国外产品。陈晓华在这个时候又做出了一个重大的决定,他要逆流而上,借着金融危机打开国内市场。

凯普林的第一个国内合作伙伴是杭州的一家印刷设备厂。当时国内印刷企业刚开始投入 CTP 技术的研发,陈晓华决定采取"先服务,后销售"的策略,利用自身在激光技术上的优势,从选型到样机制作,一直陪着客户做研发。当时美国 JDSU 等国外企业也对这个客户志在必得,但凯普林团队精湛的技术和细致的服务打动了客户,最终从众多竞争对手手里抢到了订单。随着产品受到市场认可,凯普林的名声也在国内响了起来。此后,创鑫激光、锐科激光等致力于激光器国产化的企业也开始与凯普林合作,凯普林的国内市场就此打开,完成了从出口向内销的转变。

随着公司不断壮大,早期的经营理念已不足以适应公司发展的速度。陈晓华想:"靠服务、靠质量是凯普林生存和创造价值的根本,这些永远不能丢弃。但企业要走得更远,还需要有企业文化和健康的价值观。"早在凯普林成立之初,陈晓华就定下了成为"中国领先、国际一流的激光产品制造商"的愿景,此刻他又提出了"以奋斗者为本"的企业核心价值观。

企业文化的形成,增强了凯普林内部的凝聚力,也提高了凯普林团队的攻坚意识。陈晓华说:"在企业持续发展过程中,产品会变,市场环境会变,客户也会变,但只有企业始终坚持践行正确的价值观和信念,才有可能走得长久。"

陈晓华对人才的引进和培养也极为重视。在人才战略上,陈晓华认为首要考虑的是对凯普林企业愿景的认同,即成为"中国领先、国际一流的激光产品制造商"。在此基础上,他提出了人才的行为准则:"实事求是讲真话、勇于担当负责任、全力以赴拿结果。"只有志同道合的人,只有从内心深处认同公司的理念和行为准则的人,才能真正理解公司战略,真正落实公司的每项计划。

而在人才的战术层面,凯普林组建了"本科—硕士—博士"的人才梯队,让每个人的能力得到充分发挥。目前,凯普林已从海外引进了 5 名"海聚工程"专家,从国内吸纳了十多个博士,形成了一支高技术水准的研发团队。此外,公司每年还会招收数十名应届生来完善研发、应用的人才梯队。目前凯普林研发团队的人数有一百多人,超过总员工数量的 20%。公司每年在研发方面的投入超过销售收入的 10%。

五、憧憬未来,前瞻布局

近年来,国内激光器市场迎来大发展,激光设备厂商、激光器制造商千帆竞发,市场规模迅速增长。随着企业实力增加,部分企业已开始由上、下游扩展,走上了产业链整合的道路。陈晓华也看到了机会,他带领凯普林开始第三次转型:从激光器封装转向生产激光器。

对于第三次转型,陈晓华谈了三点原因:"一是因为以前的大客户开始往上游发展,公司业务量减少;二是因为激光器市场巨大,凯普林要壮大也需要向下发展;三是激光行业整体发展较为乐观,具备转型的外部条件。"在内部条件方面,凯普林做激光器封装十年,积累了丰富的制造经验和上下游资源,已具备激光器的研发、生产和质量管理平台。此外,凯普林为这次转型进行了外部融资,做足了资金储备,从高校、研究所引进大量科研人才,在人才储备上也做足了准备。

天津凯普林新建厂区效果图

除了产品转型之外,陈晓华也对半导体激光器进行了一些前瞻性布局。陈晓华认为,未来三到五年内,半导体激光器不会出现革命性的技术变革,未来几年半导体激光器的发展方向在于提高产品稳定性和性价比。而半导体激光器的应用领域,则很可能在特殊材料加工上有所突破。与光纤激光器相比,半导体激光器的光电转换效率更高、使用成本更低、特殊材料的吸收效果更好,但其激光光束质量不适用于切割应用,因此,应在焊接、熔覆等应用上发力,争取大的发展空间。

基于这样的预判,凯普林布局了标准化生产平台,致力于实现低成本、高质量、高可靠性的激光器产品的量产。陈晓华认为,凯普林要成为一个好的技术转换器平台,将技术成果转换成高质量的产品,而标准化生产平台的意义就在于实现高效率、高品质、高稳定性的转换。为了实现这一转换职能,凯普林改善了生产工艺流程,提高了加工工艺技术,对生产线进行了扩产,对各种原材料的可靠性进行了认证等。

此外,校企合作也是凯普林前瞻性布局的重要一步。凯普林与清华大学、北京工业大学、天津大学等高校就激光器的研发和应用方面积极地进行合作,例如针对某些项目与高校共同申请课题并参与课题的研究、共同开发新产品、共同解决一些基础技术问题等。将高校的一些科研成果在凯普林的平台进行转换,一方面能使理论研究成果具有实用性,另一方面也能为公司带来更前沿的技术。凯普林还联合其他科研院所积极承担国家863计划、科技部重大专项研发计划等。

谈到如何保持在业内的领先优势,陈晓华认为战略上的关键在于好的企业文化和目标,战术上的关键是标准化生产平台的搭建。这一平台实现了"成本控制"和"质量控制"两个要素,这是未来凯普林产品性价比的保证。另一关键则是不断投入新技术,紧跟激光器的发展趋势,吸引更多人才,保证研发队伍的竞争力。

(引自 OFweek 激光网)

激光领军人物之王锋
从学者到优秀企业家的华丽转身

武汉凌云光电科技有限责任公司

○ 公司简介

武汉凌云光电科技有限责任公司是国家高新技术企业,国家半导体激光高技术产业化示范基地,湖北省3C电子制造激光精细加工工程技术研究中心,湖北省省级创新型试点企业,东湖高新区"瞪羚企业"。公司技术团队被湖北省委组织部评为"省级自主创新团队"。公司先后承担了国家发改委、国家科技部、国家工信部、湖北省科技厅、湖北省发改委等各级政府多项研发和产业化课题。目前,公司拥有各项技术专利80余项,是国内在3C电子制造激光精细加工领域中拥有专利技术最多的公司之一,是国内先进3C电子制造激光精细加工领域的倡导者和领先者。

公司始终秉承"以人为本,品质卓越,顾客满意,持续创新"的企业理念,与国际先进技术同步发展,竭诚为用户提供一流的产品和服务。

〇 人物简介

武汉凌云光电科技有限责任公司
CEO 王锋

王锋,男,1970年出生于江苏省泗洪县。中国科学院上海光学精密机械研究所理学博士,北京大学人工微结构和介观物理国家重点实验室博士后,德国柏林工业大学光学研究所"洪堡学者",武汉理工大学产业教授,苏州大学客座教授。现任武汉凌云光电科技有限责任公司CEO,中国光学学会理事,中国光学学会激光加工专委会常务委员,武汉市激光行业协会副会长。入选武汉东湖新技术开发区"3551光谷人才计划",被评选为湖北十佳科技创业人才,东湖国家自主创新示范区十大中青年科技型企业家,武汉市十大杰出创业家,武汉市优秀企业家,湖北省科技创新领军人物,湖北省优秀企业家。

〇 领军之路

一、首次创业

2000年,作为"洪堡学者"正在德国从事博士后研究的王锋结识了华中科技大学的朱晓教授,得知了武汉建立"中国光谷"的消息和武汉澎湃的激光产业创业势态。这点燃了王锋的创业激情,他当即放弃了赴美国知名大学当教授的机会,接受了国家大型军工企业——武汉凌云科技集团伸来的橄榄枝,于2001年春天风尘仆仆,不远万里携家带口从柏林直接赶到了武汉,创办了武汉凌云光电科技有限责任公司(以下简称凌云光电)。当时武汉光谷成立不久,国内激光技术与应用刚刚起步,一切都是全新的感觉,充满着机会也充满着挑战。公司最初的10人团队点燃了激情燃烧的岁月,不分昼夜忙碌。2001年国庆节期间,系列20～30 W光纤耦合半导体激光器技术取得突破并实现了产业化,很快填补了国内多项空白。当时,瓦级以上的光纤耦合半导体激光器都需从德国、美国、日本等国家进口。凌云光电的产品一经推出,就迅速占领了国内的科研市场,公司品牌在行业内初露头角。

2002年,按照武汉凌云科技集团的部署,凌云光电技术开发向军用市场延伸,承担了总装多项新品项目。在半导体激光技术的基础上,经过反复研究和试验,凌云光电成功研发出了军用高重频被动调Q固体激光器装置,在军用激光制导和激光干扰领域得到了初步的应用。

全固态激光器是半导体激光技术的延伸和应用,是当时的研究热点,而灯泵激光器是当时产业界的主流固态激光器。凌云光电顺势而动,先后研制出了连续2 W绿光、1 W蓝光、10 W主动调Q红外等系列端面泵浦激光器。这在当时国内均为最高的输出指标,特别是连续1 W蓝光激光器,为当时国际上最高功率。

系列产品展示

然而,一个尴尬却又典型的问题出现了:输出了国际最高功率的1 W蓝光激光器成本很高,用户很少。王锋和他的研发团队陷入了深深的思考当中。他们忽然认识到,在当时工业界的主流固态激光器还是灯泵激光器的形势下,他们研发的激光器其工业应用市场尚未形成。在当时,不论是大功率光纤耦合半导体激光器,还是全固态激光器,都还只是科研单位研发的对象。王锋想:"我们是不是激情高涨地做了一个学者想做的事情而忘掉了市场?"

在一次国际展会上,王锋欣喜地发现,国外有数家公司把半导体激光技术应用在医疗微创治疗中且反响热烈。这启发了王锋,医疗正好可以用到公司的半导体激光技术。王锋说干就干,很快组建了医疗项目团队,对产品目标、产品输入、时间节点一一确定,并将产品命名为"SurgiLas 外科激光"。从项目立项、单元技术集成、工程化样机、稳定性测试、产品开模到小批量研制,王锋带领团队一步一个脚印,产品最终通过了国家医疗检测中心的检测。看到医生用他们研发的产品通过微创手术将第一例椎间盘突出的病人成功治愈后,王锋和团队成员们热泪盈眶。

半导体激光治疗仪

随后,公司完成了 ISO9001 认证和 ISO13485 认证,该款半导体激光治疗仪获得了国家 CFDA 批文。出口版本的 DioLas、DenSmile 也顺利完成研发,先后拿到了 CE 认证和 FDA 认证。近千个日日夜夜的努力终于有了回报,国内订单、出口订单源源不断。随着医疗事业风生水起,公司迎来了首轮快速发展,王锋也实现了从学者到企业家的蜕变,并在 2005 年被评为"首届武汉市十大优秀留学人员"。

二、二次创业

2006 年,武汉凌云科技集团为强化军品、保障主业,对非主业资产进行了资产回收和股权剥离,凌云光电也在其列。没有了集团的支持,公司一下子面临无土地、无厂房、无资金的"三无"艰难局面。望着一起奋斗的团队伙伴们期许的眼神,王锋心中的使命感油然而生,他毫不犹豫地选择了挑起肩上的重担,扛起了二次创业的大旗。在武汉东湖新技术开发区领导的关怀和社会资本的支持下,一年多后,公司挺过来了,并在开发区建设了独立的凌云光电产业园。

生存问题解决了,发展的问题又被提上了日程。

当时的医疗市场需求有限,一家医院一般只会购买一台治疗仪,而且一台

设备可以用好多年,因此单款医疗业务要做大很不容易。那怎样才能快速发展呢?王锋不断地思考和探索。

当时激光行业中发展迅速的公司其业务基本都集中在激光加工方面,而激光加工除了打标外基本上都是宏加工市场,主流激光器是 CO_2 激光器和灯泵系列激光器,大量的应用集中在金属的切割、焊接和打标。在这个并不宽广的应用领域里,竞争也日益激烈。而凌云光电的激光器并不适合宏加工,在这个领域里没有任何技术、经验等方面的积累,怎么办?王锋的思路集中在当时还不明确的微加工方面,尽管《Laser Focus World》预言在不久的将来微加工市场迅速发展并将赶超宏加工的市场容量,但是微加工的潜在应用市场具体在哪里呢?

围绕这些思考,王锋开始马不停蹄地参加各种工业与电子的展会展开调研。功夫不负有心人,在2007年的两次展会上,先是日本TDK集团看中了凌云光电的半导体激光技术,要求凌云光电开发用于精密电子产品的激光精细固化设备;然后是富士康看准了凌云光电研发的调Q固体激光技术在电子线材精细剥切中的应用潜力,要求公司开发出替代英国进口设备的产品。光亮在王锋的眼前闪烁。当时智能手机和智能数码产品在国内刚刚兴起,而中国作为世界工厂的地位亦越来越稳固,精细微加工的机会就在眼前!王锋当即确立了凌云光电的定位:3C电子先进制造的激光精细加工。

2008年是凌云光电的转折之年。公司定制的半导体激光精细固化设备顺利通过TDK集团的严格测试,并获得了批量订单。为富士康开发的固体激光剥线机项目也传来捷报,客户完全满意此次开发,并评价产品性能优于国外设备。富士康随后与公司签订了批量采购合同。看到团队成员一个个欢呼雀跃,回想起多少个日日夜夜的坚守和坚持,王锋忍住激动的眼泪,再次露出了久违的笑容。

在王锋的带领下,公司终于再次走上了发展的快车道,启动了激光精细锡焊、线材精密处理成套解决方案、膜层精密去除等精细加工项目。2008年年底,王锋获得"武汉市十大杰出创业家"称号。

三、奋力前行

2009年起,王锋把公司的战略聚焦为:成为国内3C电子先进制造激光精细加工设备及解决方案的核心提供商,成为国内 3C 电子先进制造激光精细加工领域的倡导者和领先者。为实现并巩固战略目标,凌云光电进行了大刀阔斧的改革,王锋对公司进行了股份制改造,稀释了自己的股份,引进战略投资人和职业经理人,并实现骨干员工持股。经过市场应用调研和论证后,王锋又对公司技术方向和产品线做了重新调整与合理规划,不仅让公司在管理水平和技术路线上上了一个崭新的台阶,也让公司脱胎换骨,公司上下充满了新的凝聚力和战斗力。

精细加工设备展示

随后公司在激光剥线、焊锡、固化、定制自动化等消费电子应用上新产品不断,新技术发展迅猛,先后获得 80 多项国家技术专利。王锋亲临市场一线,与重要客户进行技术方案和商务合作的面对面交流,足迹遍布国内长三角、珠三角、京津唐,以及国外东南亚、欧洲等地。公司规模不断扩大,2017 年凌云工业园的总建筑面积达到了 43000 m²,2018 年公司员工从最初的十几人发展到了近 200 名。十多年来,王锋入选武汉东湖新技术开发区"3551 光谷人才计划",被评为湖北十佳科技创业人才、东湖国家自主创新示范区十大中青年科技型企业家、武汉市优秀企业家、湖北省科技创新领军人物、首届湖北激光十大风云人物、湖北省优秀企业家。

宝剑锋从磨砺出,梅花香自苦寒来。王锋,这位德国回来的海归学者,成功实现了从学者到企业家的转身。目前,凌云光电已经形成了涵盖激光器、激光装备和系统解决方案的完整服务链,可为用户系统提供系列激光精细连接(锡焊、熔接焊、胶固化等)、激光精细消融(切割、打孔、剥线、去漆、去膜等)、激光精细标记等精细制造激光装备,在线束精细加工、PCB 板加工、电子元器件加工、光纤连接器加工、手机制造、电脑制造、半导体封装等应用领域形成了近 80 种型号的系列产品,并成功服务于国内外主要电子产品制造商。作为 3C 电子制造激光精细加工领域的领先者,公司激光技术和装备处于国际先进水平,并在富士康、TDK、住友,以及苹果的主要代工商、希捷的主要代工商等公司得到应用,其设备技术先进、工艺成熟,客户满意。

凌云光电一直秉承"为客户研发,和客户一起研发,到客户处研发"的务实合作的研发理念,脚踏实地在3C电子先进加工领域取得了一系列令人骄傲的成绩:2007年,推出国内首套精细剥线设备;2009年,推出国内首台PCB激光锡丝锡焊机、国内首台精细锡球焊接机和国内首台锡膏高速锡焊接设备;2010年,推出国内首台激光去漆机;2012年,推出国内首台LD泵浦固态激光熔接焊接机;2013年,推出国内首台FPCB焊接机;2015年,推出国内首套金属-塑料精细焊接机、国内首台通信光纤免抛光切割机;2017年,推出国内首台金属超薄箔片熔接机;2018年,推出国内首台锡环全自动焊接机、植球全自动焊接机。

公司科研实力雄厚,其研发技术团队被湖北省委组织部评为"省级自主创新团队"。公司工程技术中心现有博士、硕士和中级技术职称以上人员50多名,其中3人入选武汉东湖新技术开发区"3551光谷人才计划"。工程技术中心还被湖北省科技厅和湖北省发改委认定为"湖北省3C电子激光精细微加工工程技术研究中心"。该中心同国内外多家著名研究机构及企业建立了技术和战略合作关系。在华东、华南、华中等地以及越南等地有多个办事处、服务部和子公司。

公司在技术创新的同时,重视知识产权的规范化建设。公司被湖北省知识产权局认定为"知识产权先进示范企业"。目前,公司拥有专利80余项,先后获得国家专利优秀奖、湖北省专利金奖等。

凌云光电将继续秉承"以人为本,品质卓越,顾客满意,持续创新"的企业理念,砥砺前行。

激光领军人物之徐强

用激光迈向全球

广州创可激光设备有限公司

○ 公司简介

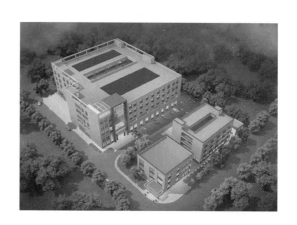

广州创可激光设备有限公司(以下简称创可激光)隶属于广州新可激光设备有限公司,致力于高端3D光纤、高功率CO_2以及紫外激光打标机的研发、生产与销售,满足市场对先进打标设备的需求。

创可激光的打标系统融合了多年的行业经验和行业应用知识,在皮革、卡纸、纺织、手机、智能家居、LED照明等行业拥有深厚的经验,拥有极高的市场占有率。拥有自主知识产权软件,以及机械设计和多年激光打标机领域研发经验,在激光标刻、激光加工、激光深雕等领域拥有深厚的理论知识和相关的工艺实验背景积累。

创可激光与德国罗芬激光、IPG激光等行业巨头建立了战略级企业技术合作。与广东省机械技师学院、华南师范大学合作,成为广东激光加工技术产研结合示范基地的依托单位,拥有强大的技术研发后盾。创可激光是广东激光行业协会理事单位,广东机械技能联盟理事单位,广东领航100青年领军企业。

人物简介

广州创可激光设备有限公司
总经理徐强

创可激光一直专注于3D激光设备的研发和应用,是国内3D激光应用领域的先行者。创可激光始终以"成为国际一流的激光公司"为目标,秉承"惟精惟一,持续改善"的工匠精神,坚持"首先卖信誉,其次卖产品"的营销理念,为发展中国的激光事业持续的努力。

创可激光总经理徐强是工业激光设备领域知名企业家,广东省激光行业协会副会长,湖北省激光行业协会副会长。徐强长期从事激光技术应用及智能自动化产线研究,曾获多项国家发明专利,承担过多个重大科技专项的研发,并且先后走访过美国、德国、日本、韩国等国家,潜心学习在激光打标工艺研究及精密加工行业应用方面经验丰富。2004年成立创可激光,致力于为我国工业制造领域提供全面的激光加工设备解决方案及高端智能自动化装备。

领军之路

一、创业故事

徐强于2004年10月在广州创立了创可激光,一开始公司是以激光加工为主的企业。在经过一年多加工经验的积累和与客户的接触了解后,徐强逐步对设备进行研究改造,并决定将公司转型。在2006年,创可激光转型为设备制造商,徐强给创可激光制定的长远目标是:成为国际一流的技术研发型企业。为了达成这个目标,创可激光踏上了激光研发的道路,并一直在这条道路上不懈奋斗着。

徐强创业时国内激光行业已经充满着无数的竞争与挑战,但是他坚信,在竞争与挑战中才能检验自我。

当时市场上的激光设备主要来源于国外,虽然国外设备售价高,但是国内研发起步较晚,技术尚未成熟,所以大部分用户更倾向于选择性能更稳定的国外设备。转型后,创可激光便也开始研发激光设备,研发的第一台设备是菲码专利激光打标机。该设备基于国外的技术与国内市场的应用反馈,将问题总结并加以解决,于2007年推出,并成功应用在药品、食品包装上。该设备的推出标志着创可激光开启了研发之路,也是迈向目标的第一步。

二、挑战与前行

随着第一台设备的成功推出,徐强开始向更多行业去探索,他打算把激光应用于各行各业,所以他不断地去了解新的市场。

创可激光没有局限于小功率和小范围的开发,而且接着又研发了大功率设备。当时,皮革行业具有很大的市场潜力,存在巨大的商机。徐强于是以皮革作为基础展开研发,在2008年推出了大功率皮革雕花机,并将于产品成功推向市场。

在推广的过程中,面对客户不能满足于目前的加工效率,以及设备还有待改进的问题,徐强没有选择回避。尽管研发需要投入的成本很高昂,然而徐强还是毫不犹豫地将所有费用投入研发,不断优化产品性能。因为他知道在走向目标的道路上,会有无数个问题需要去解决,如果一遇到问题就避开,将永远无法实现他的目标。于是创可激光开始寻求更完美的解决方法,不断对国际技术进行学习与创新。

三、颠覆性的影响

设备的研发既要灵感又要不断地琢磨,在大功率皮革雕花机的基础下,徐强对公司的设备不断改进升级,以满足客户的需求。在徐强的眼中,研发之路是自己选的,顾客的赞许是研发设备的最大动力。顾客对设备有什么需求,公司接下来就要考虑研发什么,这就是创可激光不断发展的原动力。创可激光在 2008 年再次成功推出三维动态激光打标机。当时市场上激光打标设备的打标范围只有 400 mm×400 mm,而创可激光的设备配有自主研发的三维动态系统,使打标幅面达到 600 mm×600 mm。该设备不仅应用于皮革行业,还广泛应用于卡纸、木盒、石材等行业,成为创可激光产品形象的标签。

四、不断突破

2011 年,广告 TV 行业兴起,创可激光跟随时代发展,推出了导光板激光网点机,该设备解决了传统丝印打版费用高、易褪色及环境污染等问题,被广泛应用在广告 TV 行业。

经过多年累积的经验和基础,创可激光在 2012 年成功申请了数项发明专利,这证实了创可激光的研发实力,给予了创可激光研发团队一个巨大的鼓舞。

随着市场不断发展,市面上很多客户需要应用曲面雕刻。当时曲面雕刻技术是用旋转实现的,会出现拼接痕迹,还有很多不规则的曲面,因此无法满足客户的需求。徐强带领着他的研发团队借鉴、改良、创新,沉寂了一年多的时间,终于在 2014 年推出第一台 3D 激光打标机。在这次创新中,公司也打造出了以机械设计、光路设计、软件设计为主的研发团队。

五、超越自我

创可激光从推出大功率三维动态激光打标机后,经过不断的改进,技术已然达到客户需求。2018 年,创可激光又推出了新一代的 CO_2 激光打标机:超级打标机,它搭载了 2.5 英寸(1 英寸=2.54 厘米)光学聚焦系统,聚焦光斑比普通打标机小 40%,能量提升了一倍,切割能力成倍提升。产品采用德国全数字控制卡技术,控制驱动能力更强,抗干扰能力更好,其优良的性能可以说重新定义了激光打标机。

创可激光不仅推出了超级打标机,还研发了超级切割机。超级切割机搭载了创可激光最新研发的高速直线电机驱动平台,采用 3D 切割头结合动态聚焦技术,通过大小平台的相互配合,实现了高达 30G 的加速度,是传统龙门式切割机的 20 倍,并能实时进行大范围高精度切割,其最大范围可达 900 mm×600 mm,主要应用于皮革、卡纸、布料类产品的镂空与穿孔。

六、走向国际

创可激光在国内市场有了一定的经验及积累后,徐强并不满足,又去渗入新的市场。从 2008 年创可激光通过 CE 认证和 FDA 认证的那一刻开始,徐强就准备让创可激光迈向国际市场。

当时,国际上对中国激光产品的评价是低端、粗制滥造等。徐强一直保持初心,不气馁。凭着一份不服输的决心,他想让全世界知道,中国激光产品,也是有创新、有追求、有品质的高端产品。经过不断的接触,徐强得出结论,客户最注重设备的安全性、功能性及操作的便捷性,无论发达国家还是发展中国家,他们的关注点都是一致的。创可激光为了能符合国际市场的需求,在标准设备上外加了安全防护罩。安全防护罩虽有一定的安全防护作用,但是可能会导致人在设备运行时开门被误伤或开关门不方便等情况。创可激光通过一次次的改进最终将问题解决。

2016 年,为了加大市场的推广,徐强想研发像打印机一样小巧的激光打标机。当时,市面上普遍使用的是带电柜型设备,占据空间大且各品牌打标机的外观基本一致。于是他开始琢磨如何使设备整机一体化,将各功能模块全部集中在一个小巧的空间内,却又能保证打标机的打标范围。经过半年的时间,公司推出了第一台 MINI 打印机,整机体积为 0.226 m^3。经过一次次整体改进,MINI 打印机的体积进一步减小到 0.171 m^3,并带有电动升降、自动对焦、照明、光闸感应等一体化设备。随着在国际市场的推广,MINI 打标机得到了国外客户的认可,供不应求。

虽然对 MINI 打标机的成功也感到很欣慰,但徐强觉得打标机还有提升的空间。有一天,他对着公司的小型打印机进行研究。打印机小巧、塑料模具铸造、扫描打印一体化,他突然有了个大胆的想法,做一个塑料外壳的激光打标机,摒弃传统的金属外壳,真正让设备实现轻量化。他给这款设备取名为 TASTE,TASTE 的中文翻译是品味,他想要这款产品成为符合国际品味的高质量产品。研发团队对于他的想法很是惊讶,但是跟随他多年,也了解他的秉

性,他追求完美、注重细节。但是大型塑料模具并非想象中那么简单。塑料模具成形,表面的磨砂度和亮度均匀性很难控制,而且塑料成形后,时间久了会变形。徐强不断请教模具厂家或有经验的师傅,然后对设计和制造工艺进行改进。为了避免模具生产出现问题,他要求设计工程师到供应商那边驻厂监控质量,公司生产人员对到货产品的每个细节进行监控,对不合格的产品坚决拒收,以保证产品质量与外观的完美性。

七、眼里容不下瑕疵

由于 TASTE 已经对国外客户进行预售,部分客户急着要货,生产人员为了能及时交货,在验收模具外壳时,把几个勉强能用的模具外壳也留下来了。徐强每次到公司都会上生产线看设备情况,这几个模具外壳刚好被他发现了。他对员工的这一举动很不理解,认为次品不能卖给客户,他第一次发火了,当场将不合格的设备砸了,并将所有生产人员批评教育了一顿。从此以后,所有员工都明白他对 TASTE 的要求很高,眼里容不下瑕疵,所有员工都认真生产、验货,仔细做好每一步。TASTE 的成功不仅靠徐强自己坚持,也靠每一个员工的支持。这奠定了创可激光对产品研发和科技的追求、对品质的要求、对艺术的向往。

创可激光的产品敲开了国际市场的大门,在各个国家的展会上展示并获得认可,向世界证明了中国的激光产品迈上了一个新的阶梯。随着创可激光在激光市场的好评率不断提升,徐强也在思考如何树立公司的国际品牌形象。他不断地去世界各地参加展会,取其精华,弃其糟粕,不断优化公司的产品,使其更加符合国际潮流。目前,公司在全世界有了 50 多个供应商,国际上对创可激光设备称赞不绝,这也是创可激光走向国际市场,打造国际品牌的一个奠基石。

八、唯才是用,重视人才

设备的研发需要人才,创可激光不断地发掘人才,唯才是用。公司与华南师范大学、广东技术师范学院、昆山市工业技术研究所等院校及科研院所都有深层次的合作。公司于 2015 年与广东省机械技师学院创建了校企合作班,不仅解决了学生就业的问题,也为企业人才储备带来了强大的后盾。创可激光一直在培养和招纳贤才,徐强始终坚信只有不断创新才是不变的真理,只有好的产品才能得到客户的认可。而好的产品需要更多的专业技术人才。目前,创可激光拥有一批在激光领域从业超过十年的光学、机械、电子、软件开发的精英,积累了大量自主知识产权软件,以及机械设计和激光打标机领域研发经验。

九、创造未来

创可激光 2017 年实现了产值翻一番的目标,这主要得益于海外市场的迅猛发展。公司已经成功在 50 多个国家和地区打通了销售渠道,销售网络遍及全球。

徐强计划在未来十年里投入更多的研发力量,实施更多的研发项目,研究更多智能化、自动化的激光应用解决方案。创可激光将自建 30000 m^2 智能制造工业化厂房,新厂区预计 2020 年正式投入生产。厂区位于广州空港经济区,依托广州白云国际机场与广州北站,将充分发挥交通便利所带来的优势,建造成为集现代化生产中心、研发中心、仓储中心、产品展示中心为一体的现代化激光产业基地。

未来公司将进一步拓展海外业务,打造符合国际标准的激光设备,在国内完善普及 3D 激光打标机市场应用,进一步在皮革、服装、3C 领域深耕,持续往智能化、轻量自动化方向发展,助力企业"精细制造、智能制造",为成为国际一流的激光公司而奋斗!

激光领军人物之邢飞

从无到有点亮"光制造"时代

南京中科煜宸激光技术有限公司

○ 公司简介

南京中科煜宸激光技术有限公司（以下简称中科煜宸）成立于2013年，注册资本3033万元，是由国家"万人计划"人才邢飞博士及其团队创办，是中国科学院上海光学精密机械研究所成功孵化的高新技术企业。

中科煜宸专业从事激光增材制造装备（3D打印、激光修复）、智能激光焊接装备、自动化生产线、核心器件（工艺软件、送粉器、加工头）和金属粉末材料的研发与制造。

目前，中科煜宸是高新技术企业、中国增材制造产业联盟副理事长单位、全国增材制造标委会标准起草参与单位、国家发改委激光再制造产业化基地、国家工信部激光增材制造产业化基地、国家科技部同步送粉增材制造重大专项承担单位、江苏省科技厅金属三维打印工程技术中心、南京市金属三维打印技术中心、江苏省经信委激光智能制造协同创新中心。公司的大功率激光增材制造设备是南京市重点新产品，荣获技术创新奖。

〇 人物简介

南京中科煜宸激光技术有限公司
董事长、总经理邢飞

邢飞,男,1981年出生,中共党员,博士,高级工程师,中组部第二批"万人计划"。本科毕业于东北大学,硕博毕业于中国科学院沈阳自动化研究所机械电子工程专业。2013年3月创办南京中科煜宸激光技术有限公司,现任煜宸集团总裁、南京中科煜宸激光技术有限公司董事长兼总经理。工信部增材制造领域专家,国家863新材料领域重点项目评审专家,中国光学学会激光加工专业委员会委员。先后参加国家863项目、国家发展和改革委员会产业化项目、工信部工业转型升级项目、省市级科技攻关项目等10余项,并于2016年作为项目负责人承担国家重点研发计划"高性能航空用大型金属结构激光同步送粉增材制造工艺与装备"。申请专利30余项,发表学术论文20余篇。

荣誉履历:

2005年余姚市首届科技创业计划大赛"三等奖";

2005年中国宁波科技创业计划大赛"新苗奖";

2010年中国科学院优秀共产党员;

2012年南京"321人才引进计划"人选;

2013年荣获中国光学优秀产品评选年度风云企业家;

2013年荣获"苏商领袖峰会""转型创新"杰出企业家奖;

2013年荣获"南京栖霞青年创业家"称号;

2014年荣获江苏省"五四青年"奖章;

2014年当选江苏省优秀科技工作者；

2014年荣获南京市五一劳动奖章；

2015年国家科技部"创新创业人才计划"；

2015年江苏省"双创团队领军人才",江苏省"双创个人"；

2016年国家中组部第二批万人计划；

2016年中国增材制造产业联盟理事会副理事长；

2016年OFweek中国激光行业杰出人物；

2017年辽宁省科学技术进步奖；

2017中国光学学会激光加工专业委员会委员；

2018年江苏省科技企业家；

2018年增材制造行业杰出成就奖(个人)。

领军之路

考研？就业？创业？站在人生的重要节点,每个大学毕业生都曾为这几个问题殚精竭虑。然而,对于邢飞来说,一切都显得顺理成章。

2013年,邢飞读博期间自主创业,他所创办的南京中科煜宸激光技术有限公司在两年后实现了营业额2亿元的突破。其公司自主研发的激光增材制造装备,成功地进军了航天航空领域。

2015年,邢飞荣获江苏省"双创之星",2016年入选中组部第二批"万人计划"。

一、从读书到创业,每一步都走对了

"我是80后,从读书到现在,走的每步路都算走对了。"坐在中科煜宸总经理办公室中,邢飞这样评价自己。

邢飞,山东人,80后,本科毕业于东北大学,主修机械自动化专业。大学期间,邢飞所在的班级是尖子班,邢飞任班长。大学4年,他勤工俭学,自行解决了学费、生活费的问题。2003年大学毕业后,邢飞顺利考入了有"机器人事业摇篮"之誉的中国科学院沈阳自动化研究所,开始了机械电子工程专业硕博连读的学业。

中国科学院沈阳自动化研究所创建于1958年,在20世纪80年代中国机器人行业的发展历史上创造了18个第一,被誉为"机器人事业的摇篮"。读研期间,邢飞是学生中的"领头羊",连续两年被评为优秀研究生,同时在学科研究上也开始崭露头角,和同学们一起创办了"中科院创业者协会"。2004年,协会成功举办了"中科院首届研究生创业大赛",邢飞的"激光增材制造应用技术"课题一举荣获"潜力计划奖",同年,该课题还获得了科技创业计划大赛中的"新苗奖"等。2005年,协会在北京举办创业大赛,邢飞团队参赛并再次获奖。之后作为18个获奖团队之一,又参加了宁波全球创业大赛,并荣获三等奖,获得政府奖励的百万元创业基金,成为那个尚没有"创业潮"年代的"新鲜事件",轰动一时。

初次尝到获奖甜头的邢飞有了创业的冲动,但他的导师提醒他:"要先毕业后创业,创业到什么时候都不会晚。"导师的话如醍醐灌顶,邢飞冷静之后选择继续踏踏实实地读书、钻研科技,并在学习期间进入沈阳新松机器人自动化股份有限公司进行工作实习。

2007年至2012年,邢飞在沈阳新松机器人自动化股份有限公司实现内部创业,创办了激光技术事业部,带领近百人的团队开拓激光领域市场,并实现了1.5亿元的年产值。其间邢飞获得十余项发明专利,并参与多项国家级重大项目,成为一颗耀眼的新星。而后邢飞被任命为杭州中科新松光电有限公司副总裁。从学霸到科研骨干,邢飞在科研路上走得非常从容,被任命为杭州中科新松光电有限公司副总裁时,他只有30岁。

作为中国激光与机器人领域少见的"少壮派",被列为企业重点培养的"接班人",邢飞的故事似乎应该沿着一个可见的方向按部就班地发展下去。但是,邢飞出乎意料地在而立之年选择了辞职,离开了这家国有企业、上市公司。

一年后,在央视推出的一档以"创业"为题材的真人秀节目《创赢未来》中,面对评审的连续发问,邢飞目光坚定,他从容地解释了自己离开国企自主创业的原因:"我是一个掌控性比较强的人,我更愿意做自己能控制方向的一件事情。我认为我对行业的把握要更准确一些。"

二、科技人才创业需要"清零"

2012年6月,邢飞被调任南京,参加中国科学院上海光机所激光产业化基

地的筹建,并担任中国科学院上海光机所南京先进激光技术研究院副院长。

在研究院将企业"孵化器"做好之后,邢飞创办了自己的企业。2013年3月,南京中科煜宸激光技术有限公司正式成立了。

当时,南京基本没有激光技术企业,整个激光技术产业在南京面临一个从"无"到"有"的建立过程。邢飞将自己的公司视作南京激光技术产业的"加速器"。

邢飞确实赶上了南京鼓励创业的大好形势。创业不到2个月,邢飞就获得了"南京创业人才321计划"重点支持,政府出资200万元,使中科煜宸获得了启动资金。随后政府又提供担保,让企业成功贷款2000万元。南京市新港开发区还将苏宁最早的基地免费供中科煜宸使用三年,为公司提供了场地。

邢飞又凭借自己的人脉招来人才,一批有海外及大型企业高管背景的好友、博士认可邢飞的发展思路,主动放弃了高管职位,甚至愿意降薪,与邢飞共同开创事业。

政府为中科煜宸在科研方向上铺就了道路,资金、场地、团队三大要素也准备就绪,但是邢飞和他初创的企业在市场上却遭遇了困窘。

很多企业对这个综合实力和规模都排不上号的小企业并不买账。为了打开市场、积累客户,邢飞不得不既做研发又做销售。从见客户、谈订单到跑展会,每一件事情邢飞都需要亲力亲为。

和任何一家创业公司的老板一样,天刚一亮,邢飞就开始了一天的忙碌,有时直到深夜才结束工作。连支持他创业的妻子也常常忍不住抱怨,希望他能多匀出时间来陪伴自己和孩子。

激光产业强者如林,技术的革新又瞬息万变。为了给自己的企业拉到订单,邢飞只能怀揣着对家庭的歉疚,一次次地跟着业务员一起登门拜访客户,而这些都是长期作为科研骨干的邢飞不熟稔的领域,邢飞为自己加油鼓励:"科技人才创业需要'清零'。从创业的那一刻开始,我已经不再是科学家,而是创业者,过去的一切都与我无关。"

为了将技术成功转化为产品,邢飞开始尝试用技术优势来替企业解决问题。"别看我(企业)小,但我能帮你。"这是邢飞常挂在嘴边的说辞。

事实证明邢飞确实能做到。最初,邢飞为企业争取到了一份宝钢冶金部件的激光修复订单,售出了3台激光增材制造设备,这样公司就有了"样板工程",钢铁行业的其他企业也来找他购买设备了。同时,在激光增材制造方面,研发团队自主研发生产出世界上最大尺寸的金属 3D 打印装备（4000 mm×3500 mm×3000 mm），成功进军航空航天领域，签订了超过 4000 多万元的激光增材制造装备合同。这更加激发了公司研发团队的创新热情。

2015 年，中科煜宸跻身中国增材制造产业联盟，成为副理事长单位。邢飞的目标是引领国内 3D 打印技术的发展方向，打造 3D 打印技术第一品牌。

三、为客户提供一个系统的解决方案

占据总营业额一半的 3D 打印是公司经营的核心业务。与普通的打印机不同，3D 打印机在理论上可以打印出人们所见到的、甚至想象中的任何立体实物。

当走近中科煜宸的生产线时，一台桌面 3D 打印机正在打印一件建筑模型。依据预先设定好的程序，桌面 3D 打印机横梁上的探头将丝状的打印材料一层层地堆叠起来，在不断地循环往复之下，模型一点点"长大"。这仅是 3D 打印最常见的一类设备。中科煜宸南京总部共有 170 名员工，其中 48% 为研发人员。这个拥有大量高端人才的科研团队，立志要做激光技术的开拓者和领跑者。

在公司成立当年，中科煜宸就自主研发出世界上打印金属样件尺寸最大的激光增材制造装备。该设备能够打印出长度、宽度超过十几米的金属大件，为航空航天、新能源汽车、钢铁等行业核心零部件的制造与修复带来了便捷、快速生产的"福音"。

"我们的设备百分之百国产，拥有完全自主知识产权。"说起公司自主研发的大型送粉式金属 3D 打印装备，邢飞的语气中流露出自豪："国内百分之七十以上的同步送粉设备都是我们生产的！"

RC-LDM1500 送粉式金属 3D 打印机

站在3D打印设备制造领域的前沿位置,公司的发展路线也有了质的飞跃。如今邢飞的思路不仅仅是为客户提供一台先进的设备,而是要为客户提供一整套系统的解决方案。

四、中国不缺少科学家

"我们喜欢谈论机器人,喜欢谈论激光,喜欢谈论3D打印……我们总觉得这些新技术是分开的,但是实际上,未来的制造业是融合的。"邢飞这样强调。

以中科煜宸作"加速器",打造激光产业链的生态圈是邢飞的宏愿。在接受媒体采访时邢飞就说过:"实际上,整个制造业是没有边界的,这些技术都是相互融合、相互支撑的,不能只强调个体而忽略全局。以产业链驱动创新链、以创新链来打造资本链。我想做的不是产品,更不是概念,而是一个产业链的生态圈。"

中科煜宸围绕激光生态链制定的发展路线,就是要使企业、合作单位、政府都能受益。这一理念来自邢飞对激光产业和共享经济的透彻理解,也来自"产业报国"的拳拳之心。

邢飞来自山东沂蒙老区,父亲曾是一名教师。自他小时候,父亲就叮咛邢飞要做一个对社会有贡献的人。受家庭教育的影响,在拥有了自己的第一家公司之后,邢飞将"产业报国"写进了公司的企业文化中,把为国家工业升级、国防力量提升、社会民生改善做贡献列为公司的三个使命。

2013年,邢飞参加央视《创赢未来》节目的录制,某知名天使投资人提出为他的企业投资2000万元。"2000万"这一数额在大屏幕上出现时,现场的观众都发出了惊叹。邢飞却婉拒了这笔资金,他的理由是那位先生是美国国籍,激光制造与3D打印技术都关乎国防,接受外国财团的钱,可能会使企业偏离"初心"。

邢飞说:"中国不缺少科学家,但缺少有战略思维和民族责任心的企业家。"在完成从科学家到创业者的华丽转身之后,邢飞希望能做一个中国智能制造的践行者和领路人。

培根说:"天赋如同自然花木,要用学习来修剪。"邢飞给中科煜宸的企业文化定位是"学习和创新贯穿一生"。他说:"做高新技术、高端产品必须依托科研院所,中科煜宸与国内数家知名激光科研院所合作,共同主持或参与重点产品的技术研发。我们还与国内五家知名院校'联手'建立了以'煜宸激光'命名的联合实验室。希望以此推动产、学、研、用的合作,支撑区域科技创新和产业转型升级。"

中科煜宸年会合影

放飞自己,成就梦想,打造平台,成就行业产业化。相信邢飞凭着对激光行业的热爱和执着,凭着自己的这股拼劲,将在激光这束神奇之光照射的舞台上舞出最美的奇迹!

激光领军人物之金朝龙

苏州天弘激光股份有限公司

○ 公司简介

苏州天弘激光股份有限公司(以下简称天弘激光)成立于2001年1月9日,是一家专业研发光、机、电一体化设备的高新技术企业和省民营科技企业,同时也是"十二五"国家863项目"高功率及皮秒激光器产业化应用示范"单位。公司主要产品涵盖七大系统:中小功率加工系统、激光焊接系统、数控激光切割系统、微加工系统、自动化系统、激光3D再制造系统、CO_2激光器。是华东地区历史最悠久、产品覆盖最全面的激光装备制造商。

公司联合苏州大学、清华大学、中国科学院合肥物质科学研究院等高校院所,进行前瞻性基础研究和产学研合作,创建"江苏省激光三维成型与微制造工程技术研究中心""江苏省企业研究生工作站"等科研设施,承担了多项国家创新基金项目、863项目、省科技支撑项目、省成果转化项目、市科技计划项目等。

公司立志成为全球著名的智能激光系统供应商,本着"以人才为根本,以市场为导向,以服务为依托,以质量为保证"的经营理念,以"创建更好的天弘,创造更好的激光装备"为使命,以"为客户制造高精度、高稳定性、高性价比的激光加工系统"为己任,持续为中国的激光制造工艺升级做出贡献。

公司下属天弘激光(宿迁)有限公司、天弘激光(南通)有限公司、苏州天左数据科技有限公司、苏州柯莱得激光科技有限公司、苏州衡快激光科技有限公司五家公司。

2014年1月24日,公司挂牌新三板,股票代码:430549。

人物简介

苏州天弘激光股份有限公司
董事长金朝龙

金朝龙,苏州天弘激光股份有限公司董事长,1986年浙江大学电气自动化专业毕业,高级工程师,江苏省产业教授,江苏大学兼职教授,2016年、2017年、2018年科技部重大研发计划项目评审专家。先后参加过多项国家863项目、国家自然科学基金研究等项目。获得国家科技进步二等奖一项,省级、部级、市级科技进步一、二、三等奖多项。2001年创立天弘激光。

领军之路

一、创立天弘激光

1986年,金朝龙从浙江大学电气自动化专业毕业后进入一家从事光学仪器制造的国有企业从事技术工作,这一干就是十几年。其间他先后参加了"高速相机""原子吸收分光光度计""系列 DXJ 电脑刺绣机""大功率步进电机驱动器""电火花线切割""多波段警用光源"等软件、硬件系统的开发,这一时期金朝龙取得了大量的技术沉淀和积累,并取得了一项国家科技进步二等奖,多项部级科技进步奖。后来在国有企业改制的浪潮下,金朝龙离开单位寻找发展的机会。

2001 年天弘激光成立,成立之初公司只有三个人。到了五一"黄金周",员工都放假了,金朝龙独自在车间里忙活,利用这段时间安装调试出了首批激光打标机。正是这几台机器给金朝龙带来了"第一桶金"。

后来,公司又研发了灯泵浦连续激光电源、Q 开关射频电源、ISA 振镜扫描激光打标卡、打标控制软件、振镜扫描系统、分体式激光冷水机、F-Q 扫描场镜、扩束镜、泵浦腔体等绝大部分打标机核心单元模块。这为天弘激光后续的发展奠定了良好的基础,为天弘激光的差异化发展提供了核心技术。目前天弘激光的打标控制卡和打标控制软件自产率在 85% 以上,这为天弘激光的"激光+自动化"发展赢得了技术优势。

二、17 年努力前行

成功开发出第一块市场之后,天弘激光的发展变得顺风顺水。2004 年,天弘激光研发、生产出第二大产品"YAG 脉冲激光焊接机",以适应不同工业工序的需要。到 2008 年,天弘激光已经形成打标、焊接两大系列产品覆盖市场需求。

而这时整个市场从事激光设备制造的企业开始快速增多,专门从事同类产品开发的企业从几家发展到了近百家,企业步入同质化竞争的阶段。天弘激光重新出发,发挥技术型公司的优势和特点,把发展方向瞄准了激光切割设备及精密激光微加工系统的研发。

经过几年的积累,天弘激光在大功率加工设备、精密化设备两个方面取得了长足进步。

2008 年,天弘激光成功商业化生产国内首台晶圆激光打孔机;GPP 晶圆划片机、紫外激光 FPC 成型机也成功投放市场。

2009 年,天弘激光成功研发了国内首台电容屏银浆蚀刻机、国内首台 500 W 光纤激光切割机、企业首台 2000 W 光纤激光切割机。公司在 2008 年、2009 年、2010 年为相关产品的研发耗资 2500 多万元。正是这几年大量的研发投入,为公司开辟了新的市场增长点,从此公司产品从两大系列发展到四大系列:打标、焊接、切割、微加工。

2011年,公司在成功完成微加工、切割机等相关产品的研发后,一个偶然的机会接触到了激光熔覆项目。公司敏锐地意识到激光熔覆项目在再制造领域的广阔应用前景,毅然决然地与清华大学合作,开启激光熔覆装备的研制。其后,公司与苏州大学合作,加大激光3D再制造项目的合作。目前,天弘激光的3D激光加工系统已成为汽车模具行业激光强化与再制造设备的首选。

从此,天弘激光步入了国内综合激光加工系统供应商的行列。

三、创新滋生发展

目前,天弘激光共有职工370余人,大专及以上学历员工约占总人数的80%。专职研发人员90多人,涵括光学、软件、机械、电气、材料、图像、工艺等专业人才。天弘激光始终秉持"技术创新,性能至上"的发展之路,从不迟疑创新的脚步。

以大型龙门激光切割机为例,高速、高精度的直线切割、大圆弧切割已是通用技术,但要实现小圆切割就只能降低速度,激光切割机效率会成倍下降。要实现高精度小圆切割,大型龙门切割机就必须提高机床的整体刚性和动态性能。为了满足特殊客户的使用需求,天弘激光研发了2.5G超动态性能GHF-4020重型超高速激光切割机。两米龙门切割机的达到每分钟切割400个高精度小圆的神奇速度,相比传统的激光切割机每分钟只能切割128个小圆,其效率提高了3倍多。性能稳定,切割质量、切割效率遥遥领先,天弘激光的GHF-4020超高速激光切割机打破了国内大型激光切割机领域的记录。

目前,天弘激光已累计申请专利60项,其中发明专利28项、实用新型专利29项,其中已授权的发明专利8项、实用新型专利17项。公司先后获得高新技术企业、江苏省民营科技企业、江苏省著名商标、苏州市瞪羚企业、苏州工业园区瞪羚企业、苏州工业园区双百工程企业、苏州专精特新百强企业、2015年度新三板十强创新企业、2017年度江苏省最具成长性的高新技术企业百强等荣誉称号。

如今天弘激光在坚持科技创新、技术引领的原则指导下,公司研发的打标、激光追溯防伪、外部起笔切割、材料混排切割、数字电容测高、四坐标校正、同轴CCD划片等一系列专有技术支撑起了天弘激光的创新发展之路。

激光领军人物之胡中元
用"光速"推进激光企业

武汉天琪激光设备制造有限公司

○ 公司简介

  武汉天琪激光设备制造有限公司(以下简称天琪激光)是天琪集团下属子公司,拥有近180000 m^2的数控全自动光纤金属激光切割机设备研发与生产基地,其中武汉光谷基地占地面积80000 m^2、武汉汉阳基地占地面积16000 m^2、辽宁鞍山基地占地面积30000 m^2、欧洲波兰基地占地面积54000 m^2。武汉光谷智能化及高端装配生产研发基地主要进行智能机器人流水线、激光装配、精密机床、高低压电柜的研究与开发,将成为华中地区智能化机器人制造的核心研发制造基地。武汉汉阳智能无人化生产基地开发并完成了国内智能化钣金加工生产线,已基本实现无人操作,其生产成本降低了40%,生产效率提高了近3倍。

  天琪激光一直以科技创新、精工制造为经营理念,自成立以来,已陆续获得国际高新技术企业、湖北名牌企业、湖北十佳高端装配制造企业、武汉十佳企业、光谷瞪羚企业、全国非公有制经济明星企业等荣誉称号及89项专利。

人物简介

武汉天琪激光设备制造有限公司
董事长胡中元

胡中元,研究生学历,高级经济师职称,湖北省纪委监察员,武汉市政协委员,湖北省工商联常委,武汉市工商联常委,民进湖北省企业家联谊会执行会长,湖北省激光行业协会轮值会长,湖北省激光行业协会副会长,武汉·中国光谷激光行业协会副会长。荣获武汉市建国六十周年十大创业领军人物、全国工商联非公有制经济杰出贡献人物、武汉市劳动模范、湖北十大杰出创业家等荣誉。

2007年,胡中元从襄阳来武汉,进军激光行业,率领公司锐意进取、拼搏创新,成为中国激光切割及制造行业的一匹黑马。目前,公司经营规模在国内同行业排名靠前。

领军之路

一、地道门外汉只用4年闯入全国前五强

胡中元起初压根不懂激光,至于为何倔强地闯进陌生的高科技行业,他笑称:"是从一杯酒开始的。"

2007年,胡中元所在的天琪集团主营电气设备制造,公司在武汉江岸区永红工业园。工业园内的另一家企业制造激光设备,每天厂房内外非常忙碌,他

 激光领军人物

想:"激光制造是否比电气设备制造更有前景呢?"

胡中元迅速找到几位激光企业的朋友,询问办激光企业要投入多少、年产值多少、技术门槛有多高。

结论很快出来。令胡中元满意的是,他当初的猜想很正确,一个普通激光制造企业,年产值可以轻松达到百万元以上,且国内外需求很旺盛。令胡中元皱眉的是,朋友们听说他要做激光,纷纷摇头:"你什么都不懂,搞什么激光!"

当年10月,胡中元又把几个朋友叫来开"诸葛亮会"。在酒桌上,大家开怀畅饮。当胡中元又提起"激光"两个字时,朋友们再次摇头说:"你是不是疯了,非要做这个?""谁说外行人成不了内行?!"胡中元在席间"腾"地站起,往面前的杯中"咚咚咚"倒了半斤白酒,"这个事情我干定了,大家如果有信心一起做就一口把酒干了!"话音刚落,胡中元猛一仰脖,半斤白酒见了底。朋友们此刻却被感染,一桌人把酒全干掉了,一支"门外汉"领军的激光队伍就这样成立了。

二、搞激光"头炮"没打响

与大多数激光企业一样,天琪激光刚成立的时候主要制造激光打标机和焊接机。与大多数激光企业不同的是速度"快",天琪激光的第一台激光打标机,从设计到出厂只用了一个月。

2007年年底,胡中元和10多名员工带着第一批激光设备赴襄阳参加展销会。当时公司账上仅剩20多万元,他将账上的钱全部投入了那次天琪激光的首次亮相中。

展销会很快结束了,结果让胡中元笑不出来。20多万元花得精光,设备一台没卖出去。那天晚上,大家在一起聚餐。胡中元喝了一斤白酒,然后让所有员工先回武汉,自己在宾馆里躺了整整两天。

三、七项专利填补国内空白

产品的突破口在哪里?胡中元看中了固体激光切割机。固体激光切割机因为脉冲功率电源不稳定,一直不被看好,但其加工成本低、效率高。

胡中元和他的团队到处访专家、问技术。2008年,天琪激光的第一台固体

切割机诞生,但产品性能并不稳定,速度也慢,切割厚度仅有 6 mm。胡中元马上收集问题,然后第一时间改进,用最快的速度推出了下一代产品。

2010 年,天琪激光的固体切割机已发展到第四代。销售员反映客户意见称,切割机传动系统有问题,功率仍不令人满意。胡中元给研发工程师下了死命令——必须在最短时间内解决问题。他陪着两名负责研发的工程师日夜在厂里修改、设计,甚至吃、喝、睡都在车间里。12 天后,客户反映的问题得以解决。而类似的问题在其他激光企业甚至要 3 个月才能解决。以"光速"推出新产品,最短 4 个月就推出下一代。在"天琪速度"下,天琪激光的固体激光机 4 年内已开发至第八代。目前,产品速度达到最初的三倍,切割厚度由原来的 6 mm 增加为 10 mm,电源功率、稳定性均达到世界先进水平。外行胡中元凭借七项专利技术,填补了国内固体激光切割机领域的空白。

四、敢于打造武汉的"华为"和"海尔"

如何看待"敢为人先 追求卓越"的武汉精神?胡中元的理解是"武汉企业家要敢于'扛担子',敢于做'华为'和'海尔'那样的企业"。

胡中元表示,企业要在激烈竞争中突围,必须敢为人先,从别人看不到的地方寻找机遇。而保持领先地位,需要不懈地追求卓越,在品质上、服务上做到最好。他说:"不能满足于某一领域做到最好,要想着如何做得更大。在激光行业,光是设备制造已不能满足企业的发展需要,必须向产业上下游延伸。"

激光领军人物之皮亚斌

武汉长盈通光电技术有限公司

○ 公司简介

  武汉长盈通光电技术有限公司坐落于武汉东湖之滨的中国光谷,是一家以光电子技术为核心的高新技术企业,注册资本5800万。在武汉东湖新技术开发区的大力支持下,公司于2010年、2011年、2014年、2017年四次入选武汉东湖新技术开发区"3551光谷人才计划",并于2012年至2018年连续七年获武汉东湖新技术开发区"瞪羚企业"荣誉称号。

  公司主要从事特种光纤光缆、特种光器件、新型材料、高端装备和光电系统等五大类产品的研发、生产和销售,并为客户提供国防科技工业光电子一级计量站计量校准与测试服务。目前已拥有各类专利80多项。

  公司的核心产品是应用于光纤陀螺的光纤环。作为国内唯一一家打通光纤环上下游产业链的企业,公司拥有多项核心技术和发明专利,各类产品广泛应用于智能电网和海洋监测等行业。公司将持续专注光纤传感领域产品的研发和生产,为客户提供特种光纤光缆、特种光器件、全套光学解决方案,致力于建立全球首座"特种光纤和器件产业园",为光纤传感、信号传输和能量传输提供最佳的产品和技术服务,推动建立"光联万物,智引未来"的和谐社会。

○ 人物简介

武汉长盈通光电技术有限公司
董事长、总经理皮亚斌

皮亚斌,中共党员,毕业于四川大学计算机科学系,曾任长飞光纤光缆股份有限公司光网络部技术经理、武汉长光科技有限公司营销总监、北京万岩通软件公司总经理。现任武汉长盈通光电技术有限公司董事长兼总经理。2011年获得"湖北省优秀企业家"称号,2012年获得联想之星CEO特训班合格证书,2016年荣获"2016年全国电子信息行业优秀企业家最具成长价值奖"。具有丰富的合资企业经营管理经验、敏锐的前瞻市场意识和勇于开拓的精神。

○ 领军之路

一、告别中关村回到光谷

创业的种子在皮亚斌的心中发芽始于2004年。

2004年,作为长飞光纤光缆股份有限公司光网络部技术经理的皮亚斌参与了中国第一个光纤到户试点项目的建设。从设计运营模式到执行全球招

标,皮亚斌开始从技术领域涉足销售领域。该项目的成功极大地激发了皮亚斌早期的创业热情。

2006年,皮亚斌参与了创立武汉长光科技有限公司。公司在参与首钢迁址项目时,当时面临的竞争对手是通信领域的巨头——华为、中兴、烽火、大唐等8家企业。在巨头嘴里抢食可不是一件容易的事情,由于项目规划设计方案过于简单,武汉长光科技有限公司在第二轮中惨遭淘汰。

"我们的项目被淘汰了!"当时正在北京出差的皮亚斌接到销售代表从河北打过来的电话。

"你就在那里等我!"皮亚斌当即退掉了返汉的机票,订了一张开往河北的站票,半夜十二点才到达河北迁安。

找到项目负责人,皮亚斌并不急于表达此行的真正目的,而是积极和对方探讨企业信息化建设方面的构想和规划,双方的初次交流非常融洽。"请您给我们一个证明的机会,我要做一个能真正体现我们公司技术实力的技术方案。"皮亚斌适时提出了自己的想法。对方被皮亚斌的诚意所感动,承诺提供一次正式技术交流的机会。事情悄悄地发生了转机,皮亚斌拿出了一份为首钢量身定做的多达170页的网络建设及整体发展规划的技术方案,再将材料浓缩成20多页的PPT演示稿,向首钢负责弱电项目的技术人员进行了一次全面的技术交流。

"你们的技术方案是做得最详尽的。"经过数天的斡旋,公司最终拿下了这个订单。

然而,创业注定是一条满布荆棘的道路,皮亚斌和他的团队后来遭遇了创业初期种种意料不到的痛苦。

青岛中环广场是青岛最大的标志性建筑之一,皮亚斌带领团队顺利地拿下了这个试点项目。出人意料的是,两大电信供应商巨头提供了数千万元的免费试用设备,并要求原厂家的试点设备退出。之后,类似的恶性竞争屡见不鲜。面对通信市场类似"大鱼吃小鱼"的残酷现实,公司束手无策,只能一退再退,最后只能选择彻底退出。

随后,皮亚斌来到北京,在中关村的一家信息门户型科技公司谋到了一份不错的工作。

直至2010年,国务院和中央军委联合发布了《关于建立和完善军民结合寓军于民武器装备科研生产体系的若干意见》,皮亚斌敏锐地捕捉到朝阳产业背后所蕴含的巨大商机,他意识到,必须牢牢把握住历史机遇。于是他毅然辞去高薪工作,返回武汉创业。此时的武汉,以东湖新技术开发区为代表,可以为创业者提供政策、资金、人才等一系列优惠政策,吸引了大批优秀高科技人才纷纷聚集而来。

凭风借力,2010年7月,在开发区的大力支持下,皮亚斌联合其他几位创业伙伴,注册成立了武汉长盈通光电技术有限公司(以下简称长盈通)。公司成立之初,皮亚斌找到开发区管委会,在表明了自己的发展目标及需要后,开发区管委会为公司提供了留学生创业园 50 m^2 的免租办公区域。就这样,长盈通顺利在开发区落户。

2011年,随着长盈通生产规模发展的需要,开发区管委会又帮助解决了特种光纤器件产业园的用地问题。此外,在资金方面,开发区管委会给予了长盈通一笔免息集合贷款支持。"这些帮助都是实实在在的!"谈到开发区管委会为创业企业提供的优惠政策,皮亚斌感叹不已。

二、在光谷,可以吸引到想要的人才

"21世纪什么最宝贵?人才!"即使是在惟楚有才的江城武汉,皮亚斌仍会发出这样的感慨。

"人才永远是企业最稀缺的资源。"要想引得凤凰来,首先要栽下梧桐树。为了落实高端人才的相关配套政策,皮亚斌广泛了解"3551光谷人才计划"及其他人才计划。在开发区的大力支持下,2010年9月,武汉长盈通光电技术有限公司入选东湖新技术开发区第三批"3551光谷人才计划"项目,完成了企业关键性人才的引进。

长盈通引进特种光纤专业人才廉正刚。廉正刚是一位对工作充满热情的年轻人,具有很强的学习能力,他总能够产生新的想法和创意,并将其迅速应用于工作中。廉正刚博士毕业于英国诺丁汉大学,具有电子工程及材料工程专业背景,精通特种光纤材料的合成与加工以及特种结构光纤的制备与测试,并具有众多大型项目经验。他的加盟为长盈通的发展注入了新的活力。

三、同心圆模式做行业领导者

在公司核心产品的发展方向上,皮亚斌和团队进行了多轮的取舍和定位。

刚开始公司把资源都集中在光电领域,想从通信领域着手,但通信领域对于新的创业公司,风险非常大。后来皮亚斌偶然接触到光纤传感领域,发现是个非常好的方向,于是便涉足了物联网领域。

长盈通开始将产品定位于军事惯导系统的核心光纤传感器件——陀螺用保偏光纤环。

刚开始投资并不是很大,长盈通花了60多万元买了光纤绕环设备,但后期光纤绕环设备经常出现故障,而设备供应商的售后总是跟不上,于是长盈通便自己研发起光纤绕环设备,并取得了成功,还成功将设备卖给客户,获得了客户的好评。就这样,长盈通渐渐积累了一些客户与市场,开始涉足机电领域。

光纤绕环过程中会涉及一种化学胶。在国内市场这种化学胶的批次性很难保证,常常影响光纤环的正常性能发挥。国外市场虽已相当成熟,但当时欧美对中国实行禁运,国内根本买不到。于是公司不得不涉足化学材料,自主创新研发高性能胶。现在,长盈通的胶产品除了本公司自己使用外,也销售给有需求的合作单位。2012年,中国人民解放军原总装备部(现中央军委装备发展部)专门划拨一笔经费给长盈通,支持其对化学胶的研发工作。

"我们的光纤绕环卖给客户做成传感器,这个环好不好我们不知道,所以就想把这个环搭配到光电系统里做检测。"皮亚斌说,正是基于这一想法,公司"被迫"涉足第四大产品领域——光电系统。

2013年,公司又积极建设了国内第一个特种光纤器件产业园,并将特种光纤作为公司进军的第五大领域。

2010年成立至2013年的4年时间里,长盈通以光纤绕环为中心,涉足特种光纤、特种光器件、机电设备、化学材料以及光电系统5大领域。

东湖新技术开发区曾专门组织专业咨询公司为长盈通涉足多个产业领域做"诊断"。历时两个月的调研后,大家总结得出了长盈通"同心圆"的发展模式。

长盈通始终把"同心圆"和"多元化"经营分开。"同心圆"是旧客户用新产品,或者把新产品用在扩展的新市场。这样企业早期的投入就会比较小,而且通过"同心圆"发展,企业很快能把规模做大。同时,"同心圆"的模式为长盈通未来的多元化发展模式,包括事业部的机制管理打下良好的基础。

据皮亚斌介绍,公司现已形成"一个窗口,三个基地"的格局。"一个窗口"

主要指位于北京中关村的前沿高端人才与技术窗口,"三个基地"指位于武汉留学生创业园的孵化基地、位于武汉未来科技城的研发基地和位于武汉佛祖岭特种光纤光器件产业园的生产基地。

"在这里创业是天时地利人和。"皮亚斌说,走在东湖新技术开发区,他常常会产生错觉,觉得这就是当年的上海浦东。的确,光谷现在有完整的光产业链,汇聚了众多知名激光企业、光源企业以及光纤光缆企业等。在这样的环境下,长盈通势必迎来更加美好的发展前景。

四、做有责任感的企业

2012年,公司曾组织所有高管集中进行"头脑风暴",让大家都思考同一个问题:我们为什么要创办长盈通?这个问题让这批创业者们重新梳理了长盈通的企业文化。其中"尊重员工,让员工有尊严"成为企业文化的第一条。

如何将"让员工有尊严"落到实处呢?长盈通的一名一线操作工人在工作期间得了阑尾炎,因为公司为每一位员工缴纳了额外的商业医疗保险和重大疾病保险,所以他的医疗费用全部报销了。2012年,公司一位高管突然检查出结肠癌中期,整个医疗费用20多万元,也都通过公司额外的重大疾病保险、商业医疗保险以及基础医疗保险将医药费报销了。

"如果有病都不能治,这个员工就没有安全感,更谈不上所谓的尊严。"皮亚斌说。公司还建有员工宿舍楼和食堂。员工宿舍楼按照三星标准建设,在让员工就近居住的同时,基本生活品质得到保障。另外,宿舍楼内还专门建有十套专家宿舍,用于公司引进海内外专家共同创业发展。

皮亚斌说,2010年公司刚成立时,他拿着长盈通的名片去拜访客户,还需要向对方解释半天公司到底是做什么的。如今,整个东湖新技术开发区基本上都知道了飞速发展中的长盈通。

10年的时间,长盈通已经连续7年荣获东湖新技术开发区颁发的"瞪羚企业"荣誉称号,是湖北省唯一的"特种光纤工程技术研究中心"。公司已与国内外企业、高校、院所形成可靠的合作研发机制,无论是前沿的技术还是产业化的能力,都在不断冲击新高度。

激光领军人物之陈抗抗

80 后海归的创业之路

武汉安扬激光技术有限责任公司

◯ 公司简介

武汉安扬激光技术有限责任公司（以下简称安扬激光）成立于 2010 年 12 月，位于武汉东湖新技术开发区光谷智能制造产业园，是超快光纤激光技术行业的一家高新技术企业，主要从事超连续谱激光光源、高功率皮秒和飞秒光纤激光器，以及特种光纤、光纤器件的研发、生产、销售和服务。安扬激光的研发团队掌握光纤激光种子源设计，高功率、高能量全光纤保偏光纤放大器设计，光纤光栅以及系列特种激光光纤的研发、波长转换等关键技术，部分核心技术已申请或已获得国内外发明专利。

安扬激光结合自主设计制造的保偏增益光纤、光子晶体光纤和光纤光栅等核心器件，已先后推出超连续谱激光器、皮秒和飞秒脉冲光纤激光器等系列超快激光产品。产品除销往国内市场，近年来客户已遍及欧美、澳大利亚、日本、韩国、新加坡等多个国家和地区。公司产品的主要性能和指标均达到或超过国外同类产品水平，填补了国内同类产品的空白。

公司成立后,先后获得ISO9000质量体系认证、欧盟RoHS标准认证、欧盟CE认证、美国FDA认证和邓白氏注册TM认证。公司为高新技术企业,知识产权贯标企业,SPIE会员单位和湖北省激光行业协会副会长单位。公司于2017年获得武汉市和湖北省年度"守合同重信用"企业称号,同年入选武汉市人力资源和社会保障局"千企万人"科技研发团队支持计划和招商银行"千鹰展翼最具投资价值企业";2019年获武汉市科技局"科技小巨人"和湖北省经济和信息化厅第三批全省支柱产业细分领域"隐形冠军科技小巨人"称号,同年入选武汉东湖新技术开发区"瞪羚企业",并再次入选武汉市人力资源和社会保障局"千企万人"科技研发团队支持计划。

人物简介

武汉安扬激光技术有限责任公司
总经理陈抗抗

陈抗抗,武汉安扬激光技术有限责任公司总经理,博士,正高级工程师,华中科技大学兼职教授,湖北省激光行业协会副会长。2012年毕业于英国南安普顿大学。曾在南安普顿大学光电子研究中心从事高功率脉冲光纤激光器的研发工作。2010年回国创立了武汉安扬激光技术有限责任公司。在英国求学期间,在《Optics Letters》和《Optics Express》以及CLEO Photonics West等学术期刊或会议上发表论文40余篇。2010年6月,获英国BAE System Chairman's Bronze Award;2011年,获得中国留学基金委2010年国家优秀自费留学生奖学金;2011年6月,入选武汉东湖新技术开发区"3551光谷人才计划";

2014年3月,获科技部"科技创新创业人才"称号。自2011年以来,申请发明专利21项,获授权10项(其中美国发明专利1项);作为项目负责人主持科技部、湖北省科技厅、武汉市科技局等多项科技研发项目。

○ 领军之路

一、创业故事

2010年,28岁的陈抗抗从英国南安普顿大学回到了他的家乡——武汉,和几个朋友一起创立了武汉安扬激光技术有限责任公司。两年后,他才回到南安普顿大学完成他的博士论文答辩。他说:"创业的机会稍纵即逝,你永远不知道下一个机会会在何时来临!"

二、创业理想

陈抗抗创业的故事应该从2006年说起。2006年,陈抗抗完成了英国纽卡斯尔大学硕士阶段的学习,考入南安普顿大学攻读博士学位。

南安普顿大学在光纤激光领域,如掺铒光纤放大器、光纤激光器和波导光学等方面的研究成果国际领先,而且该校的创业氛围浓厚。超快光纤激光领域的国际知名公司的创业者很多出自该校。在南安普顿大学,很多人从事科研工作的目的很明确,并非纯粹为了学术研究,其主要目的是实现成果转化,做出有实际用途的东西。

在南安普顿大学的求学经历,让陈抗抗有机会近距离接触一些光纤激光领域的巨头公司。那时,陈抗抗经常参与一些知名企业的研发项目,如SPI的纳秒、脉冲和MOPA的激光产品研发项目。这些经历使他较早接触了超快光纤激光器产品,同时对产品的市场情况也有了较深入的了解。"国外很多人创业,都是刚毕业或者还没毕业,有了一个想法,只要觉得条件具备,时机成熟,就出来创业了。"经过南安普顿大学5年研发经历的积淀,以及如火如荼创业风潮的耳濡目染,陈抗抗对自己的研发能力充满信心,并看好中国超快光纤激光器产品市场的巨大潜力。2010年12月,还是"穷学生"的他义无反顾地回到武汉,和几个同学、朋友一起筹资450万元,创立了武汉安扬激光技术有限责任公司。

三、选择皮秒光纤激光"蓝海"

陈抗抗出身国企高管家庭,对企业怀有的某种特殊情感,对企业所在行业和企业运营挑战性的认知,对安扬激光产品创新性和竞争优势的成竹在胸,使他明白尽管未来的创业道路将面临来自各方面的巨大压力和难以预见的艰难险阻,仍然坚信什么力量都难以阻挡他去实现创业理想,"外国人能做到的事情,我们也能做到。"排除万难、一战到底的豪情表现在他回国创业后的每一个阶段。

2010年回国时,他给安扬激光选择的方向是皮秒超快光纤激光器。当时,国内激光器市场的热点是固体激光器,而安扬激光却将皮秒超快光纤激光器作为主攻方向。皮秒超快光纤激光器当时在国内还是新鲜事物,前沿、高端,其未来市场是一片"蓝海"。陈抗抗说:"之所以选择做皮秒超快光纤激光器,是因为我觉得皮秒市场离我们比较近。这个领域,国外市场已经比较成熟了,而国内市场正在慢慢成长,我们在国内会有先发优势。一个公司选择项目非常重要。我们这种科技创业型企业,前期研发投入和时间都需要很多,没有时间可以浪费,也没有几次机会。"

那时,皮秒超快光纤激光器主要的应用市场还在国外,如欧洲、美洲和东南亚的一些国家。但陈抗抗并不惧怕,在技术领域,他对自己有足够自信,"业内不少企业用的是被动锁模技术,这个技术可靠性一般,而我们采用的是主动调制系统,产生的也是皮秒,但是可靠性要高很多。安扬激光的技术是自己的,武汉的光电产业已经发展起来,光纤等原材料在武汉就可以解决。此外,武汉的人力成本也比国外低很多。这些都是我们的核心竞争力和竞争优势。而我们的劣势,一是公司刚刚起步,产品得到用户认可需要一个过程;二是国内市场的培育也需要一个过程。"

在安扬激光的发展过程中,国内工业用纳秒光纤激光器在一段时间成为商家追捧的热点,但陈抗抗没有选择这一领域。尽管他求学期间在参与SPI的研发项目中接触过这类产品,但陈抗抗认为,"我们进入这个市场,没有先发优势,很多东西已经做得很好了。国内这块市场的竞争也很激烈,市场环境不

是很好,可能拼的不是技术,而是成本与经济实力。作为一家科技型中小企业,我觉得我选择的方向是正确的,我们通过分析市场需求和企业自身优势,利用企业竞争优势推行差异化发展战略。"

四、创业之初,活着意味着一切

有人说,这是一个创业者的大时代。近年来,特别是2015年以后,在国家"双创"政策的推动下,不少刚刚迈出校门的90后也跻身于或试图跻身于创业大军。然而,也许只有创业者自己才能体会到在创业初期,"活下去"对企业而言有多么不容易。

安扬激光最初的办公地点选在武汉留学生创业园,它离陈抗抗本科期间就读的华中科技大学不远。那时武汉留学生创业园聚集了许多从海外归来的创业者,每年都有公司挂牌,也有公司倒闭。在办公楼里走上一圈,会看到许多空荡荡的房间,而门外公司的标识牌还是新的。每倒闭一家公司,陈抗抗和他的伙伴们都会想,"我们还活着,值得骄傲!"

活着,在创业初期,就足够了。因为活着,才有希望!

"那时公司里花的每一分钱都是自己和合伙人的血汗钱,所以每一分钱都花得非常谨慎。"安扬激光成立后的头两年是产品攻关的关键时期,也是最难熬的两年,"公司每天所有的开销一万元左右。我们整天泡在实验室,忙于研制样品,没有任何进项。"好在由于研发团队多年的技术积累,这个时间段持续得并不长。2011年年底,安扬激光终于做出了第一代皮秒光纤激光光源,并把产品卖到了天津大学。之后,许多国内一流的高校和科研院所都购置了安扬激光的产品。但迈出的这第一步,还是让陈抗抗至今回忆起来感慨万千,"我们做激光器,口碑取决于产品质量。我们花了很多精力,下了很大的本钱去做这个事情,所用的所有原材料,都是能找到的材料中最好的。电路板和系统进行了多次测试。与国外竞争对手的产品相比,最关键的是质量要比他们好,有自己的特色,才能得到用户的认可。"

2012年,是安扬激光的销售元年,销售收入100多万元,企业亏损;2013年,销售收入达到300多万,收支基本平衡。

五、创业艰难百战多

安扬激光终于"活"了下来,不仅如此,近年来安扬激光发展得越来越好,可谓"千淘万漉虽辛苦,吹尽狂沙始到金"。安扬激光的主要产品有超短脉冲(皮秒/飞秒量级)高峰值功率光纤激光器和超连续谱光纤激光器,不仅在国内同类产品市场具有较高的市场占用率,同时还销往欧美地区及日本、韩国、新加坡等国家。

陈抗抗认为,飞秒激光器有着上下兼容、模式好、指向性好、节能环保等优点。随着其价格的逐年降低,未来它将快速替代固体激光器,占领工业领域的精密微加工市场。

陈抗抗说:"虽然目前公司产品在科研领域应用比较多,但在工业市场我们同样大有可为。现在应用于打标等领域的产品基本都是纳秒激光器,而皮秒激光器要快1000倍。其实用于打标,皮秒激光器不仅可以做到,而且效果会更好。因为时间越短,热效应越小,打标效果会越好。虽然皮秒激光器在技术和相关产品方面已经比较成熟,但是目前市场还没有打开,这主要还是因为价格问题。如果产品产量达到一定的量,则其价格不会和纳秒激光器有太大差别。"

陈抗抗认为,精密微加工市场慢慢会转向用皮秒激光器进行加工的,"现在有不少公司已经开始和我们谈合作,想让我们做短的种子光源,所以我们现在也做了一些样机。这个市场正在慢慢成长。我们现在把光源做好,还有一些OEM的客户。国内可能会少一些,国外应用已经有一些市场,如医疗检测设备、眼科检测设备和人体内窥系统等。我们与国外的一些著名企业已经签订了合作协议。如果这一块能做起来,我们的市场会非常大。"

近几年,安扬激光在新产品研发和技术改造方面投入了大量人力、物力和财力。

光子晶体增益光纤是超快光纤激光器的核心技术之一,光子晶体增益光纤市场长期被国外公司垄断,国产超快光纤激光器中超半数成本皆耗在进口这种原材料上,这不仅导致国内超快光纤激光技术工业化步伐受阻,也在无形中增加了国产超快光纤激光器的生产成本。

从事多年研发工作的陈抗抗深知核心技术的重要性,早在多年前安扬激光就开始布局光纤的自主研发与生产。在特种光纤生产车间,矗立着历时近 2 年修建完成的约 10 米高的光纤拉丝塔。拉丝塔从建造到拉出成品光纤,全部由特种光纤研发团队自主设计完成。

2018 年上半年,安扬激光将光纤用于超快光纤激光器研发中,通过激光器的各种实验反馈,不断调整、完善光纤性能参数,使其最终能够满足超快光纤激光器的需求。截至目前,安扬激光已经设计、生产了系列特种激光光纤 40 余种。

从单一器件到激光器整机组装,安扬激光建立了一整套完整的标准化模块化操作体系。安扬激光可根据客户对激光器的不同需求,配置激光器中的各种器件,而这些器件中的关键、核心器件全部由安扬激光自行设计、开发和生产,包括电路板都是自行编码。这样一个闭环式的研发、生产体系,使安扬激光不仅节省了激光器的生产成本,也获得了更多的可控性和自由度。

在这种研发、生产模式下,安扬激光的超快光纤激光器平均功率已超过 100 W,重复频率在 25 kHz—5 MHz 可调,脉冲宽度在 300 fs—800 ps;白光激光器平均功率大于 20 W,波长范围在 400—2400 nm,重复频率在 10 kHz—200 MHz 可调。陈抗抗骄傲地说:"国内排名前 100 所高校中,其中 99% 的高校都是我们的客户,公司 35% 的产品远销海外。"

现在安扬公司自主研制、生产的超短脉冲(皮秒/飞秒量级)高峰值功率光纤激光器和超连续谱光纤激光器,部分性能和指标已达到世界一流水平,填补了国内同类产品空白。2018 年公司销售收入达到 3000 余万元,2017 年至今已获风投资金过亿元,而公司也由最初的几个人发展到现在的近 100 人。

六、憧憬未来

随着国内对超快光纤激光器的认识逐渐加深,以及技术发展的逐渐成熟,该领域已成为激光行业争抢的一大新兴领域,国内许多大型企业开始纷纷进入该领域。而此时的安扬激光,已成长为拥有皮秒光纤激光器、飞秒光纤激光器、超连续谱光源和特种光纤模块四大产品线的科技创新型企业,在市场上占领了先机。

2019 年 6 月开工新建的安扬激光高功率超快光纤激光器生产基地项目,总投资 2 亿元,项目占地 20000 m²,总建筑面积近 40000 m²,计划用 2 年时间完成生产基地建设。项目全部建成投产后,预计年产激光器约 5000 台,年均产值达到 25 亿元。

"潮平两岸阔,风正一帆悬。"对于安扬激光的未来,陈抗抗信心满满。不管是过去、现在,还是今后若干年,他始终在做的只有一件事情,就是掌握具有自主知识产权的激光技术,为我国的激光行业做出自己的贡献。他说:"安扬激光的愿景就是成为在中国能够与相干、通快匹敌的企业。"

当被问及是否考虑公司上市时,陈抗抗坦言,他并不太在意公司是否上市,上市只是公司在发展过程中可能会经历的某个事件,而研发、生产出好的产品才是此生追求的目标。他说:"人的一生,如果能够学以致用,能够做好一件事,何其幸也!"

"光纤自己拉,电路板编码自己写,研制和生产出真正具有自主知识产权、自主可控的国产超快激光器,将技术做到全球领先。"这是陈抗抗的梦想,也是安扬激光的梦想!

安扬激光 2020 年年会合影

激光领军人物之黄胜弟

脚踏实地做业务,仰望星空重创新

南京波长光电科技股份有限公司

○ 公司简介

南京波长光电科技股份有限公司主要从事激光光学产品、红外光学镜头等相关产品和零部件的研发、设计、生产、销售,于2014年在全国中小企业股份转让系统挂牌交易。公司对外承接各类光、机、电、软件系统开发。公司产品以各类激光光学器件为主,以各类红外光学器件、光学仪器系统和光学设计软件为辅。公司以提供高质量的激光光学、红外光学产品和全方位的服务为目标,服务于光学、光电子领域。

公司自成立以来,一向注重研发投入,坚持创新驱动。除了聘用国际专家团队为公司策划产品技术路线,公司还在南京设立了研发中心及全球技术服务中心,建立了江苏省研究生工作站。目前,公司已拥有光机电算设计优化和分析技术、晶体材料生长技术、精密光学冷加工技术、精密薄膜光学技术等核心技术,并已申请20多项专利及计算机软件著作权保护。

近年来,公司践行"大客户成长"策略,贯彻"高价值产品"的方针,不断扩大百万和千万销售额级的激光和红外客户,逐步提高公司的市场占有率。公司在深圳、武汉等地设立办事处。在国外设立子公司,负责海外营销,采用全球直销的策略拓展国际业务。如今,公司的 RONAR-SMITH 及 Opex 两大品牌享誉全球,客户遍及国内以及东南亚、欧洲和美洲地区。在中小功率激光光学市场,公司产品在国内市场的占有率名列前茅。

人物简介

南京波长光电科技股份有限公司
董事长黄胜弟

黄胜弟,南京波长光电科技股份有限公司董事长,1989 年毕业于浙江大学光仪系,2004 年毕业于澳大利亚南澳大学工商管理专业,硕士研究生学历。曾先后就职于南京江南光学仪器公司、新加坡贰陆公司、新加坡 Wintec 激光科技有限公司等。曾任新加坡光学光电子学会副主席,美国光学工程学会工业与交流分会董事。现为新加坡南洋理工大学光学与激光中心顾问,国际光学工程学会(SPIE)资深会员。获《中国激光》杂志社"2011 年度风云企业家"称号。

领军之路

时光飞逝,黄胜弟创立南京波长光电科技股份有限公司(以下简称波长光电)已经十余年。公司创立之初,只有几个员工,而如今,已经有三百多名员工。从单一的激光光学业务,到如今的激光光学系列、红外光学系列、视觉系列、智能控制、光学镀膜等业务,黄胜弟领导的波长光电在光学领域的探索脚步从未停歇。波长光电能够取得今天的辉煌成就,离不开公司全体员工的共同努力和拼搏,离不开以黄胜弟为首的管理层的正确领导,更离不开公司客户的支持和信任。从一个客户到如今的几千家客户,其中的艰辛不言而喻。创业,没有一帆风顺、马到成功的。创业之路崎岖坎坷,黄胜弟能带领波长光电走到今天,与他一直坚守的价值观密切相关。这也是全体波长光电员工牢记的公司核心价值观:客户至上、品质为先、持续创新、高效执行。

一、客户至上,品质为先

黄胜弟1989年毕业于浙江大学后,先后就职于南京江南光学仪器公司、新加坡贰陆公司、新加坡Wintec激光科技有限公司,以及新加坡IDI激光服务有限公司。由于一直都根植于光学/激光行业,他对相关市场也算比较了解。但当他创立公司真正参与到这个潜力无限的市场中时,激光技术已发展几十年了,很多企业已经进入这个新兴市场。如何取得客户的信任、拿到客户的订单,是这个新生公司能够存活下去的关键问题。

进入一个新市场、接触一个新客户,公司产品是最好的"敲门砖"。尤其是对于一个诞生时间不长、没有品牌知名度的新公司来说,产品质量能否经得起客户和市场的检验,是关乎企业存亡的核心因素。黄胜弟深知这一要点,也一直要求公司员工严格把控产品质量,对产品生产的每一环节都必须重视。许多公司为了打开市场,往往会在初期忽视产品质量实行低价策略,以期能够获得大量客户资源。黄胜弟认为,客户喜欢的是物美价廉的产品,而物美在前价廉在后。为了一时的市场而忽视甚至是放弃产品质量是得不偿失的。就算前期低价能吸引来许多客户,慢慢地也会因产品质量问题而失去客户的信任,从而流失掉宝贵的客户资源。

为了把控产品质量,做出客户满意、放心的高质量产品,黄胜弟要求公司全体员工牢记并执行"在生产现场,我们的前道需要把后道当作是客户,后道将前道当作是商店。只有这样环环相扣,大家做好自己的工作,凭着良心工作,才会为波长光电做贡献,赢得客户的心。把自己当作客户来看待我们的产品,把自己当作商家来卖我们产品,就会凭着良知去精益求精。"客户的信任是在经年累月的相处中用真诚的服务态度、过硬的产品质量赢得的。时间也证明了黄胜弟和公司重视产品品质的正确性,如今,凭借着过硬的产品质量,公司的业务不断做大、做强,公司产品也走出中国、走出亚洲、走向了世界。公司相继在新加坡、韩国、印度等国家设立子公司,采用全球直销的策略拓展国际业务。

二、持续创新,高效执行

随着激光和红外技术的快速发展,激光与红外的应用领域在不断扩大,激光行业也在持续发展壮大,覆盖了新能源汽车、3C产业以及国民经济的各个方面。从我国发展战略的角度来看,在《"十三五"国家科技创新规划》中,激光制造技术与装备被列入先进制造领域,"中国制造2025"发展战略将智能制造作为主攻方向,智能制造的核心之一是光电技术,而光电技术的核心正是激光设备及其核心部件。因此作为驱动制造业发展的一大核心,激光技术与红外成像技术的重要性不言而喻。波长光电处在这个朝气蓬勃的行业是幸运的,同时,快速发展的技术和市场也在考验着波长光电的生存发展能力。在如今科技日新月异的大背景下,不思进步、不去创新、吃老本的公司只会被市场迅速淘汰。在目前的激光市场上,激光产业链的每一个环节都有很多公司参与,新技术的出现不仅会淘汰部分跟不上技术进步脚步的公司,也会催生更多拥有新技术的新公司。这个行业未来还具有无穷可能性,竞争也只会愈加激烈。黄胜弟深知只有走在技术的最前端、紧跟行业发展的潮流、探索更多的可能性,波长光电才能在行业竞争中站稳脚跟、立于不败之地。

黄胜弟说:"科技研发是企业对未来发展的承诺,它需要长期的投入。"波长光电从创立起就在科研的道路上加快脚步一直前行。一方面,波长光电鼓励员工进行工艺工程的改革、创新,力求进一步改善产品性能、提升产品质量,为客户提供更优质的产品,也借此提高公司的工艺水平、生产能力和生产质量。另一方面,波长光电在研发新产品、研究新技术上不惜成本,破除谨小慎微的小格局思维,在生产和研发设备上大力投资,各种机械设备、镀膜设备、冷加工设备、检测设备都及时更新,不让硬件条件限制了研发软实力。

公司的科研人才也是影响公司科研能力的关键性因素。黄胜弟十分重视高素质人才的引进和培养。他认为企业和员工是对立统一的关系,将统一的效应发挥最大、对立的一面降到最低是作为管理层所要思考的。黄胜弟说："我们真诚对待员工,公司做得好,大家都受益。"为了给员工创造良好的生活和工作环境,波长光电在员工食堂、休闲、运动、学习等方面都做了很多投入。另外,公司还根据发展战略、人员结构和员工的工作性质,制定了年度培训计划,为波长光电的员工提供职业发展平台。这些举措都取得了良好的成效。公司每年推出3到5个新产品,其中有改进型产品,也有革新型产品。激光切割头、激光焊接头、激光清洗头、光束整形器、激光焊接实时监控仪、光学检测系统、表面缺陷检测设备等,这些产品见证了波长光电在科技创新上的不懈努力。

在黄胜弟的牵头钻研下,波长光电已经拥有包括"一种通用型的多光谱成像混合塑料的自动分选机"等7项发明专利,包括"一种随动光纤激光切割装置"等14项实用新型专利,此外公司还拥有6项软件著作权。

三、未来展望

随着我国经济结构调整和经济的持续增长,现代化工业生产对工业检测、制程控制、电气自动化等的需求不断提升,未来城市建设对城市监控、检验检疫、消防安保、交通管理等的需求增加,红外热像仪领域将呈现出强劲增长的态势。黄胜弟认为红外光学市场大有可为,波长光电提前布局参与红外市场是现阶段的正确决策。

未来,黄胜弟规划公司将继续深耕激光光学市场,站稳脚跟、提升知名度、扩大市场占有率;加大对红外光学市场的研发投入,进一步开拓红外光学市场;加大对高价值产品的研发投入,发展精密光学和智能视觉领域;持续投资精密光学和智能检测事业,拓宽公司在医疗生命科学、光学制造、材料再生等领域的客户群,为公司带来新的增长引擎;利用海外子公司的资源优势和地理位置优势,逐步拓展全球市场,发展遍布全球的营销网络,提升品牌知名度、信任度,将公司产品销往世界各地。在黄胜弟的领导下,波长光电将遵循"让波长更宽广"的使命,为"成为光电行业主导力量"的美好愿景而继续奋斗拼搏。

激光领军人物之聂水斌

追"光"逐梦,"诚"就未来

海目星(江门)激光智能装备有限公司

○ 公司简介

海目星激光于2008年在深圳成立,现已成为业界领先的激光与自动化装备综合解决方案的提供商,是国家级高新技术企业。

海目星激光总部位于深圳市龙华区,现拥有海目星(江门)激光智能装备有限公司、海目星激光智能装备(江苏)有限公司、广州市海目星激光科技有限公司和鞍山海目星科技有限公司多家全资子公司。并在广东省江门市和江苏省常州市分别设有全球智能制造生产基地。目前海目星激光员工共有1900人,在全球有40多个服务网点。

海目星激光拥有三大主营产品线,分别是钣金智能装备产品线、3C消费智能制造装备产品线和新能源自动化智能装备产品线,并在各个领域均取得了市场的高度认可。

海目星激光一直关注光纤激光钣金应用市场,针对不同行业的钣金应用,推出了多款机型,如HF系列激光钣金智能切割装备、HP系列激光管材智能切割装备、三维激光切割智能装备和柔性线一体装备等,广泛应用于工程机械、建筑机械、轻工机械、农业机械、石油机械、电气制造、汽车制造、航空航天等行业。

经过在行业里不断深耕和钻研,海目星始终保持领先的品质和快速的服务,公司海内外业务取得均衡和多元化的发展,市场份额屡创新高,盈利水平持续提升。

人物简介

海目星(江门)激光智能装备有限公司
副董事长聂水斌

聂水斌,1976年4月出生,籍贯广东肇庆,海目星激光智能装备有限公司副董事长。2008年,与赵盛宇、周逸共同创办了海目星激光。公司涉及领域较多,目前聂水斌主要负责大型激光切割设备领域,带领海目星激光深耕激光和自动化领域,使海目星激光成为当今激光智能装备行业领航者。积极投身于各类社会公益和慈善事业中,为秉承"捐资助学,仁爱无限"的理念,成立了大洲助学会与"点亮爱"慈善机构,帮助品学兼优的贫困学生完成学业,为国家、为社会培养了栋梁之材。

领军之路

一、从 0 到 1，一路向前

出身于贫穷家庭的聂水斌从小就肩负起了养家糊口的重担，18 岁便辍学来到广州开启了谋生之路。古语有云："学有一技之长，走遍天下都不怕。"怀揣着这个信念，聂水斌不断学习各项技能，提高能力，由最初的学徒到行业销售精英，再到与他人一同创立一家做丝网印刷蚀刻的公司。在 2000 年，与激光正式结缘，聂水斌用"激动"二字来形容。第一次现场看到了激光打标，激光打标先进和高效的工作方式深深地震撼了他，于是聂水斌当场购买了一台激光打标机，回去就用它替代了丝网印刷蚀刻。随后，他不断接触各类激光雕刻、锂电设备、激光切割设备等。出于对这个行业的看好和热爱，2008 年，聂水斌与赵盛宇、周逸共同创办了海目星激光，公司主要专注于大型激光切割设备领域。

在创业初期，聂水斌发现当时大多数加工工厂用的设备都是日系、欧系的牌子，中国品牌的大型机械加工设备很少。聂水斌与合伙人考察了国内很多的厂家，很多人都说中国制造在行业中竞争力很弱，甚至有人指出当时的中国市场状态下造不出一台像样的大型钣金加工设备，这让聂水斌非常难受，下定决心要发展并壮大中国制造的力量，把海目星激光在钣金加工装备行业内做大、做强，改变钣金激光加工行业无国产品牌的窘况。从此，"打造中国制造品牌"的理念推动着海目星激光一直向前发展。

在激光加工领域，聂水斌的每一步都走得很踏实。因为是非科班出身，聂水斌每走一步都像是在黑暗中摸索。他白天跑市场，了解终端客户的需求，晚上回来继续学习行业知识与专业技术。在此期间，聂水斌还不忘深造，分别取得了中国地质大学工商管理学历和中山大学 EMBA 学历，并持续不断为自己充电，让自己的管理能力和专业知识更上一层楼。

聂水斌这种与时俱进、不断学习的精神也推动着海目星激光不断发展。

二、以品质和服务赢得客户

聂水斌深知激光是以高新技术为主导的产业,因此,他通过设立海目星商学院,培养和引进大量海内外激光行业精英,成立一流的技术研发团队,增设激光应用工艺实验室、智能装备研发中心和智能软件开发中心,创新性地打造了"工艺·装备·智能"三角研发体系,使海目星激光源源不断地提供新型技术应用,获得了市场的深度认可。为与国际接轨,海目星激光在欧洲成立研发中心,在聂水斌等带领下,海目星激光通过技术不断升级、创新,由传统的激光加工设备提供商升级为激光智能化加工装备和综合解决方案提供商。

全球化是当今世界的发展趋势,中国企业"走出去"已成大势所趋,聂水斌深刻地意识到了这一点,他积极部署海目星激光全球化战略,目前已成立海目星(欧洲)公司、海目星(美国)公司和海目星意大利研发中心。凭借"中国智造,欧洲技术"的优势,海目星激光智能装备已销往全球多地,真正实现了让中国品牌走向世界的目标。

聂水斌还通过行业会议了解全球各地对于激光行业的市场需求和未来行业发展的方向。他多次受邀出席重量级激光行业会议并发表演讲,获得了诸多如"卓越贡献奖"之类的行业大奖。这不仅是因为海目星激光具有在激光领域突出贡献的创新产品和技术,也是行业权威对海目星激光多年品牌形象塑造和高质量产品的认可。对聂水斌而言,这是一份意外的收获,也是一股前进的动力。

在聂水斌和合伙人的带领下,海目星激光用实力拼出成绩,用技术获得认可,用服务赢得客户。海目星激光已成长为全球知名、国内领先的激光及自动化领域综合解决方案提供商,并经历了销售额不断增长的蜕变。海目星激光正代表着中国制造的高水平,逐步走向全世界。

三、高功率、大幅面、自动化、智能化

2018年,由于激光器等配件价格不断降低、激光切割设备应用成本降低、使用门槛降低,更多的客户和产业使用激光加工设备,市场对激光切割机的需求不断攀升。聂水斌说:"在前进的道路中,我们对未来趋势的发展也越来

清晰。"聂水斌对未来激光切割设备的发展趋势做出了以下三个方面的判断。

第一，更高的功率，更大的工作幅面。更高的功率意味着能够切割更多、更厚的板材，更大的工作幅面能符合大板材的生产要求，获得更高的效益，这也是终端市场和企业所追求的。同时，更高功率和更大幅面的激光切割，对激光行业也提出了更高的研发要求。海目星激光为满足更高功率、更大幅面的发展趋势，投入大量的研发，积极巩固海目星激光在高功率、大幅面激光切割机市场的地位。

第二，钣金加工柔性生产线。海目星激光积极引进钣金加工柔性生产线，从金属材料的进料、传送、堆放和卸料全部实现自动化，整个生产加工过程除了编程操作外，其余各道工序都由设备自动完成，充分保证了钣金加工的高质量、高效率，节约了人力资源。海目星激光根据客户需求，将一整条钣金加工柔性生产线完整地呈现，环环相扣，为客户提供完整的激光加工综合解决方案，并且积极帮助客户定制生产线。自动上下料、自动仓储、立体仓库等自动化工序搭配激光加工设备为客户生产提高了效益、创造了价值。

第三，智能化。"智能"是为了实现更好的人机、机机互动，目前德国、日本企业在智能化方面领先，发展迅速，而国内智能化水平还处于萌芽阶段。海目星激光深入智能化研发，利用最新的互联网和云端技术，成功打造了智能化的 HyLASER 3.0 控制系统。HyLASER 3.0 控制系统如同海目星激光的超级大脑，系统维护、生产、计划、诊断更智能，一个 CPU 完成全部的数据计算。系统配备远程诊断模块，出现问题了，海目星激光的工程师都可以远程协助解决。设备运行状态实现了实时监测，在人机界面可以监测设备的运行状态等。该系统拥有丰富而特有的工艺库，极大地提高了生产切割效率。

四、创业之外不忘饮水思源

从小在贫困山村长大的聂水斌，深知贫穷的艰辛、有书不能读的无奈。在创业初期，助弱扶贫的想法就已经在聂水斌心中萌芽。2012 年 10 月，大洲助学会在聂水斌的初中同学聚会上悄然酝酿。以"与历届校友一起做一件有意义的事"为初衷，以聂水斌为首的大洲中学校友慈善会在大洲中学拉开了助弱扶贫的帷幕，筹到善款两万多元，全部用于帮助贫困学生。2014 年 1 月 1 日，大洲助学会正式成立，聂水斌为助学会总会长。6 年来，聂水斌为大洲助学会花费了不少心血。作为大洲助学会总会长,聂水斌事事以身作则、亲力亲为,带领社会爱心人士帮助贫困学生,在思想上感染他们成长,在行动上引导他们前进。聂水斌经常在大洲助学会工作群里鼓励助学会会员:"凡事要不忘初心,做人做事如此,助学也如此。"

如今的聂水斌每年都会拿出自己一部分收入来资助这些贫苦的孩子,在每年的暑假或寒假,都会和大洲助学会会员一起顶着烈日或冒着严寒,下乡走访。如今,大洲助学会会员已有一百多人,帮助贫困学生近两百人,帮助范围从封开县扩大到广东省其他地区。

存善念,说善言,行善事,心系社会,感恩回报,积极投入各项慈善公益中,用爱心公益回馈社会。这是聂水斌的人生追求,也是他此生为之奋斗的目标!

激光领军人物之柳洁
从行业弄潮儿到领域精英

武汉武钢华工激光大型装备有限公司

○ 公司简介

武汉武钢华工激光大型装备有限公司是由宝信软件(武汉)有限公司与武汉华工激光工程有限责任公司合资成立的公司,致力于提供激光表面处理及增材制造整体应用解决方案(工艺开发、设备制造、技术服务)。公司产品涉及钢铁、电力、石化、机械及国防军工等国民经济支柱行业,符合国家节能、环保、降耗、循环再制造的绿色经济发展战略。

公司主要产品和业务:①激光表面处理及增材制造设备(500—20000 W激光熔覆/淬火设备、激光3D打印设备、50—2000 W激光清洗设备、轧辊激光毛化设备);②激光表面先进制造材料和工艺(激光淬火、激光熔覆、激光3D打印、激光合金化、激光清洗、激光毛化)开发并提供应用解决方案;③对外激光加工服务业务(来料加工、现场移动式加工、设立加工站);④激光设备零配件销售及服务;⑤激光表面处理及增材制造项目咨询和论证等多元化服务。公司开发的产品和工艺已获得多项国家专利,并广泛应用于航空航天、冶金、汽

车、轻工模具、机械、石化、电力、铁路运输、船舶、科研教学等领域,取得了显著的经济和社会效益。

公司依托全球钢铁行业最具影响力的企业之一的中国宝武武钢集团有限公司雄厚的资源优势和品牌影响力,传承了武汉华工激光工程有限责任公司"采用先进的激光技术改造传统产业"的服务宗旨,结合宝武的市场优势和行业影响力以及华工激光的行业领先地位和强大技术人才优势,实现强强联手,致力于打造国际一流的高功率激光装备研发制造、应用开发与技术服务提供商,实现"为制造的更高荣耀"的经营理念。

◯ 人物简介

武汉武钢华工激光大型装备有限公司
总经理柳洁

柳洁,男,1979年出生,2000年11月加入中国共产党,硕士学位。

从业十余年,申请专利10项,先后在国家部委、多家国有企业及合资企业任职,有企业经营、管理、项目策划、市场销售、群团工作等方面丰富的实践工作经验。参与国家重点研发计划项目"高效高精度多功能激光增材制造系列熔覆喷头研发"。在国务院国资委(中央企业团工委)工作期间,组织各类全中央企业范围活动10余次,编辑出版《身边榜样》《理论探索》《实践荟萃》三本书,审定著稿230余万字,并参与各类政府相关文件、文献的编写和修订工作。现任中国光学学会激光加工专业委员会委员,全国光辐射安全和激光设备标准化技术委员会大功率激光器应用分技术委员会委员,瞪羚企业领导人。

目前就任武汉武钢华工激光大型装备有限公司(以下简称武钢华工激光)总经理。

○ 领军之路

2017 年 8 月,经宝信软件(武汉)有限公司股东方推荐,武钢华工激光董事会决定:柳洁担任武钢华工激光总经理。

从此,柳洁从央企一脚踏入一个崭新的光领域,肩负起带领这家高新技术企业改革创新、快速发展的使命。

这一年,柳洁在原有企业的基础上,创新商业模式、市场营销和经营理念,使武钢华工激光加速成为企业市场占有率高、行业领导力强的成长型企业。

这一年,柳洁秉承他特有的创新、激情、远见、坚持、责任以及雄心,通过不断努力和超越,往行业的前列砥砺前行。

这一年,柳洁一步一步地实现了从行业弄潮儿到领域精英的转变,成为引领未来的新力量。

一、涉足激光行业——使命在肩,众志成城

来到武钢华工激光任职刚满一年的柳洁,在人才济济的激光表面处理及再制造领域,可谓是实实在在的新人。

武钢华工激光是由宝信软件(武汉)有限公司与武汉华工激光工程有限责任公司合资成立的公司,是致力于提供激光表面处理及再制造技术系统和权威解决方案的高科技公司,具有雄厚的技术、人才、设备实力。公司前身为华工激光表面处理事业部。武钢华工激光主要业务是激光增材制造和激光表面热处理设备,而这两个产品领域的高端制造业正在逐年增加,产品高端化、智能化趋势正在逐步形成。

武钢华工激光自成立以来,经过公司几代成员的不懈努力、开拓进取,以积极良好的态度、优质快速的服务建立了良好的信誉,取得了不俗的成绩。CO_2 激光强化装备逐步转型为半导体、光纤激光强化装备,其中,半导体直接出光系统实现国产化,打破了国外垄断,为国产化激光设备的竞争力提升奠定了基础。半导体激光强化装备荣获国家重点新产品;半导体激光熔覆装备在

矿山机械行业应用,率先实现国内量产销售;激光 3D 打印研制成功,并形成销售,得到客户的高度认可;激光增材制造新技术——内孔激光熔覆研制成功,解决了很多传统激光熔覆方式无法实现的加工难题,该产品形成实际工程应用,得到客户的高度认同;轧辊激光有序毛化技术转型为轧辊激光无序毛化技术,已销往国内多家知名钢铁企业,"光纤激光无序毛化设备产业化"荣获国家火炬计划产业化示范项目;"一种轧辊表面的激光毛化工艺"荣获国际"发明创业奖"金奖,并制订了《数控光纤激光无序毛化机床》国家行业标准;50 W、200 W 手持式激光清洗机研制成功并实现销售;武钢华工激光装备制造及技术服务产业基地项目启动。

面对已有的成就、新的领域、新的机遇和新的挑战,柳洁深感重责在身。经过深入市场调研,柳洁迅速创新思维,调整经营策略,确立"产品销售"和"加工服务"两种主营业务方式并行,努力开拓外部市场,寻找新的企业发展点,努力开创公司发展新格局。

目前,公司已经拥有四条产品线,分别是激光再制造(包括 3D 打印)、激光表面强化、激光毛化、激光清洗。这四条成熟的产品线中,主要核心产品的市场占有率始终保持在 30% 以上。目前,武钢华工激光四条产品线的技术和规模均保持在行业前列。

二、追求工匠精神——技术引领,推陈出新

柳洁和他的团队目标不止于此。他提出:"公司的技术能力必须与行业内的影响力相匹配,作为一家高新技术企业,技术是根本。"一方面,加工市场在原有市场中不断扩大份额;另一方面,由原来的冶金加工行业逐步扩展到了煤炭、军工、水利水电行业。在他主导的改革部署中,公司还专门成立了独立的研发部门,确保研发人员专注于新技术、新产品的自主研发,公司已形成了"投产一代、研发一代"的良性循环。公司保证两条产品线的研发:标准产品线和非标产品线。标准产品线着重提高市场占有率,而非标产品线则脱离同质竞争,研发出能够凸显自己技术实力的高新技术产品,提高竞争力。

研发部门的成立对公司的新技术、新产品提升起到了很大的促进作用。仅在研发部成立一年后,公司面对市场推出了四五款新产品,完成了超高功率激光清洗机、小功率激光清洗标准机、超高速激光熔敷设备及小型轧辊激光毛

化设备等产品和产线的研发。清洗产品线整体完成升级,第二代小功率清洗机也即将面世,在这种良好的趋势下,技术的不断更迭也能更快、更高效地响应客户需求和市场变化。

面对日新月异的行业变化,柳洁反对固步自封,坚持创新。他在公司内部设立了技术供需体系,公司组织专人定期分析市场走向。柳洁在会上多次强调,销售人员在与客户交流的过程中,必须第一时间把客户的需求反馈到技术部门。柳洁对行业内的一些技术优势会格外关注,会在最短的时间内对产品进行优化调整。公司一直以来坚持匠心,追求产品质量、精益求精、严格把控每道工序,对所有微小的细节力求完美。如此严谨的态度,使得武钢华工激光的每一位制造者都成了质量工程师。

柳洁经常说:"这样做是为了保证公司的技术和产品始终走在行业前列,让企业在行业内保持领先地位。只有在保证质量的前提下不断地推陈出新,才能与规模日渐庞大的市场需求相匹配。"

三、注重市场策略——精准营销,以点带面

一直以来,武钢华工激光通过客户资源的储备、积累,逐渐与市场上的重点客户建立了比较稳定的关系,并继续通过维护新老客户关系树立行业典型标杆,形成"以点带面"的销售格局。在销售政策层面,公司从管理层到销售人员,一直在不遗余力地开拓新的市场,目前涉及的行业和企业基本涵盖了国内大中型制造业,公司的产品也得到了众多客户的好评。

柳洁带领着团队,在加大内部品控管理的基础上,更加注重客户的体验。一方面斥巨资建立产品线实验及展示平台;另一方面在市场上广纳贤才,组建了一支面对终端客户的专业售后团队。柳洁计划公司将在国内多个区域增设分支机构,进行重点区域和重点行业的定点销售,进一步扩大销售覆盖面,提高市场占有率。

四、打造和谐文化——强化绩效,重视分享

纵观当今诸多优秀企业,只有企业自身具备特有的价值追求、理想与信念,才能历经多年商海浮沉而屹立不倒,这些正是一个企业所具有的企业文化

的精髓所在。

企业内部首先要和谐,和谐的企业文化有助于实现企业的目标。自从柳洁来到武钢华工激光,不仅加快了武钢华工激光的改革创新及高速发展,也为公司带来了新的企业文化和活力。与此同时,柳洁更是把"执行力"作为所有行为的最高准则,要求员工节约、自律、创新和争先,将企业的技术能力始终保持在领先地位。为了调动员工的工作积极性,柳洁调整了研发、生产以及销售管理的流程标准,提高了团队效率。

管理层与企业决策者要兼顾商道和人道。柳洁这样理解,"商道即商业道德,企业必须重质量、重信誉,将客户放在第一位。盈利固然重要,但国有企业具有社会责任,要成为商道的表率。人道即人的道德,无论是自己的为人,还是员工的为人都应该设立一个严格的标准。"他多次在员工会议上提到,公司用人要以德为先。同时,他也注重对员工的人文关怀。他说:"企业是一个大家庭,家庭里的每个人分工不同,但在这个家里,应该情同手足。"

目前,武钢华工激光拥有博士、硕士等各层次人才 40 人,其中 30 岁以下的科研人员占比 40%。柳洁非常注重员工能力的提升,在他的提议下,管理部门制定了员工发展计划,无论是技术还是其他岗位人员,在不同的方向上都有相关规划。在技术方面,企业的应用和软件一直在不断升级,柳洁鼓励年轻的技术工程师去产品线上学习实践,倡导中层管理人员参与外部培训,通过有针对性的培训来提高不同岗位员工在本岗位的专业能力,进而提升企业的整体水平。

五、展望未来

对于企业定位,柳洁坚定地说:"我们的企业愿景是做中国值得信赖的激光高端制造装备服务提供商。"

对于公司的未来规划,柳洁表示,虽然武钢华工激光目前已经是国内知名的激光再制造企业,但公司的目标是努力在激光增材制造和激光表面热处理这两个主要的专业上做到国内最先进,技术能力保持在国内领先地位,并逐步向国外市场扩展延伸,最终成为全行业知名品牌。

激光领军人物之杨诚

误入"光途"的跨界人

武汉汇科信工业技术股份有限公司

○ 公司简介

武汉汇科信工业技术股份有限公司成立于2006年9月,是湖北省激光协会副会长单位,公司的数控制造基地于2011年通过ISO9000认证。2015年与华中科技大学武汉智能装备工业技术研究院联合组建激光应用设备技术研发中心及联合制造基地。2018年8月,公司在新三板挂牌。2018年11月,国家高新技术企业获批通过。2018年12月,荣获"武汉市科技小巨人",是光谷最具活力的服务型制造示范平台。

公司拥有一批专业的员工队伍和专家团队,他们敬业、高效、训练有素,具备较高的技术能力及职业素养。

公司拥有规格齐全的数控加工中心、大型数控龙门铣床等高端机加设备及检测设备。在光电通信行业、激光应用设备及智能装备领域,积累多年的行业经验,具备设计制造和装配从微型到大型的核心部件及高端装备整机的综合能力。

公司机械加工事业部,以光电领域的高科技公司为目标客户,着力解决机械加工配套、模具加工配套的生产支持及技术服务,具有完善的工艺能力和强大的机加实力,已成为众多世界级通信设备制造企业的机械加工供应商。

公司装备事业部拥有一支具有扎实机械设计能力的优秀设计团队,可为激光高端装备制造商提供硬件系统的完整解决方案。公司现已基本形成自主核心设计,关键零部件的精密制造,以及联装、联调、装备测试的完整产业链。公司打造从装备需求构思到精美实体工业产品的一站式设计制造服务,是几家国内顶级激光装备制造厂的核心供应商。

公司秉承"汇聚英才、科技兴企、信行天下"的公司理念,以认真、勤奋的工匠态度,全心全意为高端智能装备制造业服务,努力成为中国智造的强力助推器。

人物简介

武汉汇科信工业技术股份有限公司
董事长杨诚

杨诚,武汉汇科信工业技术股份有限公司董事长,湖北省激光行业协会副会长。毕业于中南财经政法大学金融专业,曾先后任职中国工商银行武汉分行、招商银行武汉分行,有十余年的金融行业管理经验。曾获国家一级能手、优秀团干部、金融先进工作者、新长征突击手等多项荣誉。工作严谨、认真,逻辑严密,对企业发展有长远的规划和定位。

○ 领军之路

2012年夏天,危难之中杨诚被迫接手武汉汇科信工业技术股份有限公司的全面工作。工作伊始,他花了6个月时间对光谷光电行业进行周密的市场调研和认真分析,并重新调整了企业的发展方向和定位,然后大刀阔斧地对公司原有体制进行改革,梳理,规范了公司的管理架构。

经过5年的整顿、巩固,公司基本完成了由传统机械制造企业向光谷最具活力的服务型制造企业的转化。

2014年,公司正式定位"甘为人后、精准服务"的发展策略,为光谷激光及光电领域的世界级企业提供"三基"(基础硬件的工业设计、基础精密加工制造、基础联调装配工艺)服务。公司将进一步完善激光应用装备、智能装备等产业的全生态链,弥补了上游供应的短板,从而促进光谷光电产业集群快速、健康的发展,促进公司把握巨大的发展机遇。

转型以来,公司进入发展快车道,销售收入逐年增加,预计未来5年复合增长率将达30%以上。

激光领军人物之罗文勇

以创新促进企业发展

锐光信通科技有限公司

○ 公司简介

作为烽火科技集团下属烽火通信科技股份有限公司（以下简称烽火通信）的全资子公司，锐光信通科技有限公司（以下简称锐光）专注特种光纤技术的研发。公司注册资金达2.6亿元，承担了我国光纤激光、光纤通信领域大量的研究项目。公司秉承武汉邮电科学研究院近40年光纤技术的传承，拥有雄厚的光纤技术研发能力和产业化能力，拥有武汉市人才培育创新团队、武汉市黄鹤英才科技专项人才，以及2名"3551光谷人才计划"资助人才等高素质人才队伍。

公司在特种光纤方面具有领先国际先进水平的研发实力，在业内首创135细径保偏光纤，在国内率先研发出60/100细径保偏光纤，将细径化与高性能有机结合，解决了光纤陀螺面临的高精度和小型化的问题，为光纤陀螺在卫星、火箭、高铁、船舶等我国航天航空和重大工程及国防建设领域的持续发展奠定了核心的光纤元件基础，带动了我国惯性技术用保偏光纤从80/165体系突破到80/135体系,从而有力加强了国家在高性能惯性技术领域的自主可控和高端技术引领的能力。公司在国内领先实现了工业级掺镱光纤的商用化,打破了国外企业在我国商用化光纤激光市场核心元件方面的垄断,研发的10/130、20/130、30/250、20/400等系列双包层掺镱光纤已广泛应用于国内领先的光纤激光企业,为我国光纤激光产业的自主、高效发展做出了贡献。

公司现已具有制棒、光学冷加工、拉丝、测试一体化等现代化规模生产能力。公司主要产品有熊猫保偏光纤、掺稀土系列激光光纤、光子晶体光纤、激光传输用传能光纤、照明用大芯径传能光纤、980 nm光纤、弯曲不敏感光纤、纯硅芯高带宽多模光纤等,均是我国光纤传感、光纤通信和激光领域不可或缺的关键元器件,具有很高的技术水准。

○ 人物简介

锐光信通科技有限公司
总经理罗文勇

罗文勇,锐光信通科技有限公司总经理,正高职高级工程师,湖北省光学学会理事,湖北省激光行业协会副会长,入选2014年武汉市黄鹤英才(科技专项)人才计划,申请发明专利48项,获国家科技进步二等奖、中国专利奖、中国通信学会科学技术进步一等奖,以及湖北省技术发明二等奖等多项奖励。

领军之路

一、勇挑重担,以创新驱动打开公司产业化局面

光纤技术经过半个世纪的发展,已从传统的光纤通信向光纤传感、光纤激光、光互联、光智能方向发展。一个基于信息洪流和智能化应用的全光社会的建设已逐渐成为世界发展趋势,这对各类型光纤提出了巨大的发展需求。烽火通信决定在现有的通信光纤光缆之外开辟新的特种光纤领域,因此对锐光寄予厚望。但是,当将特种光纤技术落实到具体的应用细节时,却有诸多技术问题横在前面,对产业化规模应用造成阻碍,锐光的产业化也迟迟未能展开。

历经波折,烽火通信决定由罗文勇来带领锐光走出特种光纤产业化应用的困境。经过内部讨论,锐光决定从惯性技术用保偏光纤着手开展产业化。

随着国防的智能化建设以及社会智能化的发展,惯性技术已成为国防建设和国民经济的关键技术,光纤陀螺技术已成为惯性技术的主流技术之一,而且未来还不可替代。保偏光纤是光纤陀螺技术的核心元件,作为光纤陀螺核心基础的保偏光纤技术一直受到部分国家封锁。我国虽然很早就开始进行了保偏光纤的创新突破,但是随着光纤陀螺向高精度和小型化方向发展,原有的保偏光纤已无法适应光纤陀螺的新发展需求。

罗文勇带领团队基于多个国家项目科研成果的沉淀,成功在业内首创80/135高性能细径熊猫保偏光纤,经航空航天多家应用单位试用与鉴定,具备极低的全温偏振串音变化量、高精度的几何尺寸、较小的器件体积等特点,能够有效地提高光纤陀螺的精度、减小体积、抑制信号输出对温度的敏感性,有效提升保偏光纤器件的可靠性。

(a)传统保偏光纤结构　　(b)80/135细径保偏光纤结构

细径保偏光纤结构

这一细径保偏光纤技术将细径化与高性能有机结合,解决了光纤陀螺面临的高精度和小型化的问题,为光纤陀螺在卫星、火箭、高铁、船舶、导弹等我国航天航空、重大工程及国防建设领域的持续发展奠定了核心的光纤元件基础,带动我国惯性技术用保偏光纤从80/165体系突破到80/135体系,有力加强了国家在高性能惯性技术领域的自主可控和高端技术的引领能力。

"中国光纤之父"赵梓森院士莅临烽火展厅,关注高精度保偏光纤、光子晶体保偏光纤、掺稀土激光光纤等新型产品情况

同时,罗文勇及其团队充分发挥在弯曲不敏感光纤、光子晶体光纤、光纤拉制技术、特种光纤技术等诸多方面的研究基础,以基础的高性能弯曲不敏感光纤技术和国际领先水平的光纤拉制技术为基础,研发出基于光子晶体技术的高性能实用化保偏光纤。其性能达到国际先进水平,其全温稳定性相比普通保偏光纤提升了至少一个数量级,为下一代高精度光纤陀螺技术的研究奠定了元器件基础。2017年4月,我国"天舟一号"货运飞船首飞获得圆满成功,国际上首次实现了光子晶体光纤陀螺的工程应用。

二、夯实基础,创新低功率激光光纤突破市场垄断

激光用特种光纤是光纤激光器与光纤通信发展的关键基础材料,主要包括掺稀土系列光纤、匹配双包层无源光纤和传能光纤等。因此受能量光电子和信息光电子的双轮驱动,我国对激光用特种光纤的需求迅速增长。国外先进企业对激光用特种光纤进行了技术封锁和市场垄断。

为打破这一局面,在罗文勇的带领下,锐光开展了激光光纤的研究工作。

早在 2005 年,烽火通信的掺稀土光纤产品即获国家重点新产品称号,但当时多着眼于高功率光纤激光应用诉求,没有对激光光纤的工程化应用的具体细节做更多的研究,造成后续产业化应用迟迟未能展开。

锐光认真分析了这一局面,结合 2013 年以后光纤激光器发展的新动向,以工业领域的实际需求开展产品研究。在 2014 年、2015 年,工业界最急迫需要的是低功率光纤激光器用激光光纤。这些光纤在当时基本上全部被国外企业垄断,国内光纤激光企业在后端商用化竞争中对国产化有非常强烈的需求。

为解决这一问题,罗文勇带领团队研发出全新的气相沉积工艺,实现了掺镱光纤研制的质的飞跃。

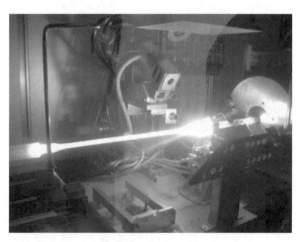

气相沉积工艺示意图

锐光研发出一系列自主知识产权的专利技术,实现了光纤波导、工艺和装备技术、高性能和低噪声掺稀土光纤制造关键技术的系列突破,从工艺和装备两条线路出发,将先进的光纤工艺技术和高端的光纤装备技术有机结合起来,实现掺稀土系列特种光纤的关键技术突破和产业化应用。

以此技术为基础,罗文勇带领团队研发的 10/130、20/130 等系列掺镱光纤产品性能达到国外企业同类产品的水平,性价比则优于国外企业,使我国光纤激光器企业可以使用优良的国产化激光光纤,打破了国外企业的市场垄断和技术封锁,有力促进了我国光纤激光产业的发展,相继获得 2015 年中国专利奖、2018 年中国光学工程学会科技进步二等奖。

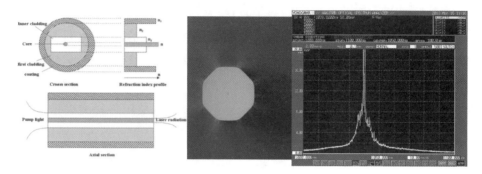

锐光信通推出的双包层掺镱光纤

目前国内优势企业已具备与国外主流特种光纤厂商在特种光纤细分领域不相上下的实力，后续在国家相关开创性体制牵引下，将进一步实现企业产业实力与产品工程化能力的全面提升，以应对日趋激烈的国际竞争与日趋紧迫的国内新兴产业对高性能特种光纤产品的实际需求。

三、培育队伍，产业化创新升级服务光纤激光行业

作为团队负责人，一方面需要兢兢业业，刻苦奋斗，认真思考光纤创新与成果产业化的结合方向，努力将科研成果转化为产业，积极创新，促进企业发展；另一方面还需要培养队伍，锻炼人才。只有发挥团队之力，公司才能健康、有序发展。

罗文勇对人才的培养非常重视。在锐光，只要经过 2 到 3 年的工艺历练，就可以利用锐光这个平台作为项目负责人负责项目工作。罗文勇还会对公司相关人才悉心指导，希望他们能在科研工作和产业化工作中脱颖而出，做出卓越的工作成绩。

罗文勇在学术论坛发表演讲

作为烽火通信特种光纤的创新平台,在罗文勇的主持下,锐光在大容量通信领域,与清华大学、华中科技大学、中山大学、北京航空航天大学等多家高校密切合作,实现轨道角动量传输光纤等多种新型大容量传输光纤以及光子晶体光纤等诸多创新产品的研发,相关技术成果刷新了多项相关领域世界纪录。这些成果一方面为下一代光纤通信前沿基础研究领域关键材料突破做出了贡献,另一方面也为诸多科研人才脱颖而出创造了条件。

在罗文勇的支持下,公司团队相继涌现出武汉市黄鹤英才科技专项人才1名、入选东湖新技术开发区"3551光谷人才计划"2名。团队研发实力和科研队伍得到了有效壮大。

经过长期在技术创新一线的奋斗,罗文勇在通信光纤、陀螺用光纤、激光用特种光纤、前沿光子晶体光纤等方面均有深入的研究,形成了一系列的研究成果,形成了具有自主知识产权的光波导结构技术、光纤工艺技术和光纤装备技术三大系列的发明专利。截至2017年12月,罗文勇已申请发明专利48项,其中已授权25项,并包括数项国外专利。通过具有自主知识产权的原创技术,公司形成传感与激光用光纤的关键技术突破,打破国外技术封锁,形成全新的激光领域与传感领域应用的系列特种光纤波导结构与制造技术专利。

另一方面,随着团队队伍的壮大,锐光相继在新型激光光纤在全光纤系统验证下实现3000 W高功率、高光束质量稳定输出的技术突破,并基于公司已建立的激光光纤全气相制备工艺平台与综合性能测试平台,优化研发了原创性的高效硬质包层型系列激光光纤,形成了具备高功率运行稳定性的激光光纤及其匹配无源光纤的整套研制技术能力,配合合作单位实现了3000 W单光纤模块的原型机用所有有源、无源光纤材料的国产化。

罗文勇在展会期间接受媒体访谈

作为锐光技术成果规模生产和市场开拓的带头人,罗文勇始终冲锋在技术研究的创新一线和科研成果转化的奋斗一线,率领公司开拓了激光用特种光纤的产业化市场。公司特种光纤团队发挥自身技术优势,准确把握市场趋势,通过不断的技术创新、科学的流程管理、积极的市场开拓,实现了多种类型光纤产品的研发与市场化,实现了公司业绩的快速增长。

四、展望未来

未来已来,社会的智能化浪潮已是时代的大势,光学已成为顺应时代、承载智能化的关键学科领域。随着光学技术的发展,如今人们使用光纤,已不仅仅局限于其通信波导的传输,而是面向更为广阔的光波长和光子两个特性的使用上。

在罗文勇的带领下,锐光已积累了大量的特种光棒(光纤预制棒的简称)技术研究的基础数据,并组建了一支高水平的科研队伍,形成了高性能的传感用特种光纤光缆技术、高可靠高质量高精度的保偏光纤技术和新颖的稀土光棒技术,实现了定制化的特种光棒技术研发,研发出 10/130、20/130、30/250、20/400 等系列双包层掺镱光纤和 100/140、200/220、400/440、600/660、800/880 等系列传能光纤,已在国内诸多光纤激光器企业取得了广泛的应用,打破了国外企业的市场垄断地位,实现了细分市场的领先应用。

随着光纤技术的深入发展,通过以锐光为代表的各个特种光纤企业的共同努力,特种光纤技术的研究将迎来更多创新力量,从而推动特种光纤技术在超大容量通信、高性能光纤传感技术以及光纤激光技术等方面的发展。特种光纤技术还将在智能电网、无人驾驶、智能导航、智能探测、激光照明、超精细加工等领域发挥更大的作用,进一步促进智能化与信息化的交融,从而为社会的智能化发展插上光的翅膀,自如翱翔在高科技海洋的上空。

激光领军人物之潘光辉

浙江泰禾激光设备有限公司

◯ 公司简介

浙江泰禾激光设备有限公司(以下简称泰禾激光)坐落在温州市国家大学科技园内,是一家专业致力于激光应用设备研发、生产和销售于一体的科技型企业。泰禾激光以技术研发为动力,以为客户创造价值为核心,以激光设备应用为客户提供最优解决方案为手段,以优质的售后服务保障为特色。泰禾激光现已成为温州市国家大学科技园示范企业。

公司注册资金1000万元,拥有注册商标2枚,已获批实用新型专利6项。公司人才优势明显,研发专业技术人员比重不断提高,生产人员技能水平逐渐提升,管理规范化和标准化不断加强。公司还广泛参与国内外交流合作,大力引进优秀人才,与国内多所专业激光研究机构建立了稳定的合作关系。多年以来,以高科技、高质量为标准,公司为广大客户提供了最优质的技术体验和售后服务保障。

远景目标:让泰禾激光应用设备家喻户晓。

公司使命:成为激光应用设备制造专家。

经营理念:为客户创造最大价值。

公司目前主要生产和销售"TIHI"品牌三大系列多型号激光应用设备,主要包括激光切割机、激光打标机和激光焊接机等。激光设备性能稳定、工作高效、操作简便、维护方便、性价比高。产品广泛应用于五金工具、钣金切割、模具制造、汽摩配件、水暖洁具、医疗器械、眼镜首饰、皮革鞋料、通信产品、电子元件、钟表配件、传感器、精密机械等,深受广大客户好评。

人物简介

浙江泰禾激光设备有限公司
常务副总经理潘光辉

潘光辉,男,汉族,1969年3月出生,浙江温州人,南京邮电学院企业管理与北京大学EMBA毕业。曾任职于武汉华工激光工程有限责任公司(以下简称华工激光)、福建中科光汇激光科技有限公司,现任浙江泰禾激光设备有限公司常务副总经理。

领军之路

1999年,中国的改革开放已经如火如荼地进行了21年,沐浴在改革开放春风里的加工制造业在市场、技术、设备、人才上的短板已显端倪,中国加工制造业的转型升级已迫在眉睫。凭着敏锐的战略眼光和市场分析判断力,潘光辉潜心投入了激光技术及激光应用设备的研究,事实证明潘光辉的选择是正确的,激光技术以及以激光技术为基础的激光应用设备飞速发展。

2000年，潘光辉参与了华工激光温州办事处的创建，在短短的3个月时间内，就卖出了华工激光研发的第一台YAG激光打标机，促进了温州打火机行业产品打标工艺的突飞猛进。此后，潘光辉继续研究激光技术，并率先在金属材料、纽扣类产品打标技术研究方面取得较大突破，使得同类激光打标设备的市场价格从10万元左右迅速下降到5万元左右，为温州加工制造业降低了加工成本，助推了加工制造业的转型升级。

2003年，潘光辉离开华工激光，独自在金属打标领域进行工艺研发，并陆续取得了多项激光领域的实用新型专利，促进了激光打标工艺水平的大幅度提升。同时，潘光辉潜心研究并充分拓展利用CO_2激光设备的打标功能，用激光打标工艺对塑料眼镜边框进行激光雕刻，使得眼镜边框花纹的雕刻水平和效率飞速提升，为金属眼镜边框的激光雕刻工艺发展奠定了良好基础。

2012年，中国科学院海西研究院从海外引进专业项目团队，结合国内激光行业资深销售管理队伍，利用中国科学院海西研究院创业平台创建了一家高新技术企业——福建中科光汇激光科技有限公司（以下简称中科光汇）。中科光汇专业从事光纤激光器的研发、制造与销售，潘光辉出任公司总经理。2015年，中科光汇以杨健为代表的技术与管理骨干荣获福建省"创新创业百人团队"称号。

2016年1月，潘光辉积极响应政府在温州创建国家激光与光电产业集群基地的号召，与金飞雁、薛永辉等几位行业资深人士在温州市国家大学科技园合作注册成立了浙江泰禾激光设备有限公司，并与多家企业进行了资源整合与优化，迅速扩大了企业规模。潘光辉出任公司常务副总经理。由于潘光辉拥有多项激光专利技术，使得公司的光纤激光切割机在与同类产品的竞争中获得了一定的技术优势，形成了适用不同规格型号金属材料的激光切割设备，在切割材料尺寸、厚度、速度、精度方面更加适合客户个性化需求，尤其是五轴联动异形切割技术在同行业中独树一帜、遥遥领先。这些成功使泰禾激光在行业产品标准的制定上有了重要的话语权，为国家在温州创建激光与光电产业集群基地增加了号召力。

从华工激光开始激光事业的起步，到中科光汇经营激光核心部件的初步创业，再到泰禾激光经营激光应用设备的二次创业，潘光辉在激光行业走过了21年的风雨历程。由于在激光技术方面的潜心研究和不断突破，潘光辉先后取得了7项技术专利、1项发明专利，为中国不断缩小与发达国家在激光设备技术上的差距做出了突出贡献。

潘光辉为人低调,处事务实,在高管领导岗位一直贯彻"合作伙伴"的概念,把"合作共赢"作为工作的指导原则。由于长期坚持"激光事业是大家的事业"的思想,潘光辉以独特的个人魅力影响并吸引了一大批有志有识之士在其周围,为温州激光产业的不断壮大燃烧着青春、抛洒着汗水。

激光领军人物之盛周军

在追寻的征途上,我们就是光

武汉奥海辉龙激光科技有限公司

○ 公司简介

武汉奥海辉龙激光科技有限公司(以下简称奥海辉龙)位于武汉市东湖新技术开发区,注册资金3000万元,主要研发、生产激光气体检测仪。激光气体检测仪是目前检测可燃性气体、有毒气体的有效仪器,可广泛应用于餐饮厨房、加气站、加压站、储气库、城市地下综合管廊、LNG码头接收站、炼化厂、冷冻库、煤矿等有害气体泄漏的安全探测;同时可以通过远程传输在无人值守的情况下报警,并自动关闭阀门、启动消防装置,还能通过手机APP随时掌控激光传感器监测的安全情况。

奥海辉龙拥有一支富有朝气的团队,核心技术成员以80后、90后为主,他们以一流的专业技能,在激光光谱分析技术和LNG一体化的智能监控技术方面不断突破。公司目前已经获得发明专利及新型实用专利等共计32项,同时取得防爆证及其他认证证书20多种,并参与住房和城乡建设部国家质量监督检验检疫总局联合发布的《城镇综合管廊监控与报警系统工程技术标准》《城镇液化天然所供应站设计规范》《城市地下综合管廊运行维护及安全技术标准》等多项国家标准和规范的编制。

人物简介

武汉奥海辉龙激光科技有限公司
董事长盛周军

盛周军，重庆奥海辉龙大数据有限公司、武汉奥海辉龙激光科技有限公司、武汉奥海辉龙智能测控有限公司董事长，武汉市咸安商会会长。2014年接触激光行业。2016年，成立重庆奥海辉龙大数据有限公司，申请并获得发明专利及实用型专利32项。2018年10月，受湖北政府邀约回家乡发展，成立武汉奥海辉龙激光科技有限公司。公司主要从事气体检测智能激光传感器、LNG罐箱智能远传设备的研发、生产，以及智慧管廊平台的咨询、运营和整体项目的实施，面向冶金、石化、化工、能源、建筑等众多行业和领域提供智能系统的建设、设施管理与分析服务等。

领军之路

经过3年的发展，在盛周军的领导下，奥海辉龙在激光技术研发、应用方面取得了骄人的成绩，在众多激光企业中独树一帜，并定下了"中国领先、国际一流的激光产品制造商"的战略目标。

激光领军人物

一、光之初现

每个创业者都是一个有故事的人!

作为一个成功的创业者,当盛周军被问起当初为何会选择创业时,他给出的答案是,除了有一颗不甘于平庸、安逸的"不安分"之心外,还有对事业的执着和强烈的社会责任感。

盛周军说:"我小时候家里很穷,没有钱读书,小学没念完就辍学了,之后给人放牛、做饭、卖冰棍,十五岁跟着父亲做些小生意,到县城去推销农副产品。那时候我就立志要用自己的力量去改变贫穷。"

从做小本生意到涉足建材行业,年轻的盛周军试图在商场上大展宏图,没想到上苍并没有眷顾这个年轻的创业者。1993年,他100多万元的货物被人盗走,下落不明。从信心满满到负债累累,盛周军感到天都要塌下来了。无奈之下,他背井离乡,远赴重庆谋求发展。

盛周军对自己说:"宝剑锋从磨砺出,梅花香自苦寒来。只要我努力去做,总有成功的一天!"

名城危踞层岩上,鹰瞵鹗视雄三巴。山城重庆依山而建,道路高低不平,似乎预示着盛周军在这里的创业也并非一帆风顺。

"雾中城,城中雾,一片雾海茫茫,人在雾海中。"重庆的雾景在诗人眼中别有一番情趣,然而此时的盛周军却无暇去欣赏这份美景。初来乍到,盛周军心中的那片迷茫比重庆的雾还要浓厚。

盛周军说:"那时候真的很苦。刚到重庆,身上仅剩20元钱,啃着馒头,窝在小旅馆里度过了在重庆的第一个春节。"

销售电脑、电子产品,盛周军又拿出了当年做小本生意的韧劲,开始了在重庆的打拼。靠着勤奋和努力,两年时间,他成了重庆电脑城里的销售名人。2003年,盛周军成立了自己的第一家公司——重庆金孔雀科技公司,他靠着勤劳和诚信赢得了众多客户的支持,算是站稳了脚跟。

那个年代做办公设备门槛比较低,从事这行的人渐渐多了起来,利润越来越薄,离盛周军心中的目标差得太远。

为了实现自己小时候的志愿,盛周军转行做起了中央空调。在此期间盛周军认识了一个做化工的老板,在他的鼓励下,盛周军又开了一家活性炭厂,专门给化工厂供货。可活性炭厂刚开没多久,因为市场的原因,供货的化工厂就倒闭了,盛周军倾其所有投入的几百万元又化为乌有。

困境和低谷并没有压倒盛周军,他重振旗鼓,开始代理销售阀门。从重庆到贵州,再到全国各地,几乎都留下了他的足迹。盛周军说,那几年他常常勉励自己:"天将降大任于斯人也,必先苦其心志,劳其筋骨。"

有志者,事竟成。苦心人,天不负。经过几年的奋斗,盛周军终于又积累资金,重新站起来了。

二、光之起航

盛周军接触激光这个行业是很偶然的,源于他看到的一则新闻:据不完全统计,2014年全国共发生燃气爆炸事故350余起,事故造成多人死亡,上百人受伤,财产损失上亿元。这引起了他的思考,"特别是台湾高雄发生的一起事故,一下子造成22人死亡,200多人受伤,现场爆炸声夹杂着火光,当时我感到很震惊,也很难过。还有其他多起事故都是因为燃气泄漏引发的。当时我就想能不能发明一种高科技仪器,及时发现事故隐患呢?"

这之后的时间,为了实现自己的这个梦想,盛周军开始在全国范围内寻找合作伙伴,并在2015年与北京某气体激光传感器公司达成协议,共同研发激光气体智能监测仪,并投入数千万元研发资金。

然而,困难似乎总是与盛周军相伴。

合作的公司成立不久,他才发现对方并没有真正的核心技术,很多器件是购买国外的,成本非常高。一年之后,双方中止合作,但投入的资金、数千万的设备和租赁的厂房就这样变成一堆"废物"。

盛周军当时确实感到非常绝望,但是他又想这就是命运在考验他。那时候他经常对自己说:"当上帝给你关上了一扇门,同时也会为你打开一扇窗。"

盛周军不服输的性格这时候再一次展现。几经周折,他找到了中国科学院半导体研究所的激光专家,经过无数次洽谈,终于达成了合作方案,研发、生产气体激光传感器的项目有了实质性的突破和进展。

2016年9月21日,重庆奥海辉龙大数据有限公司宣布成立。盛周军驾驶的航船正式在激光的大海上扬帆起航。

历时两年的耕耘,重庆奥海辉龙大数据有限公司自主研发、生产的激光智

能气体检测传感器在国内已颇有知名度,申请发明专利及新型实用专利32项,并参加了住房和城乡建设部国家质量监督检验检疫总局颁发的《城镇综合管廊监控与报警系统工程技术标准》《城镇液化天然气供应站设计规范》等一系列相关技术标准的编写与制订。

2017年,重庆奥海辉龙大数据有限公司被评为重庆地区优质工程商、创新发展企业,获得重庆市渝北区首届"创享渝北"创业创新大赛二等奖和最具网络人气奖,并成了中国石油和石化工程研究会石油化工技术装备专业委员会、重庆市公共安全技术防范协会等协会的会员单位。

2018年10月,受湖北省政府的邀请,盛周军带领团队回到家乡湖北,创建武汉奥海辉龙激光科技有限公司,在光谷这片高科技企业云集的热土上,开始打造属于奥海辉龙的新地标。

三、光之灿烂

大多数成功人士都有这样的体会:他们只是努力地坚持了他们所坚持的事业。在关键的时候,他们只是比常人多坚持了那么一点点。

盛周军说:"你的职业就是你的事业,你要努力为之奋斗。人,只要有信念、目标、追求,什么艰苦都能忍受,什么环境都能适应,什么坎坷都能跨越。事业上的成功没有止境,它是一场无终点的追求。"

激光智能气体监测仪采用了可调谐激光光谱技术,可快速准确探测油气泄漏,对加气站、油罐、家庭厨房的天然气泄漏可以快速报警,并通过无线远程传输到手机上显示报警信息,远程启动消防装置,以最快的速度解决安全隐患。

使用激光智能气体监测仪不仅有效提高了步行巡检的效率和质量,而且可以使原来不能到达或不易到达的场所的巡检成为可能,并且产品还具有准确率高、反应速度快、使用周期长、维护成本低、产品形式多样等特点。

以前的气体监控设备几乎完全依赖进口,成本非常高,价格是国产设备的5~8倍。一些化工厂、炼油厂因为资金问题往往放弃使用监控设备,带来了极大的安全隐患。盛周军的目标就是要研发、生产中国人自己能用得起的产品。

四、光之温暖

"我是一个80后,在奥海辉龙工作我觉得很有成就感,盛总不仅是我事业上的领路人,更像我的长辈。"在武汉奥海辉龙担任运营副总兼技术总监的翟永涛是这样评价盛周军的。

人,是所有企业最重要的战略资源。只有充分发挥人的潜力和能力,让员工由"被动接受"转向"主动参与",从思想上认同企业、从行动上融入企业,才能真正形成一个企业的凝聚力、向心力。同样,只有企业发展得越来越好、管理越来越优,员工的发展前途才会更明朗、职业规划才会更清晰。

"随着越来越多80后、90后进入职场,企业管理环境正悄然发生变化。我们和员工的关系是平等的,我们的管理制度也是民主的。让每个员工成为公司的股东,成为企业的主人,企业才有吸引力、凝聚力和发展力。"

企业管理是一个宏大的命题,盛周军希望把奥海辉龙做成一家"有温度"的企业。

盛周军说:"只有留住了人才,企业才能发展。我的诀窍是'两放',就是放权和放钱,这样员工才会安心工作、开心工作。"

如今的奥海辉龙,80后、90后员工占大多数,企业60%的员工是产品研发人员。

五、光之梦想

"小的时候,最恣意的事情就是在夏天的夜晚,在院子里铺一张凉席,躺在上面仰望漫天星光。每个人心中都有一束光。光是什么?是一种生活的可能,是一个更好的自己,更是一份莫名的责任。"

盛周军的办公室在光谷,但他更多的时间是带领团队奔波在产品研发和销售的征途上。

盛周军说:"我们现在正在努力研发自己的芯片技术,进一步降低成本。未来几年,我们要让湖北地区的数十万户餐饮企业、成千上万户居民家庭都能用上我们的激光智能气体监测仪,让人们生活得更放心、更安全。同时进一步聚焦新技术领域,助推各产业的变革、转型、发展与升级。"

　　从咸宁山区的一个放牛娃到奔走于重庆大街小巷的销售员,再到激光行业新生代领军人物,一路走来,盛周军披荆斩棘、不忘初心、砥砺奋进。他说:"我从来没有停止过对光的眺望,就算看不到终点,也不会返航。在追寻光的旅途中,我们就是光!"

激光领军人物之尹钢

与中国激光一同成长

武汉奥森迪科智能科技股份有限公司

◯ 公司简介

武汉奥森迪科智能科技股份有限公司(以下简称奥森迪科)是一家专业从事工业激光聚焦系统及自动化控制系统设计、开发、销售的高新技术企业。公司以工业激光聚焦系统为业务重点,融合机械设计、自动化控制和工程光学三大技术领域,为用户提供工业激光聚焦系统的产品设计、开发、系统集成、系统培训等服务。公司在发挥自主知识产权优势的基础上,结合国内应用需求,不断创新和发展,建立了"激光切割头+数控系统+云平台"的激光切割应用解决方案,深受国内外客户的好评。

凭借可靠的产品质量和良好的售后服务,奥森迪科赢得了广大用户的认可,产品应用涵盖汽车、船舶、军工、钢铁、电子、科研等领域,并已成为国内多家上市激光公司出光头产品指定的供应商。

奥森迪科先后与法利莱、金运、金威刻、森峰、诺克等多家知名激光设备生产厂家和包括IPG、SPI、锐科等多家激光器生产厂家建立战略合作伙伴关系。

同时,还与华中科技大学、武汉理工大学、澳大利亚新南威尔士大学等多个科研团体开展广泛的技术交流与协作。

奥森迪科于2017年在新三板挂牌,证券代码:872362。

人物简介

武汉奥森迪科智能科技股份有限公司
董事长、总经理尹钢

尹钢,武汉奥森迪科智能科技股份有限公司董事长、总经理。2005年7月毕业于华中科技大学;2005年7月至2011年7月,就职于深圳华为技术有限公司,担任研发部门经理;2011年12月,创办武汉奥森迪科智能电控科技有限公司。

领军之路

一、与儿时伙伴一起回汉创业

尹钢是一名80后,土生土长的武汉人,2005年从华中科技大学毕业后就离开家乡进入到深圳华为技术有限公司(以下简称华为)工作。凭借着刻苦钻研和踏实肯干的精神,短短几年他就被提拔为研发部门经理。也许是长期受到华为"艰苦奋斗"文化的熏陶,处于事业上升期的他并不满足于现状,想要自主创业的念头在他心中渐渐萌发。

"世界那么大,我想去闯一闯。"2011年,尹钢终于下定决心辞职创业。他与远在澳大利亚的好哥们傅法煜虽远隔重洋,却一直没断联系,经常在网上聊天。关于创业,从小一起长大的他们似乎有着特别的默契,俩人约定一起回到家乡武汉,一起创业。

"当时选择合伙创业并非心血来潮。我在华为就职的几年积累了丰富的研发和管理经验,对国内市场也比较熟悉,合伙人傅法煜在国外一直从事与光学相关的研究工作。当时还有一位在华为工作的同事也愿意加入,创业的技术资源已经具备,于是我们就决定一起回到武汉合伙创业。"在这样的背景下,尹钢带着他的团队回到家乡创办了武汉奥森迪科智能电控科技有限公司。

国内蓬勃发展的行业那么多,为什么唯独看中激光行业,尹钢这样解释:"当初选择激光这个行业主要是考虑我们几个合伙人的专业背景和工作经历。再加上2011年正是我国'十二五'规划开局之年,政府明确提出'转型升级、提升产业核心竞争力',大力支持'改造提升制造业'。而拥有'中国光谷'之称的武汉,一直走在国内激光产业发展的前列,无论是研发能力、技术人才,还是产业群体等方面,都处于国内领先地位,更有华工激光、楚天激光、金运激光等知名企业引领着行业潮流,产业集聚优势十分明显。所以我们选择进入激光行业可以说是最佳选择。"

创办公司之前,尹钢和他的团队对整个激光行业做了一个深入的调研分析,发现国内激光产业虽然蓬勃发展,但几乎所有企业都在关注应用和系统集成,忽略了基础零部件的研发与自制,例如聚焦系统、运动系统等激光器关键组成部分,该类产品由于技术门槛较高的原因,一直依靠国外进口。他们就琢磨着,如果能够利用自己在光学和自动化控制专业的背景在激光聚焦和运动控制系统技术上有所突破的话,就可以打破国外的垄断地位,在国内开辟一片广阔的市场。

二、创业从来都是九死一生的事

在明确了创业的目标和方向之后,尹钢带领着他的团队正式开启了征途,希望在"追光"之路上有一番大作为,然而这条路上的荆棘密布是尹钢当时所预料不到的。

"公司成立之初条件非常艰苦,除了研发人员之外,什么都没有,设备自己做,原材料自己找,对于一个前期需要大量研发投入的初创企业来说,仅仅50万的启动资金无疑是杯水车薪。"回顾创业之初,尹钢唏嘘不已,"当时想尽一切办法节省开支。为了解决办公场地的问题,几个人租了一间不到30 m² 的办公室,没日没夜地搞研发。我们真的是铆足了劲,然而结果却并不如人意。由于国内从事激光聚焦和运动控制系统的企业凤毛麟角,没有现成的技术和经验供我们借鉴,完全是摸着石头过河,走一步算一步。公司最初研发设计的几款样品,都因为环境适应性、批量可靠性等方面的不足,没能达到量产销售的标准。当时真的是一筹莫展,甚至想到要是实在撑不下去了,就把家里的房子抵押贷款出来给大伙发工资,无论如何也得善始善终。"尹钢表示,"创业从来都是九死一生的事,但是真正要面对失败的时候,还是让人难以接受的。所以只能告诉自己一定要坚定信心,坚持到最后。"

功夫不负有心人,奥森迪科在2012年自主研发出了电容式Z轴调高控制器,这一产品不仅拥有多项专利技术,还打破了该类产品必须依靠国外进口的神话。

长期使用进口产品的国内企业其实早已对受到国外技术牵制的状况愤愤不满。国外产品不仅价格高,售后和维修也相当麻烦,严重影响生产效率。奥森迪科的产品正好可以解决这些问题,因此也迅速获得了客户的青睐。

"产品能够获得市场认可让我当时着实松了一口气,它不仅意味着之前的辛苦努力没有白费,更为关键的是给公司带来了收入。订单和销售对于当时的我们来说比什么都重要,也是因为这个产品,保住了我的房子。"尹钢开玩笑地说道。

三、做细分行业的引领者

度过了创业初期的艰难,尹钢带领着大步前进,短短几年就在业内和客户群体中建立了良好的口碑,销售收入逐年增加,办公场地也从当初不到30 m² 扩大到1000 m²,公司实现了惊人的跨越。在这期间,还成功申请了多项技术专利,通过了国家高新技术企业认证,并获得武汉市创业先锋、武汉市黄鹤英才专项基金等荣誉和奖励。

"在这些成绩当中,让我印象最深的是2015年在湖北省人民政府新闻办公室召开的'初创型科技企业科技创新典型'新闻发布会上,作为青年创业企业家代表的我在台上分享自己的创业经历和经验,心里别提有多自豪。"尹钢笑道,"当然,公司之所以能够取得快速的发展,除了公司全体人员的齐心协力、努力拼搏之外,还与决策层及时调整产品战略有着很大的关系。最初我们的激光切割头适用功率范围比较小,基本在 600 W 以内,能匹配的激光器也只有半导体泵浦固体激光器或者 CO_2 激光器,当然,这也是受限于当时国内激光行业的整体发展水平。"

"就拿激光器来说,跟其他激光器相比,光纤激光器具有成本低、散热快和稳定性强等众多优势,特别是近年来光纤激光器在输出功率、光束质量以及亮度等方面取得的巨大进步,市场占有率从 2013 年的 33.82% 增加至 2017 年的 47.26%,成为市场份额最大的工业激光器。"尹钢介绍,"针对市场的这一变化,我们在产品策略上做出了相应的调整,将目标转向中高功率光纤激光切割市场。有了之前的研发基础,我们很快就推出了与中高功率光纤激光切割应用相匹配的切割头,市场反馈很不错。"

2017 年,奥森迪科在原产品的基础上进行了整合升级,推出了"激光切割头+数控系统"的全套激光切割应用解决方案,其中包括 A-Cutter 系列的电动/手动调焦两款光纤激光切割头以及光纤切割数控系统。A-Cutter 系列切割头具有集成度高、模块叠加灵活、全数字化总线控制等特点,适用功率在 2000 W 以上,最大适用功率可达 6000 W,配合光纤切割数控系统,可以为客户提供更为丰富的激光切割应用场景,是中高功率光纤激光自动化切割应用最佳的选择。

"国内有专门做激光切割头的企业,也有专门做数控系统的企业,但我们是最早将两者结合在一起的公司。无论是专业背景还是经验积累,在这个领域我们的优势还是十分明显的。不敢说行业第一,至少前三吧!"尹刚对于自己的产品显得十分有信心,"我们的直接客户已经遍及华中、华北、长三角、珠三角等主要激光产业聚集地,间接客户几乎遍布全国。我们还开拓了印度、伊朗、土耳其、韩国等海外市场,与十余家海外客户建立了长期的供货关系。我们的产品在一些应用行业的市场份额已经是第一,相信在不远的将来会有更多的第一,因为我们的目标是做行业的引领者!"

四、对未来充满期待

就目前形势来看,激光行业在未来几年肯定会迎来新一轮的发展机遇,奥森迪科也进入了发展快车道,对于未来,奥森迪科又有怎样的规划呢?

"不得不承认,目前我国制造业发展的水平与发达国家仍然存在着不小的差距,其中表现得最为明显的就是自动化和智能化。国内研发能力较强的企业已经意识到这个差距并且试图赶超,特别是在中美贸易战后,这种欲望更加强烈。"尹钢分析到,"公司未来肯定也是朝着激光应用自动化和智能化的方向发展,除了做好激光切割头和数控系统这一块业务之外,我们将尝试把激光切割应用和互联网技术二者结合起来,打造一个专门针对激光加工数控系统的物联云平台。该平台通过有线或者无线网络将机床设备连接至云端,并在云端进行设备的管理,进行设备数据的处理计算、储存,可视化的展示和分析,从而帮助设备厂家来提高运维效率、降低维护成本、远程解锁机器以及通过数据挖掘技术实现商机洞察等功能。"

2017年底,奥森迪科在新三板成功挂牌,在发展的道路上又上升了一个台阶,对于踏入资本市场,尹刚是怎样的态度呢?

"其实早在2013年,我们与华工科技就有过战略方面的合作,也正是这次合作帮助我们解决了当时在资金方面的困难。于是我们在2016年启动了新三板挂牌计划,也算是对公司未来规模扩展的一个提前规划吧。像我们这种科技型民营企业发展到一定阶段对资金是非常渴望的,除了要维持正常的生产性开支以外,研发投入、人员增加以及市场拓展等方面都需要大量的资金投入。很多企业虽然发展前景很好,但最终死在了'缺钱'这个问题上。"尹刚接着说道:"我们之所以选择在新三板挂牌,一方面是想借助资本市场的力量来帮助公司跨越这个瓶颈期,因为挂牌后公司的信誉和形象会得到提升,这样更容易吸引投资者的关注;另一方面是挂牌后就成了公众公司,会受到投资者和股东的监督,有利于提升管理者的水平和公司运营的规范性,这对公司以后的长远发展是十分有益的。"

尹钢和他的伙伴一起创业的经历有点"中国合伙人"的味道,在他身上可以找到创业者应当具备的一些特征:专业的素养、自信的态度、敏锐的眼光以及追求卓越的精神。年轻的他本可以在知名企业从事着体面的工作,拿着体面的薪水,并且拥有着不可限量的前途,然而他毅然辞职回乡创业的这种决心是绝大多数人都做不到的。

无论是克服创业之初的千难万险,还是面临公司发展做出的果断决策,尹钢都可以称得上是一位合格的领导者。他带领着他的团队在中国激光发展之路上不断地探索前进,正如他们的企业发展理念一样——与中国激光行业一同成长。

激光领军人物之郭少锋

不忘初心，牢记使命

湖南大科激光有限公司

○ 公司简介

湖南大科激光有限公司（以下简称大科激光）是一家专业从事光纤激光器及其核心器件的研发、生产和销售的高新技术企业。公司成立于2017年，其核心团队学术能力享誉中国，率先实现了光纤激光器、光纤无源器件等核心技术的国产化，特别是在单模光纤激光器领域具备行业引领者的实力。

大科激光以客户需求为牵引，不断为用户提供尖端产品与优质服务。在产品论证、研制、量产的每个环节，均坚持性能指标与稳定性齐头并进的策略，打造性能卓越与高可靠性的精品激光器产品。大科激光各种型号的高功率单模光纤激光器均为目前我国工业市场上亮度超高的激光器，在高反材料激光加工方面有特别突出的应用效果。

目前，大科激光已推出1000—3000 W单模光纤激光器系列产品，4000—15000 W多模光纤激光器系列产品，以及无水冷型300—1000 W单模光纤激光器系列产品。自产的QBH输出接头可承受的输出功率高达20000 W，激光合束器可支持 19 合一合束。产品广泛应用于激光切割、激光焊接及增材制造等领域,具备世界领先水平,彰显了大科激光创新驱动、不断精进的研发能力。

人物简介

湖南大科激光有限公司
总经理郭少锋

郭少锋,国防科技大学光学工程博士,中国科学院博士后,国防科技大学光电学院研究员,美国中佛罗里达大学光学与光子学学院访问学者,国防科技大学光纤激光课题组首任组长,湖南省光学学会常务理事,全国光辐射安全和激光设备标准化技术委员会激光材料加工和激光设备分技术委员会委员。2016 年,任北京东方锐镭科技有限公司副总经理。2017 年 8 月,创立湖南大科激光有限公司。

领军之路

一、报国热情:心系智能制造

郭少锋从大学时代开始,一直在有着"军中清华"美誉的国防科技大学学习与工作。长期的军旅生涯造就了郭少锋饱满的爱国热情与敬业的工作素养。激光技术被称为 20 世纪的四大发明之一,而基于该技术产生的能量集中的高功率光束在军事应用上前景十分广阔。经过多年的国防科研沉淀,郭少锋的专业技术也日益精进。

　　2007年,郭少锋作为访问学者赴美国三大光学中心之一的中佛罗里达大学光学和激光教育研究中心工作,开展光纤激光器方面的研究。随着激光技术的迭代,光纤激光器当时已渐渐成为军事与工业应用的热点。回国之后,郭少锋向团队提出了大力发展光纤激光器的设想。2010年,国防科技大学高能激光团队成立了大功率光纤激光器课题组,由郭少锋担任组长。在他及团队的协同攻关下,2012年,我国首台军事应用背景的2000 W单模光纤激光器研制成功。

　　郭少锋在进行军用技术攻关的同时,也十分关注激光技术在其他领域的应用。由于要打击数千米乃至更远距离的目标,激光武器对激光器的光束质量要求十分严格,理论上,光束质量越接近物理极限(即光束质量因子M^2越接近1),则实际应用的效果越好,而只有单模光纤激光器才有可能达到这一要求。如果用这种激光器去加工工业样件,会是什么样的效果呢?

　　郭少锋并没有把想法仅仅停留在脑海中,而是积极地付诸了行动。2014年,他主持的某项成果转化项目,就是把1500 W单模光纤激光器技术转让给某知名光纤激光器企业。在这个项目进行的过程中,他发现激光技术在军事和工业应用上不仅存在设计理念上的巨大不同,在行业的认知上也相差甚远。在他眼中,工业激光器指标很低。而在工业企业的概念里,军用的大多是实验室级产品,根本无法满足长时间的工业应用。然而,郭少锋团队圆满完成了本次成果转化,该技术给受让企业也带来了更大的发展空间,又让郭少锋本人形成了产业报国的思想。

　　在这次转让过程中,郭少锋了解到国内工业用光纤激光器的水平还不能匹配中国制造日新月异的发展需要,特别在大功率单模光纤激光器领域,更是不能和国际激光器巨头相提并论。由于单模光纤激光器的军事应用潜力,国外厂商对我国实行限制进口,造成了国内光纤激光器市场基本上被小功率的单模光纤激光器及由其合束而成的多模激光器覆盖。在这样的市场格局下,甚至出现了"高功率单模光纤激光器光束质量不如多模光束质量好"这样违背物理认知的僵化认识。看到这一切,郭少锋萌生了"走产业报国之路,为中国打造自己的高功率单模激光产品"的想法。他觉得,在军事科技战线上献身国防是对国家的热爱与付出,在中国工业的产业升级上做出贡献也是自己心之所系,而且他相信,真正工业化程度高的规模化企业一定能对国防事业做出更大的贡献。

二、以光为马,加速创业步伐

2016 年,郭少锋脱下了穿了 20 余年的军装,离开了国防科技大学。曾经的同事与他依依惜别,也纷纷祝福他能在新的战线上为国家、为社会创造更多的价值。起初郭少锋加盟了一家军工背景的公司,成为主管研发的副总经理,带领团队取得了一系列成绩,得到了企业领导的肯定。但是军工企业的产品定位和大规模的民用市场需求存在较大差异。此时如果继续为军工单位研制更高水平的光纤激光器,郭少锋个人的学术才能仍能得到发挥,但走工业市场的产业强国之路的初衷就可能要放弃了。如果自己创业,他将面临从未遇到过的压力,而光纤激光器工业市场早已不是数年前的蓝海状态,没有自己独到的特色,是无法应对市场的挑战的。郭少锋审视自己的初心,分析自己项目的优势,最终毅然决然地吹响了自主创业的号角。

自己创业,合作伙伴的选择至关重要。他把创业的想法告诉了很多同事和朋友,得到了热烈的反响和支持,还有不少人也加入创业的团队中来。国防科技大学的江厚满博士之前和郭少锋在同一个办公室办公,是激光辐照效应的专家,在军队主持过不少重大研究项目,对激光与物质相互作用的深层机制非常在行。江厚满作为联合创始人加入团队后主持激光器产品的加工工艺配套研究,和郭少锋在光源激光器方面的积累珠联璧合。郭少锋在国防科技大学的另一位同事康磊,从事过军用激光系统工程试验工作,对激光技术十分熟悉,2015 年退役,在北京工作。在听到郭少锋的创业想法后,康磊离开了在北京的家人,一起参与郭少锋公司的创建。还有很多业内的大咖,也都不遗余力地在创业阶段给予了这个团队大力的支持,让团队在初期能够顺利发展。

创业初期,项目落地的选项一个个摆在了郭少锋面前。技术人员创业,大多会以股权换资金,要么以优渥的价格吸引投资人,要么直接把企业控股权交给出资人自己专心做产品,甚至还可以用类似于众筹的方式分散股权来筹集资金。光纤激光器属于实体制造业,这种重资产的项目是离不开政府的支持的,长沙、厦门、深圳、杭州,一个个城市的名字出现在郭少锋的思考中,湖南省湘阴县这个体量不大的县城最终成了公司的第一站。当地政府提出提供贴息贷款助力公司起步,对于大多一直在实验室工作的创业团队成员来说,上千万的债务是难以想象的压力,但考虑再三之后,郭少锋最终还是决定在湘阴县落地。究其原因,首先激光器产业相对来说属于重资产,未来仍需大量资金投入,通过债权融资,保留了股权的完整性,对吸引具有实力的资本投资是一个有利条件;其次,债务是压力,同时也是动力,会鞭策团队不断地前进,为看好项目的当地政府交出满意答卷;最重要的是,时间不等人,项目的主力产品在市场上适逢其时,如果错失了产品实现和市场开拓的时机,那绝对是一件得不偿失的事。

就这样,2017 年 8 月湖南大科激光有限公司正式完成注册。经过紧张的筹备期和厂房装修,2018 年 1 月,公司超净车间及办公室装修完毕;3 月,首台 2000 W 单模组光纤激光器样机研制完毕并赴慕尼黑上海光博会展出;6 月,公司正式开始布局量产工作。经过两年的耕耘,2019 年 8 月,公司成立两周年之际,公司员工人数达到 100 人,已经成为小有规模的企业。郭少锋一步一个脚印,带领大科激光以国内企业罕见的速度践行着自己实业报国的理念。这个由曾经的军队科研人员为主的团队天生就带着雷厉风行的军人风骨,不断地推动公司向前发展。

三、星火燎原,英才共同发光

大科激光落地的园区距离长沙市区 40 km 左右,距离湘阴县城 20 km 左右,附近只有一个小镇。公司厂房装修前的 2 个月,郭少锋带着他的团队借用了园区所在地金龙村村委会的办公室工作。而就在村委会一路之隔的地方,有一个当地的水库,叫作"燎原水库"。创业初期对这简陋的环境郭少锋仍然坚信,就像那水库应景的名称一般,大科激光的星星之火,也会以燎原之势点亮激光行业的天空。

当大科激光的大旗真正竖起来的时候,许多行业英才都聚集到这个团队之中。他们有的是认同大科激光的产品理念,有的是被大科激光的团队分享理念所感召。在这些员工中,有很多是曾在外地工作的湖南籍人才,湖南在各个行业从来都不缺人才,但之前确实没有光纤激光器的企业,所以大科激光成了这批激光行业的湘籍游子返乡工作的最佳选择。而大科激光也提供给他们一个有梦想的职位,愿意把公司的增值和个人的发展结合起来,在未来的道路上一起发光。

大科激光从来没有用超出公司薪酬体系的高薪来挖人,但在优秀的人力资源理念的促进下,大科激光成了行业精英和当地普通民众共同认可的明星企业。在 2018 年的公司年会上,面对全体员工,郭少锋说:"做这份事业要有一种特殊的'三心二义','三心'是信心、耐心、精心,信心是我们披荆斩棘的基础,耐心是我们应对挑战的态度,精心是我们处理问题的方法;'二义'是正义与情义,行正道、讲团结,有所为而有所不为,我们团结一致去做正确的事。"这正应了大科激光始终如一的人力资源口号:大科激光,一起发光。

四、学术功底:磨砺顶尖产品

要想在竞争激烈的光纤激光器市场站稳脚跟,开拓属于自己的一片天地,重复前人的路线是不够的,必须要有自己的东西。

郭少锋创业伊始,就认真地思考过大科激光最与众不同的地方在哪里。最后得出结论,与很多企业相比,大科激光的团队是在这个领域深耕十几年的精英科研团队,是一支在大量科研项目中潜心钻研、不断积累经验的团队。大科激光团队对光纤激光器的本质有着极其深刻的认识,让大科激光能够对各种技术问题迅速给出解决方案。

大科激光的产品一开始就定位在 2000 W 以上的高功率单模光纤激光器上。在同等功率水平下,该产品光束质量指标国内领先,且具有优异的抗高反性能,其中包含了大科激光独具一格的模式净化技术、非线性效应抑止技术、纤芯抗回返光技术等。这些产品打破了市场对单模光纤激光产品的认知偏见,让高亮度应用成为市场热点。大科激光的主要产品方案以 976 nm 激光二极管作为激光泵浦源,而两年前 915 nm 激光二极管是市场主流,还有供应商刻意提高 976 nm 激光二极管的报价想引导大科激光使用 915 nm 激光二极管方案。但郭少锋对供应商说:"你们千万不能放弃 976 nm 激光二极管产线,两年后这才是市场的主流。"果不其然,随着高亮度应用市场越来越大,越来越多的激光器厂商使用 976 nm 激光二极管方案。当年的供应商至今仍感念郭少锋的敏锐眼光。

公司成立以后,郭少锋负责科研与生产工作,时常奋战在公司研发一线,与员工一起奋战到凌晨。公司初期承担的很多研发型项目,都有很大的难度与风险,工业客户对产品有高亮度、抗高反的需求。郭少锋认为,作为一个新品牌,这些有难度的订单正是体现大科激光与众不同的机会,同时也是锻炼队伍的机会。

在这样的理念下,郭少锋带领大科激光研发团队突破了一个又一个关卡,解决了一个又一个难题,千瓦级无水冷光纤激光器、紧凑化 15000 W 多模光纤激光器、光束质量因子小于 2 的单模 5000 W 激光器、光束质量因子小于 4 的 9000 W 多模光纤激光器,无论哪个产品都有令人震惊的技术指标。在技术与创新驱动下,大科激光的市场得以不断拓展,产品广泛受到客户关注与好评,还取得了一系列行业媒体大奖,例如荣格工业激光技术创新奖、OFweek 激光行业最佳应用案例奖等。在第八届中国创新创业大赛中,大科激光也杀入先进制造组全国总决赛,并最终斩获优秀企业奖。在公司成立两周年之际,郭少锋领导的大科激光正式牵手深圳创新投资集团,企业发展进入了快车道。目前公司已经实现规模化的生产与销售,在长沙高新区 6000 m^2 的场地进行了全新的布局,预计 2020 年可年产 3000 台高功率光纤激光器。

五、愿做绿叶,助力产业开花

随着大科激光的发展步入正轨,在可以预期的未来都会有长足的发展。谈到更远的梦想时郭少锋表示,公司现在整合了很多资源,也在不停向上攀登,也许有一天,上市只是水到渠成的事儿。成为世界级的企业也许才是大科激光重点思考的。而那个阶段的历程也许应该由后继者来完成,在公司发展到一定阶段后,自己更愿意去做一名"产业教授"。

郭少锋从来都没有忘记初心,传道授业是他始终的追求。在大科激光,郭少锋扑在研发生产一线,尽可能地减少不必要的社会活动,但学术背景的活动他一直会抽时间参加。作为湖南省光学学会常务理事和全国光辐射安全和激光设备标准化技术委员会激光材料加工和激光设备分技术委员会委员,他不辞辛苦地参加各类学术活动及产业论坛,从不吝啬分享自己在产品实现中的技术亮点与路线心得,在他心中我国整个激光行业的发展远比"一家之得失"更为重要。

郭少锋要做的"产业教授"授的是科学技术的业,传的是产业强国之道。在他的设计中,他带的学生在博士期间就选择产业化前景良好的创意作为课题。他不仅要辅导学生完成学业上的毕业,更要以自己或大科激光作为天使投资者,帮助学生在拿到学位后用几年时间完成产业上从 0 到 1 的跨越。他希望在这种思路下,越来越多有志愿走产业强国之路的年轻人能够实现自己的抱负。

激光领军人物之张铁石

激光工业设计的佼佼者

华夏星光(武汉)工业设计有限公司

○ 公司简介

华夏星光(武汉)工业设计有限公司(以下简称华夏星光)成立于2006年,是一家专业从事激光装备、机床装备、民用产品、医疗美容产品的工业设计和智能智造公司,是国内唯一一家以设计引领智造的工业设计和智能智造企业。

公司主要致力于以综合运用先进制造工艺、美学、心理学、经济学等知识为基础,以整合优化产品的造型、功能、结构、成本为导向,以最终产品与设计方案的高度一致为标准,以提升产品核心竞争力为目的的"大设计"研究。

华夏星光作为中国高端装备领域最顶尖的工业设计公司之一,设计理念先进,外观融入客户企业文化和产品定位,结构注重先进工艺及成本控制,提供标准化的量产结构设计方案。

公司拥有丰富的行业经验和设计能力、团结和高效的设计团队、众多成功的案例、良好的行业口碑。屡次获得国家及省市区级殊荣:首批中国工业设计行业"AAA级信用企业",中国工业设计协会会员单位,湖北省激光行业协会理事单位,湖北省工业设计中心,武汉市工业设计中心,武汉市工业设计行业协会会长单位,武汉东湖新技术开发区"瞪羚企业"等。

公司拥有发明专利8项,实用新型专利32项,外观专利5项。参与了国家及省市区级各类项目,如国家火炬计划项目,国家中小企业发展专项资金项目,湖北省工业转型升级(增量)和技术改造贴息项目等。

华夏星光发展至今,已为武汉楚天激光(集团)股份有限公司、江苏亚威机床股份有限公司、江苏扬力集团有限公司、中国船舶重工集团有限公司、苏州天弘激光股份有限公司等2000多家企业成功设计新方案3000多款。

华夏星光未来五年将实现"5+5+1"战略布局,即在全国布局5个工业设计中心、5个智能智造基地、1个智能指挥中心,实现"中国设计、中国智造"的美好愿景。

人物简介

华夏星光(武汉)工业设计有限公司
董事长张铁石

张铁石,男,1982年1月出生,汉族。2006年本科毕业于武汉纺织大学工业设计专业。武汉市黄鹤英才,武汉市创业十佳,工信部企业领军人才,2017钣金制作行业优秀人物,中国工业设计协会理事,湖北省激光行业协会理事,武汉市工业设计协会副会长,江苏省激光产业技术创新战略联盟理事,温州市工业设计协会理事。

激光领军人物

张铁石2006年大学毕业即创办了华夏星光（武汉）工业设计有限公司,坚定地走上了毕业即创业的道路,带领着公司在创业的道路上执着而坚定地前行了十多年。

○ 领军之路

一、创业有窍门

张铁石来自吉林,2006年毕业于武汉纺织大学工业设计专业。也许很多人对工业设计比较陌生,什么叫工业设计？用最通俗的话说,就是利用设计让产品好看、好用。几乎所有能够买到的产品都需要工业设计,张铁石当时觉得工业设计这个行业其实是非常有发展前景的,但是他在当时并不发达的互联网上搜索武汉的工业设计公司时,竟然一家都没有找到。于是毕业于工业设计专业的他,坚定地走上了毕业即创业的道路——成立一家专业的工业设计公司。这一做就是14年。14年过去了,他从一个初入社会的稚嫩小伙到如今已步入中年,然而创业时的那些热血岁月依旧历历在目,清晰而深刻地留存在他的脑海中。

初入工业设计领域时,张铁石认为在领域宽广的设计道路上,必须寻求一条深耕细作的设计之路,才能走得更远。他不断地观察市场走向,希望寻求一个前进的契机。2011年,一次偶然的机会他受邀参加了一场武汉工业设计行业展会。那次展会对他的触动很大。展会上,武汉知名激光企业的展台前人头攒动,很多人争相咨询。张铁石有点疑惑,到底是怎样的成品展示让大家的热情这么高。他带着好奇走上前去,第一眼就被面前庞大的激光切割机模型吸引住了。在展会工作人员的耐心讲解下,他第一次接触到激光这个新奇且带着无限前景的行业。回来后,他上网查了许多激光行业的信息,了解到早期的激光设备外观老套、结构笨重,需要不断改良。那段时间,他突然萌生了一个新奇的想法："激光产业前景如此广阔,能不能将其与工业设计联系起来,通过改外观、优结构,做激光设备的设计与制造呢？"

有了这样的一个想法后,张铁石与公司合伙人共同谋划,用了2年时间潜心专研,不断地尝试与改进,最终成功改良多款激光切割机,并迅速吸引了一大批客户。华夏星光这才慢慢地将主要服务对象定位为激光行业领域。

对待机遇，应该把握好最佳时机，谋定而后动。这是张铁石创业初期的一个窍门。

张铁石很幸运，在机会渐渐显现时他审时度势，并牢牢地抓住了它，让华夏星光有机会在竞争激烈的激光行业中初露锋芒，尽显它的魅力。

二、创业有挫折

2006年夏天，张铁石开始为自己的事业和梦想奔波。作为当时刚刚毕业的大学生，想要注册一个公司谈何容易，身边同专业的同学大部分都选择投靠别的行业开始赚钱，所以当张铁石跟身边的人说出他的想法时，他们觉得他是异想天开，都劝他还不如投身其他行业老老实实做设计师。但是张铁石打小就是一个固执的人，有了想法总想要试一试。钱是东拼西凑才借到的，因为注册公司没有工业设计公司的先例，所以注册也并不容易。好在功夫不负有心人，几经波折，一个小小的工业设计公司终于在武汉落下了脚。起初公司的办公室就是自己租的房子，员工就只有他一个人，但是怀揣热血梦想的张铁石觉得这些都不算什么。张铁石开始寻找客户，由于工业设计涉及的领域太过广泛，客户普遍对工业设计理念接受度不高，导致一开始能接受工业设计的客户并不多。张铁石常常为了接一个单子四处奔波，通过寻找校企合作项目、网上搜索客户、实地走访企业等渠道，推广自己的设计创意。张铁石经常一个人熬夜画图画到手软。在画图画到夜深人静无比疲惫的时候，张铁石想过放弃，但是想到自己最初的梦想和身边亲人们的支持，他选择咬牙坚持下来。靠着脚踏实地的努力，订单慢慢多了起来，公司的人员也慢慢地充实起来。

罗曼·罗兰曾说过："累累的创伤，就是生命给你最好的礼物，因为在每个创伤上都标志着前进的一步。"回顾创业的经历，有过太多的退货、太多的被拒绝和太多的不被理解，但最后都咬牙挺了过来。从只有11名员工到今天的200多名员工，从一个几平方米的小出租屋到今天3个智能智造基地、3个工业设计中心，这一切的一切，都与张铁石的坚持密不可分。

三、创业有团队

一滴水只有放进大海里才永远不会干涸,一个人只有把自己和集体事业融合在一起才最有力量。这也是张铁石非常认可的观点。创业之初,他认识了几个志同道合的朋友,他们都是工业设计方面非常出色的年轻人,相同的理想让大家聚集在一起,共同组建了一个小小的设计团队。这就是公司人员建设的最初雏形。公司开始有了最初的人员定位后,逐渐将工作细分,跑市场的跑市场,做设计的专注做设计,大家劲往一处使。经过团队成员的努力,公司很快开始有了稳定的客户,在武汉也有了一定的知名度。

四、创业要创新

作为一个开辟武汉工业设计市场的创业者,公司终于在张铁石的努力之下平稳发展起来。但就在他以为公司终于能平稳发展下去的时候,却发生了一件意外。以前公司都是接手一些个体或者小公司的设计项目,一次偶然的机会公司接手了一个大型激光企业的项目,这对想在工业设计行业发展壮大的华夏星光来说,无疑是塑造公司设计品牌绝好的机会。那一次公司所有的员工熬了几个通宵,不断地修改设计方案,也最终幸运地得到了客户的认可。然而过了几天,张铁古石接到客户的电话,说要驳回他们的设计方案。张铁石感到非常意外,问了之后才知道,是在产品外包加工环节出现了问题,他们的设计方案在生产环节中竟然无法实现。本想着为大企业设计一款完美的产品以此树立品牌,没想到不仅搞砸了还赔了钱。张铁石开始陷入迷茫,他拿着公司设计的方案找工厂,想看看公司设计的方案在实际生产中究竟能不能实现,连续跑了几家工厂,得到的答案都是否定的。他坐在一家工厂的大门口,手里拿着公司设计的方案,有些落寞,也有些灰心。从当初成立设计公司开始,他就一直想着怎样去做最完美、最新颖的外观设计,从来没有考虑过外观还会跟生产联系起来。他回头望了望工厂一片低矮的房子,突然脑海中浮出一个想法:如果他们公司也能有自己的工厂,由外观设计师设计好图纸,到自己的工厂生产,再把生产好的产品给客户看,这样就能保证交出去的图纸万无一失了。想到这里,他无比振奋,立马回到了公司,与同事们落实这些想法。

2013年,公司终于成功开创了一条"工业设计+智造"的道路,实现了为客户提供外观设计、结构设计、生产设计、样机制造、批量生产的一站式服务。

新的模式终于带来公司又一次的跨越,再也没有客户驳回他们的方案。之后公司屡次获得殊荣,成为首批中国工业设计行业"AAA级信用企业",中国工业设计协会会员单位,湖北省激光行业协会理事单位,湖北省工业设计中心,武汉市工业设计中心,武汉市工业设计行业协会会长单位,武汉东湖新技术开发区"瞪羚企业"。

不仅在企业建设上取得了成就,华夏星光还在设计项目上先后荣获中国创新设计红星奖19项、中国优秀工业设计奖17项、广东省长杯工业设计大奖9项、温州市长杯工业设计奖5项、黄鹤杯工业设计大奖12项、楚天杯工业设计大奖2项。

五、创业有感想

华夏星光用了14年的时间完成了工业设计的专业化发展,接下来将用3年左右的时间完成规模化转型建设。一路摸爬滚打,度过重重困难,华夏星光终于走到了小有成就的今天。这14年来,张铁石总结出了以下几点经验。

第一,机会不是等出来的,是干出来的,不去尝试永远都没机会。任何事情都要先干起来再说,边干边找机会,边干边创造,边干边修正,边干边完善。只要大方向对,也许最初看起来没希望的事儿,也能开花结果。人生不需要太多等待,有些事儿,想好了就甩开膀子干,就算失败了,心里也没那么多遗憾。

第二,项目不在多而在精。有些人做项目,一个接着一个,猴子掰玉米一样,做一个扔一个,做了很多项目,结果却没有赚到什么钱。殊不知做项目要找到自己擅长的,这样付出与回报才有可能成正比。

第三,选择项目时,尽量选择能把握的。特别在创业阶段,适合的、风险低的、容易操作的项目才是有利的积累。

华夏星光如今逐渐在多地开设了分公司,规模也越来越壮大。谈到未来,张铁石感到以后的责任与使命更加沉重,但他有信心顶住压力,砥砺前行,不忘初心。

激光领军人物之郑顺义

呕心沥血春秋十载　明察秋毫视觉测量

武汉中观自动化科技有限公司

○ 公司简介

　　武汉中观自动化科技有限公司成立于 2014 年 1 月，是一家致力于三维数字化技术及应用研究的国家级高新技术企业。公司产品涵盖工业设计、工程扫描、工程测量、数字摄影测量、计算机视觉及智能等领域软硬件产品。公司重点推出的产品包括光学追踪 3D 扫描仪 HyperScan、智能闪测激光 3D 扫描仪 AltairScan、手持式蓝色激光 3D 扫描仪 RigelScan、手持式激光 3D 扫描仪 ZGScan、智能全彩 3D 扫描仪 GScan、机器人自动化扫描仪 ZGScan-R 等三维数据采集设备，高清纹理自动贴图软件、低空及地面摄影测量软件等三维数据处理系统，VR 及三维移动端云展示系统等。

　　公司拥有一支以院士、教授、博士和硕士为核心的研发团队，硕士及以上学历人员占 80% 以上，拥有 17 项国家专利，20 多项软件著作权，拥有国家省部级以上资质奖励 20 多项，自主研发的多项核心技术处于国际领先水平。依托武汉大学摄影测量与遥感学科的技术优势及公司雄厚的研发实力,公司始终处于行业技术最前沿,产品涉及三维空间信息采集、三维建模、三维展示、视觉测量与检测等应用领域。公司总部和研发制造基地位于武汉,在北京、上海、深圳、西安都设有分支机构,公司在欧洲、北美洲及东南亚地区也都设有分支机构及合作伙伴,是一家在视觉与摄影测量领域领航的高科技公司。

人物简介

武汉中观自动化科技有限公司
董事长、总经理郑顺义

郑顺义,武汉大学遥感信息工程学院教授,武汉大学数字摄影测量与计算机视觉研究中心副主任。代表著作:《由 2 维影像建立 3 维模型》(武汉大学出版社,2006 年),《数字摄影测量学》(武汉大学出版社,2009 年)。荣誉奖项:国家测绘科技进步一等奖两次(2012 年,2019 年),美国摄影测量与遥感协会约翰·戴维森主席论文奖一等奖和波音奖(2014 年),武汉市优秀科技工作者(2015 年)。现任武汉中观自动化科技有限公司董事长、总经理,湖北省激光行业协会会员。

◯ 领军之路

一、千里逐梦落武大

每一个人心中都有一个梦想,郑顺义教授也不例外。1991年,还是翩翩少年的他,追逐着心中的理想,从家乡山西襄汾考入北京交通大学土木工程学院学习铁道工程专业。转眼九年过去了,郑顺义经过多年的刻苦学习和钻研,已经打好了坚实的理论基础并练就了独立从事科研工作的能力,获得工学博士学位的他开始认真思考自己真正的研究兴趣在哪里。一次偶然的机会,他对摄影测量和立体视觉技术产生了强烈的好奇和浓厚的研究兴趣,追逐着那份科学梦,他辗转来到武汉大学测绘遥感信息工程国家重点实验室,师从著名的摄影测量专家张祖勋院士,从事摄影测量方面的博士后研究。博士后出站后他又到瑞士联邦工学院(ETH)进行精密摄影测量方面的客座研究。2003年2月,他开始在武汉大学遥感信息工程学院任教,其间曾应邀作为访问教授在日本立命馆大学理工学部情报学科从事视觉测量与三维重建方面的研究。2007年,郑顺义被破格晋升为教授。从此,郑教授在武汉大学遥感信息工程学院(以下简称遥感学院)深深扎根,而这里也成了他实现理想和抱负的地方。

2004年,留在遥感学院的郑顺义协助老师张祖勋院士创建了武汉大学数字摄影测量与计算机视觉研究中心。作为武汉大学一个专门的研究平台,该中心是以数字摄影测量和计算机视觉技术为基础,以解决三维空间信息获取以及三维场景感知与识别中的科学问题为核心的跨部门、跨学科的一个研究机构。研究中心以武汉大学的学科优势为依托,顺应当代摄影测量数字化、计算机视觉实用化的发展趋势,结合我国三维空间信息采集、工业测量与检测和国家重点重大科研项目的迫切需要,开展数字摄影测量与计算机视觉及其相关领域的基础研究、应用基础研究,以及新技术、新产品的开发应用研究,为国家三维空间信息获取、三维场景感知与识别等关键技术问题的解决提供前瞻性和科学性的决策依据。自成立以来,该研究中心在张祖勋院士的领导下完成了国家级、省部级及横向合作项目几十项,并推出了在国家基础测绘部门具有重要影响的DPGrid系统。

随着社会生产力的发展以及科学技术的进步,测绘已经不局限于地形信息测量的研究与实践。特别是在摄影测量领域,由于计算机技术的引入,测绘的应用已经深入到社会经济建设的每一个领域。于是,作为数字摄影测量与计算机视觉研究中心副主任的郑顺义教授,领导其研究小组顺应技术发展的需要,解放思想,深入全新的测量应用领域。

在张祖勋院士的指导下,郑顺义教授总体负责的"视觉测量方法研究及应用"项目取得了突破性的进展,并于 2012 年获得国家测绘科学技术进步一等奖。此外,郑顺义教授在数字摄影测量与计算机视觉的理论与方法领域还进行了多方面的研究,并取得了一系列具有代表性的研究成果,例如,基于轮廓线的旋转体测量、基于视觉约束的复杂物体三维重建、基于轮廓线的钻石测量,以及基于结构光原理的摄影扫描仪和移动扫描仪等。

二、呕心沥血创新创业

2014 年,郑顺义教授创立了武汉中观自动化科技有限公司(以下简称中观公司),将科研成果产业化发展,使科技的发展和技术的创新能够更好地服务于社会。2016 年初,中观公司开始研发手持式激光 3D 扫描仪 ZGScan,该扫描仪基于激光的单色性、方向性、相关性和高亮度等特性,在注重测量速度和操作简便的同时,保证了测量的综合精度,拓宽了激光技术在智能制造行业的应用。手持式激光 3D 扫描仪 ZGScan 以其非接触、扫描速度快、获取信息量大、精度高、实时性强、全自动化、适用复杂环境等优点,有效克服了传统测量仪器系统速度慢、精度低、编辑量大、环境要求过于严格的局限性,可以直接获取高精度目标、采集超精细的表面三维数据及自动建模,并实现三维可视化的重要手段。中观公司研发的手持式激光 3D 扫描仪 ZGScan 扫描速度高达 480000 次/秒,扫描精度高达 0.02 mm,细节扫描能力高达 0.05 mm,均达到世界领先水平。该扫描仪重量轻至 0.83 kg,手持操作方便、快捷,便携性高,基本可以完成无限制的 3D 扫描,而不受物体大小、材质、颜色的影响;扫描结果可用于数字化展示及存档保护;可直接载入 3D 打印机进行 3D 打印;可直接进行任意尺寸测量,用于工业检测;可生成 CAD 图纸用于逆向设计;可高效配合产品设计师与结构设计师;可在极短时间内形成设计成果打造的样品的三维数据,并与设计数据进行比较;可进行模型编辑,用于医疗整形等。系统的应用范围广泛，可用于文化遗产保护、3D 打印、模具检测、逆向工程、汽车制造、工艺设计、航空航天、医疗整形、教育科研等领域，具有广阔的发展前景及市场空间。

基于在摄影测量专业的技术积累，中观公司不断完善手持式激光 3D 扫描仪产品链，以"技术创新"为宗旨，在秉承以往科技成果的基础上，不断进行更深层次的研究与开发，生产与技术开发紧密结合，使技术水平与产品性能不断得到提高，达到了更好地为用户服务的目标。2017 年，中观公司又发布了四款新产品：光学追踪 3D 扫描仪 HyperScan、智能全彩 3D 扫描仪 GScan、摄影测量系统 PhotoShot、机器人自动化扫描仪 ZGScan-R。中观公司始终坚持技术创新是打造和保持企业核心竞争力的动力之源，以客户为中心，以市场为导向，有志成为全球 3D 数字化整体解决方案的领航者。2018 年中观公司发布了全球首款智能闪测激光 3D 扫描仪 AltairScan、手持式蓝色激光 3D 扫描仪 RigelScan。

中观公司的发展史就是一个不断创新、不断进步的过程。公司一直坚守技术为上的理念，精于专业测量。公司团队从最初的几个人，发展到目前拥有 70 人的专业团队。公司拥有一支以教授、博士和硕士为核心的研发团队，硕士及以上学历人员占 80% 以上，其中博士 7 位，测量学专家、3D 扫描专家 15 位。公司依托武汉大学全球排名第一的摄影测量与遥感学科的技术优势及公司雄厚的研发实力，始终处于行业技术的最前沿，成为一家致力于研发数字摄影测量与计算机视觉及智能等领域软硬件产品的高新技术企业。

三、蓦然回首多硕果

回首教学生涯，年近不惑的郑顺义教授不会觉得虚度年华，也不会感到碌碌无为。因为他确确实实实现了"做一些力所能及的对社会有用的事情"的诺言，不仅为社会培养了许多优秀人才，还在视觉测量领域实现了重要的突破——赋予计算机明察秋毫的测量功能。郑顺义教授目前已经培养了 80 多名硕士、博士研究生，当前在读的还有 5 名博士生和 8 名硕士生。截至目前，郑顺义教授共发表论文 80 多篇（其中 SCI 检索 16 篇，EI 检索 50 多篇），出版专著 2 部，获批发明申请专利 30 多项，先后主持过国家科技支撑计划、国家自然科学基金等多项研究课题，主持与企业合作的科学研究项目几十项，为推动我国高精度精密工业测量产业做出了突出贡献。

郑顺义教授带领中观公司所创造的社会价值成绩斐然。中观公司自主研发的多项核心技术处于国际领先水平,是国内唯一同时具备研发手持激光及白光扫描设备能力的厂家,全球第二家掌握智能跟踪多线激光扫描设备的厂家。曾在两年内完成了 10 款新产品面世。到 2018 年底,中观公司完成了 1000 多例 3D 工程项目,中观公司的终端用户数达 300 多家,用户遍布全球。

虽然取得了如此多的社会认可的科研成果,但是郑顺义教授回报社会的拳拳之心永远不会改变,他没有因为过去的荣誉而松懈下来,依然保持着刻苦科研和艰苦创业的精神,带领武汉中观自动化科技有限公司坚定不移地走创新发展的道路,秉承"求实创新,诚信正直,合作共赢,创造价值"的价值观,朝着"做全球 3D 数字化整体解决方案的领航者"的目标迈进。期待中观公司能够在视觉测量领域取得更多、更大的突破,使计算机视觉从现在的"明察秋毫"飞跃到未来的"洞察入微"!

激光领军人物之冯杰才

上海临仕激光科技有限公司

○ 公司简介

上海临仕激光科技有限公司（以下简称临仕激光）是以智能化制造和现代化管理为主导理念创办的高新技术企业，主要从事激光加工技术的研发、推广及增材制造与再制造等相关业务。公司注册资金8500万元，拥有3800 m^2 的独立办公楼用于技术研发、工程试验和日常办公，位于上海临港新兴产业园内。临仕激光与英国ALT（Advanced Laser Technology）公司、中制高科技术股份有限公司、山西玉华再制造科技有限公司互为战略联盟企业。公司目前已具备激光焊接、激光熔覆、激光清洗、激光切割、激光表面硬化处理等激光加工技术的研发和生产能力，辅以合金粉末配制、工件表面加工与处理、金属微观结构分析与评估等技术，以及激光设备选型、供应、集成、维护等服务，可为多领域客户提供基于激光加工技术的全面解决方案。公司业务覆盖航空、汽车、铁路、船舶、矿山、电力、冶金、模具、机床等行业，针对这些行业中的精密设备、大型设备、贵重零部件等进行专业化的激光增材制造与再制造服务，提供包括需求调研、技术研发、设备集成、人员培训、跟踪反馈等在内的一体化解决方案。

○ 人物简介

上海临仕激光科技有限公司
总经理冯杰才

冯杰才 2013 年入选"优秀博士生国际交流计划",访问美国麻省理工学院、哈佛大学等世界一流大学。2014 年于哈尔滨工业大学获工学博士学位,师从先进焊接与连接国家重点实验室主任陈彦宾教授,参研"十二五"国防基础科研"激光-电弧复合焊接技术"项目。2014 年至 2015 年,在英国曼彻斯特大学做博士后,从事英国新一代核电激光智能制造研究,合作导师为英国皇家工程院院士李琳教授。2015 年 11 月,担任上海临仕激光科技有限公司总工程师。2016 年任上海海事大学研究生企业导师。2017 年任上海海洋大学兼职教授。2017 年任大连理工大学材料科学与工程学院研究生教育咨询委员会委员。2019 年 1 月受邀担任国家科技部专家。

长期从事先进激光焊接、激光清洗、激光与材料相互作用机理以及焊接熔滴过渡行为研究。已于《Materials Letters》《Materials Science and Engineering：A》《Journal of Materials Processing Technology》等学术期刊发表相关论文 19 篇,其中 SCI 论文 9 篇,EI 论文 3 篇。现为《Materials & Design》(IF:5.77)等期刊审稿人。申报国家发明专利 22 项,授权发明专利 17 项。

目前,负责和参与的纵向科研项目总经费为 8769 万元,主要包括以下科研项目。

(1) 国家科技部,国家重点研发计划"大型复杂构件激光高效清洗技术与装备"项目课题二,课题负责人(2017年7月至2021年6月)。

(2) 上海市产业转型升级发展专项"先进激光智能制造装备关键技术研究与示范线建设"项目,项目负责人(2017年7月至2019年11月)。

(3) 上海市产学研合作专项"21000TEU超大型集装箱船上建的研制与高效激光-MIG复合焊的应用"项目,子课题负责人(2017年1月至2018年12月)。

领军之路

一、创业之初

激光行业竞争非常激烈,在下游的激光应用领域更为突出。在同行企业已经建立起了相对优势的情况下,冯杰才及其团队作为后来者,要想有所作为,就需要在细分市场中建立起差异化的竞争优势。2014年10月上海临仕激光科技有限公司注册成立,以激光加工技术服务、技术开发、技术咨询等为主营方向,主要面向航空航天、核电和高铁等领域。万事开头难,创业之初,技术团队的组建、激光设备的购置、市场推广等工作都是从零开始。幸运的是,通过一年的努力,研发人员和设备基本到位。2015年11月7日,临仕激光举办了"2015激光加工与智能(再)制造技术论坛",来自国内外的党政机关领导、专家学者、工商界人士等逾200名嘉宾应邀出席。论坛期间,临仕激光与上海交通大学、上海临港再制造产业发展有限公司签订了校企合作三方框架协议,并与中北大学、大连理工大学、哈尔滨工业大学国防科技工业焊接自动化技术研究应用中心等签订了校企合作框架协议。一系列合作框架协议的签订,强化了临仕激光与知名高校及科研院所间的产学研合作关系,大幅提升了临仕激光的技术攻关能力。

临仕激光人员合影

二、市场拓展

2017年至2019年是冯杰才进步最快的3年,公司业务也得到了长足发展。在科研项目方面,临仕激光得到了国家科技部和上海市政府的认可,不仅承接了国家科技部2017年国家重点研发计划"增材制造与激光制造"专项、"大型复杂构件激光高效清洗技术与装备"项目课题二,还获得了2017年上海市"21000TEU超大型集装箱船上建的研制与高效激光-MIG复合焊的应用"项目子课题等任务。在业务方面,临仕激光先后为中国船舶重工集团有限公司、上海飞机制造有限公司、上海航天806所、西安航空发动机(集团)有限公司、中国科学院、中国兵器科学研究院等单位开展了激光焊接、激光填丝焊接、激光-电弧复合焊接、激光清洗、激光淬火和激光熔覆等技术服务和产品开发。同时,在民品方面,临仕激光为上海汽车集团股份有限公司、华域汽车电动系统有限公司、南京珑瑞柯创汽车科技有限公司、中国宝武钢铁集团有限公司、中国中车集团有限公司、阿特拉斯科普柯集团等提供了激光加工技术服务与设备。值得一提的是,临仕激光先后为客户提供了多套激光清洗设备,替代了传统的化学清洗、机械打磨和喷砂清洗方法,不仅清洗质量有所提升,在环保和降低成本方面取得了不错的成效。

2019年1月,冯杰才的相关信息通过国家科技部审核,加入了科技部专家库。

三、公司未来

临仕激光将在全球化工业 4.0 的背景下，继续围绕航天、航空、核能、汽车、石油、高铁等高端制造业结构转型、升级换代的迫切需求，结合上海的区域优势和产业发展需求，着力开发国际先进水平的先进激光智能焊接技术与装备、超快激光绿色清洗技术与装备和先进激光增材制造技术与装备（激光 3D 打印），形成一批具有自主知识产权的成果，提供相关领域、相关行业所需要的高端先进激光智能制造解决方案，建立国内外激光行业共性技术研究、创新、交流、培训平台。

激光领军人物之余勤跃

温州泛波激光有限公司

○ 公司简介

温州泛波激光有限公司(以下简称泛波激光)坐落于温州市高新技术产业园区,拥有多名激光器领域的国际资深专家。公司依托自身的技术、研发优势,成功解决了困扰行业多年的半导体激光束亮度难以大幅度提高的难题,拥有多项外腔波谱集束半导体激光专利。公司主要从事大功率、高亮度半导体激光器的设计、制造、销售及技术服务,研发量产的半导体激光器处于世界领先水平,可广泛用于切割、焊接、熔覆、表面处理等领域。目前泛波激光的大功率半导体激光器和高亮度半导体激光器已在绿色再制造、装备制造业核心机械零部件制造、轨道交通设备制造、化工行业核心部件制造等领域获得了广泛的实际应用,正成为温州激光光电产业集群发展中的一个亮点。

人物简介

温州泛波激光有限公司
董事长、总工程师余勤跃

余勤跃，1964年12月出生，籍贯浙江杭州，浙江大学光仪系和物理系理工双学位，高级工程师。在激光技术研究领域打拼多年，现任温州泛波激光有限公司董事长兼总工程师。长期从事激光技术研究，拥有10多项中国专利、3项国际专利，曾获中国科学院科技进步一等奖、中国科学院科技进步三等奖和国家优秀专利奖等多项国家大奖。有多项工作获中国科学技术类奖项以及美国商业类奖项。在高功率激光领域的相关工作对业界有显著贡献。

领军之路

温州是中国民营经济发展的先发地，近年来，温州市大力扶持激光与光电产业集群建设，产业规模不断壮大，创新能力持续增强，初步形成了以激光应用、半导体照明、光通信为特色的产业链，涌现出了一批高附加值、高带动性、高成长性的战略性新兴产业集群区。2012年6月，温州市激光与光电产业集群被列入了科技部创新产业集群的培养计划。

2013年6月，泛波激光在激光制造技术与装备国际高端学术论坛上，首次报告了在改善光导体激光光束提高亮度方面的技术突破，这一报告引起了与会专家和学者的高度关注，纷纷盛赞这是一场高功率激光的技术革命。2016年慕尼黑上海光博会上，公司展出了最新研发的系列集束半导体激光器产品，获得了国内外众多知名企业、技术专家的高度关注。目前在阵列激光外腔波谱集束技术上,泛波激光走在了行业的前端。尽管单发光点合束技术还在不断提高光束的亮度,但这种技术方案随着功率升至数千瓦级,每经过一次合束器,光束亮度均会降低,难以达到切割的要求,而阵列集束在数千瓦级别具有更大的优势,光束质量依然可以保持较高水平。

一、一段奋发有为的图强史

自20世纪60年代激光技术诞生以来,激光以其高亮度、高单色性、高方向性、高能量密度等特点在广阔的领域获得了非常广泛的应用。特别是跨入21世纪后,激光技术的发展带给了世界经济更广阔的发展空间,中国也不例外。但颇为遗憾的是,中国却在众多激光产品和技术上的创新力不够,核心的技术多掌握在国外企业当中,限制了中国激光产业的快速发展。其中,高功率的激光光源主要依赖进口。近年来,虽然这样的情况在一些领域有所改善,但总体现状仍不容乐观。

随着熔覆和焊接对激光器的需求越来越多,半导体激光因电光转化效率高、价格低廉被众多再制造、加工领域所青睐。今后相当长的一段时间内,传统五金加工制造业的产业,向高端方向转化是一个大的趋势,采用激光切割、加工工艺,从而提升产品加工精度、提高加工效率是一个必然的选择,因此激光金属切割的市场占有率增长很快。同时钣金、汽车、造船、装饰、阀门等行业的金属切割、焊接市场也在扩大。但半导体激光光束质量不好的先天缺陷限制了其在工业领域更多的应用。如果寻找出一种光源可以兼具光束质量好、电光转化效率高、价格低等众多优点于一身,一定会改变高功率激光器的应用格局,带动一场高功率激光的革命。这个想法在余勤跃的脑海里逐渐清晰起来。怀揣着这个梦想,他放弃了国外的优越生活,选择了回国创业,立志做中国人自己的高功率半导体激光器!

二、一位精业博学的领头人

回国后,余勤跃选择了温州作为他事业的落脚点,成为泛波激光的创办者和技术带头人。实际上,改善半导体激光光束提高亮度在欧美国家也一直是技术研究热点,但多年来研究进展不大。余勤跃选择的路注定是一条不平凡的路,充满着艰辛和坎坷。与众多专注技术突破的科学家一样,余勤跃在生活中随和、谦逊,在技术追求上孜孜不倦,一丝不苟。回国一年多的时间里,他带领研发团队,一步一步从头做起,遇到的困难比想象的更多。他已经记不清设计过多少个实验方案,经历了多少次实验失败,但是有着厚实理论功底和多年工程研发经历的余勤跃拥有远远超出常人想象的对技术创新的热爱,这种热爱支撑着他从无数次困难和失败中一步步走出来,一步步战胜自我、超越自我。

在研发过程中,余勤跃精益求精,对系统一步一步改进,他说:"哪怕有1%的效率提高也会让用户节省很多的能耗资源,一定要把光束质量提高,但不能牺牲能量效率。"就是凭着这种追求卓越的精神,他让手里的技术发挥到了极致,奉献出了精品,超越了国外同行,造就了他在国内外业界的技术成绩,获得了大家的尊敬和佩服。

功夫不负有心人。余勤跃带领泛波激光在改善半导体激光光束提高亮度方面的工作终于获得了理想的结果,他们攻克了技术难题,突破了技术瓶颈。其中,最主要的技术关键是高效率激光光束整形技术,该技术可以将半导体阵列激光在慢轴方向上压缩至一个发光单元,可以让数百瓦的半导体激光直接用于金属的切割,这些在之前是无法想象的。余勤跃表示:"此项技术的突破,不仅在加工领域的应用上具有很大的技术领先性,而且蕴含着巨大的经济效益。"参与科研的其他人都感叹:"这真是一场激光领域的技术革命!"因为采用新技术集成的半导体激光可以媲美目前固体激光的光束质量和半导体激光的价格,数千瓦的半导体激光可以轻松地耦合进 $100~\mu m/NA0.22$ 的光纤中,未来可以集成 $10\sim100~kW$ 的高光束质量的激光输出。

目前,该技术集成的系统最终电光效率超过了45%,接下来有望提高至50%左右,也许将来会达到更高。这一高功率激光领域的技术突破在2013年激光制造技术与装备国际高端学术论坛上报告后,立即引起了与会专家的赞叹,"了不起的工作""这是一场技术革命"……报告结束后引起了所有与会专家和学者的高度关注,相关工业和设备制造与集成的企业家更是对此表现出浓厚的兴趣。目前,泛波激光在高功率激光器的研制、生产中,已经实现了半导体激光阵列封装、微透镜粘接、耦合调试工装以及光纤夹持结构工装等10余项工艺装备的设计和制作。

激光领军人物之杨林

让每个人都感受到激光的魅力

武汉洛芙科技股份有限公司

○ 公司简介

武汉洛芙科技股份有限公司（以下简称洛芙科技）成立于2012年，是一家快速发展的高科技公司，其核心团队有超过十年的高功率半导体激光器产品研发经验。公司拥有专业的研发团队，专业技术覆盖激光、机械、电子和软件等领域。研发生产的激光器已经销售到60多个国家和地区，其中包括美国、韩国、日本、德国和西班牙等国家。公司坐落在武汉东湖新技术开发区未来科技城，拥有1000 m^2 的办公场所与洁净车间。公司致力于高功率半导体激光器和半导体泵浦固体激光器系统的研发生产和销售，其产品主要应用于科研、工业领域。国际化的视角和开放的思想是洛芙科技的核心竞争力之一。目前，公司已经和许多世界级激光公司建立了良好的合作关系，一起致力于新一代激光系统的研发工作。

○ 人物简介

武汉洛芙科技股份有限公司
董事长杨林

杨林，武汉洛芙科技股份有限公司联合创始人，湖北省激光行业协会轮值会长、副会长，曾担任德国 DILAS 半导体激光有限公司中华区销售市场总监，行业公认的高功率半导体激光器应用领域技术专家。曾在多家世界著名激光公司就职，其中包括美国光谱物理（Spectra-Physics）、德国欧司朗（OSRAM）、美国恩耐（nLIGHT Corp oration）和德国罗芬（Rofin）。

2003 年，杨林获得德国柏林工业大学物理和华中科技大学电子学双博士学位。在德国攻读博士学位期间，他主攻半导体泵浦固体激光器技术，在半导体激光材料加工方面造诣颇深。2010 年，杨林获得 BI 挪威管理学院的工商管理硕士学位。

杨林一直是国内高功率半导体激光器和半导体泵浦固体激光器（DPSSL）应用领域的专家，在激光塑料焊接、激光手术、激光软钎焊、半导体激光熔覆与激光硬化、千瓦光纤激光器泵浦和高功率 DPSSL 等方面具有丰富的经验。

○ 领军之路

一、海归学霸发现激光"蓝海"

2003 年，杨林获得德国柏林工业大学物理和华中科技大学电子学双博士学位后,便进入当时世界最好的激光公司——美国光谱物理公司工作。后来,他又先后跳槽到德国欧司朗、美国恩耐激光、德国罗芬等多家世界一流激光公司担任高管,曾任德国DILAS中华区销售市场总监。

这些国际化背景和海外求学、工作经历,为他创办洛芙科技打上了浓烈的国际烙印。

2012年,有猎头找到杨林,开出25万美元的年薪,挖他去一家美国激光巨头公司。然而他谢绝了。因为他已决定回国创业,专注民用消费级激光市场。"大族激光、华工科技都是做工业激光的,工业激光在中国已是一片红海。我想通过市场细分和个性化服务来获得竞争优势,做民用消费激光,这还是一片蓝海。"杨林颇有感触地说。进一步调查后杨林发现,激光脱毛是激光美容市场中最大的一块。国内激光永久脱毛只有大型医疗机构、美容院才能做,甚至有的地方还在沿用对皮肤伤害比较大的蜜蜡脱毛、光子脱毛,而轻巧、便捷的家用激光脱毛仪是一片空白。

从欧美市场的经验来看,脱毛类产品一般市场占有率在30%左右,中国脱毛类产品的市场潜力巨大。权威数据调查显示,未来3至5年,中国脱毛类产品会以30%的速率增加。杨林看到了商机。

二、让每个人都感受到激光的魅力

生于斯,长于斯,创业于斯。杨林对荆楚大地可谓一往情深。

2012年,杨林回到武汉,在武汉东湖新技术开发区创立洛芙科技,专业从事便携式家用激光医疗和激光美容产品的研发、生产和销售。2013年12月,公司成功在武汉股权托管交易中心挂牌。同时,洛芙科技在德国杜塞尔多夫成立了研发子公司,SILKPRO家用激光脱毛仪的工业设计和产品技术开发全部在德国完成,这也保证了产品的"德国品质"。

"我曾在德国读书、工作和生活,德国企业的精髓深入我心。德国很多优秀的中小企业都有独特的技术,就那么一个小铺子、小作坊,专心致志走下去,在一项技术上做到世界领先。"杨林表示,这几年,洛芙科技正是在这种情怀引领下,将家用激光脱毛仪做到了极致。

其实,早在2006年,杨林就在德国开始研发家用激光脱毛仪。"让每个人都感受到激光的魅力"是他的梦想。

三、将产品做到极致

历经近10年,杨林率领研发团队,针对大腿、胸部、腋下等49处人体毛发,精心研究如何安全、有效、永久地脱除毛发。他们采用了最先进的810 nm半导体激光脱毛技术,也是激光脱毛的"金标准",可以达到持久脱毛的效果。多单管串联模组半导体激光技术与美国诺格公司研发的激光武器是同级别单元技术,模块光电转换效率高达55%,输出能量密度达到25 J/cm²,使用寿命达到5000万次,人体工学设计,240 g的重量让它如电动剃须刀般轻巧、方便,五个挡位随意转换,适用于各种肤色人群。这些独门绝技使丝芙乐脱毛仪的专业性能全球领先。

激光脱毛仪的安全问题是消费者最为关心的。2015年7月,SILKPRO激光脱毛仪(简称SILKPRO)获得国际权威的美国食品药品监督管理局(FDA)认证,是国内第一家经美国FDA认证的家用激光美容设备,SILKPRO也成为全球第二家通过FDA认证可零售的家用激光脱毛仪。SILKPRO获得欧盟CE认证和英国标准协会(BSI)的质量管理体系ISO9001和医疗ISO13485权威认证。在国内,SILKPRO通过严格的产品检测、医院临床试验,历时3年通过了中国国家食品药品监督管理总局(CFDA)认证,也成为中国第一款通过认证的家用激光脱毛仪。

目前,SILKPRO是唯一一款同时获得美国FDA、欧盟CE和中国CFDA三大认证的家用激光脱毛仪,证实了产品的安全性与效果性,从而也获得了在20多亿人口市场销售的通行证,这也是未来SILKPRO销售快速增长的基石,并为洛芙科技成为国际化品牌打下了坚实的基础。洛芙科技虽然"块头"上无法与世界500强比,但却掌握了无可取代的核心竞争力。

四、冲击"十亿级"消费市场

杨林喊出"十亿级"脱毛市场的底气可不只是基于中国庞大的市场,而是巨大的国际市场。以激光永久脱毛市场为例,中国有6.8亿女性,18—55岁的女性约占2.5亿,按30%有脱毛需求的保守估算,也就是7500万人,如平均每年消费200元脱毛,中国市场一年也有150亿的容量。而脱毛产品的销量只占化妆品的1%,从欧美市场的经验来看,脱毛产品一般占市场的30%左右,所以中国脱毛类产品市场潜力巨大。权威数据调查显示未来3至5年,中国脱毛类产品会以30%的速率增加。

目前,中国脱毛市场理念落后、产品贫乏,以化学物品脱毛为主要方式,2013年,中国脱毛产品中脱毛膏和蜜蜡用量超过8000万支,这些产品不仅不能彻底解决问题,同时会导致皮肤问题。专业脱毛机构脱毛费用相对比较昂贵,且收费混乱,存在各种隐性消费,做全身脱毛的费用在一万元以上,还会占用大量的时间和精力。因此便携、轻巧的家用激光脱毛仪器将是未来脱毛方式的首选。

2016年10月,洛芙科技入选了"2016德勤高科技高成长中国50强",依靠实力挤上这个曾经由阿里巴巴、百度、腾讯等"互联网大鳄"盘踞的榜单。

"医疗器械产品认证的特性,决定了短期内SILKPRO将独家垄断中国家用激光脱毛市场,这将为洛芙科技快速发展奠定基础。"杨林认为SILKPRO系列家用激光医疗美容仪器实现十亿级消费市场完全有可能。"我们会将SILKPRO打造成为国际领先的家用光学医疗美容领导者品牌,从而使洛芙科技成为'十亿级'激光医疗美容巨头。"对此,杨林信心十足。

五、国际化市场：SILKPRO登陆美国最大药店CVS

国际化的市场和开放的思想是洛芙科技的核心竞争力之一。SILKPRO系列产品不仅仅得到国内消费者的喜爱,还深受海外消费者的青睐。国外对脱毛会更加细致,西方认为,暴露出身体的毛发是很没有礼貌的行为,全身持久洁净、光滑是他们的追求,因此海外也有越来越多的人开始选择家用激光脱毛仪来解决他们的毛发困扰。

2015年,SILKPRO率先在海外上市,在短短一年时间内便出口到60多个国家和地区,包括德国、美国、日本、荷兰、法国等,产品受到广大用户的喜爱。

2018年,SILKPRO正式登陆美国最大药店CVS。洛芙科技旗下的SILKPRO激光脱毛仪、粉红乳宝自检仪等系列产品被陈列在各大CVS的商品展架上,供海外的消费者随意挑选。

说到CVS(CVS Health),对于美国人而言可是一点都不陌生。CVS是美国最大的零售药店,始于1963年,是集销售处方药、OTC药品、美容护理产品、胶卷与影像服务、季节性商品为一体的大型药品零售商，拥有9600家门店，其销售规模是阿里巴巴的7倍。SILKPRO登陆美国CVS，标志着SILKPRO在国外市场的发展更具规模化，发展程度也愈发成熟。

六、在创新的道路上步履不停

创新技术是洛芙科技的一大亮点与优势。2018年，洛芙科技利用优势科技实现了激光脱毛行业内的一大创举——创造出了共享医美。洛芙科技将医美与共享结合，创新出第一个真正意义上的共享医美项目，以激光脱毛为主打，采用2B和2C模式，将原本仅存在于美容院和医疗机构的专业激光脱毛，搬进了小型美甲店、美发店，以使用时长为收费标准，实现了激光脱毛的共享，并将原本高端定位与高昂定价的美容服务变为普通消费者都能随心享受的低成本美容服务。共享医美让医美行业开始"接地气"，引领了低价医美时代的到来。

共享医美项目的实现离不开研发团队的实力。杨林具有十几年的激光行业从业经验，以及深厚的工科技术背景，是半导体激光器领域公认的技术专家。他带领洛芙科技申请了专利138项，其中发明专利10项，软件著作权12项。

SILKPRO（共享版）具有WiFi、4G、蓝牙、移动支付、GPS定位、云端管理实时监控、屏显界面等功能。除此之外，洛芙科技还面向商家提供专业培训和设备维护的终身服务，保证商家和消费者全程无忧、放心使用。

共享医美项目一经面市，立刻获得人们的喜爱。一方面，那些缺乏充足资金、投资预算低、不具备专业激光医疗美容设备的小型商家，迫切需要成本低、性能高的小型脱毛设备供其使用。另一方面，预算有限、想要获得专业激光脱毛的消费者，可以低价享受到美容院级的专业服务。

消费高、定价高一向是医疗美容行业的标签之一。美容院的高收费往往将人们拒之门外，使人们望而却步。共享医美的出现在理论上可以打破这一壁垒，带来更"接地气"的医美，让医美呈现平民化的趋势。

七、2018 年推出新品：SILKPRO LITE 青春版

2018 年，杨林专门针对学生群体与和消费预算较低的群体推出了 SILKPRO LITE 青春版。

SILKPRO LITE 青春版的面市，无疑为更多人打破了价格门槛，他们可以从更实惠的价格，享受到更优质的激光脱毛体验。SILKPRO 脱毛仪轻奢版价格在三千元以上，而 SILKPRO LITE 青春版价格定位较低，成为家用激光脱毛仪行业中的性价比之王，一经面市，就受到很多时尚咖和大学生群体的喜爱。

激光领军人物之孙传新

汇翔科技,做独山子激光技术的领跑者

新疆汇翔激光科技有限公司

○ 公司简介

新疆汇翔激光科技有限公司(以下简称汇翔激光)注册资金5000万元,是一家集激光智能设备制造、激光技术应用、维护及检修设备零部件、机械加工制造、各类广告和地名标识设计与制作及安装于一体的专业公司。现有员工70余人,大专以上学历人员占员工总数的78%,各类专业人员32名,退休返聘高级技师3名、持证电焊工4名、电工2名、起重工2名、结构设计师1名,经过培训的安全员2名。

公司现有价值1280万元的大型专业设备,装备有激光再制造系统。专业设备包括激光切割机、数控剪板机、数控折弯机、等离子切割机、车床、数控雕刻机、UV平板喷绘机、大型户外写真喷绘机、冲床、电焊机,以及14米汽车烤漆房等。公司拥有三座各750 m² 的标准厂房,在标识制作方面能完成从设计、加工、制作到安装的全部工艺。在激光技术方面,可以完成对直径1 m以下、重量25吨以下的各类动设备的轴类、转子类、叶片类部件,以及石油工业中的

钻具、高压阀、高压泵轴、大型柴油机曲轴的修复工作,能完成厚度小于 16 mm 的各类金属板材的高精度切割。

公司党支部、团支部、工会组织健全。2012 年,公司通过了质量、环境和职业健康安全三个管理体系的认证。2015 年,公司承担了自治区"面向复杂零件的激光熔覆再制造系统"研发项目。2016 年,公司获得中国创新创业大赛自治区优秀奖,公司"面向复杂零件的激光熔覆再制造系统"在第十八届高新技术成果交易会上获优秀产品奖。现已申请各类发明专利 8 项,3 项实用新型专利已获授权。

人物简介

新疆汇翔激光科技有限公司
总经理孙传新

孙传新,男,汉族,1965 年 4 月出生于新疆独山子,1983 年参加工作,原为中国石油独山子石化分公司机动处员工,2005 年创建新疆汇翔激光科技有限公司,现为新疆汇翔激光科技有限公司法人、总经理,新疆独山子第七届政协委员,湖北省激光行业协会理事。

领军之路

孙传新,新疆独山子本土企业家,独山子民营企业中唯一一家涉及激光 3D 打印技术的企业——汇翔激光科技有限公司总经理。对于独山子这座人

激光领军人物

口不足 7 万的小城来说,孙传新经营的激光先进技术的异军突起,令人们刮目相看。

一、不愿捧着"铁饭碗"终老一生

孙传新,1965 年出生,1980 年初中毕业后,年仅 15 岁的他直接被分配到了独山子运输公司工作。后来,他又分别在炼油厂、乙烯厂的安环科、机动处等科室工作,还参与了"独山子石化公司千万吨炼油百万吨乙烯"项目的建设、投产。几十年的工作经历,让他积累了丰富的工作经验和人生阅历。

谈起当初的创业经历,孙传新说,起初他对捧着国企"铁饭碗"、拿着稳定的工资收入、过着老婆孩子热炕头的生活状态还是蛮满意的。孙传新回忆起那些日子,下班闲暇之余,和朋友喝喝小酒,打打扑克牌,吹牛聊天,终日恍恍惚惚,潜意识里根本没有什么长远的人生理想目标。但随着国家改革开放政策的深入实施,孙传新看到很多同龄人选择了停薪留职经商创业,这让孙传新的内心不淡定了,他也开始有了想要创业拼搏的念头。

当他把想要创业的想法告诉家人后,家人一致反对。母亲流着泪责怪他不务正业,不好好守着企业的"铁饭碗",净想些歪点子。妻子埋怨他被欲望冲昏了头脑,不顾一家人的正常生活。得不到家人的支持,也没有创业所需的资金来源,究竟是该收起创业念头好好过日子,还是坚守理想,继续放手拼搏?这让当时的孙传新左右为难。

为了梦想,他决定还是和家人坐下来平心静气地好好谈一下自己的内心想法。通过心与心之间的交流,家人终于理解了他不愿捧着"铁饭碗"终老一生的想法。

二、辞职,不留后路

在得到了家人的理解和支持后,孙传新做出了人生中最大胆的决定:辞职!这个决定一出口,把家人、亲戚朋友,还有同事们都吓了一大跳。因为在当时,虽然很多人选择了下海创业,但大多数人都选择了停薪留职,留了后路。而孙传新认为,既然要创业,就不能给自己留一点后退的余地,也不能再想着依靠企业。最起码自己手里拿着那份企业发的钱,总感觉好像是在领取救济金,这会让自己的心里感到不安。尽管当他递交辞职报告后,单位的领导和同事们都来劝他一定要慎重,并且多次给他做思想工作,一再地进行挽留,但孙传新还是坚持辞职这一决定。他想要赶紧遨游到广阔的天空,在属于自己的蓝天里自由飞翔。

三、创业之路不易,感谢爱妻支持

在离开国企后,孙传新满怀激情地开启了他的创业之路。但现实就是这么残酷,摆在他面前的这条创业之路注定不会走得轻松、舒坦。孙传新选择了很多创业项目,但经过一番打拼后,都以失败告终。一次次的失败经历,在不断地打击着孙传新的创业热情,甚至一度让他对创业这个决定产生了怀疑。但他最终还是咬紧牙关坚持了过来。而现如今的他,已经拥有了新疆汇翔激光科技有限公司这片天地。

孙传新说,从当初一个处处碰壁的创业者,到现如今的汇翔激光总经理、独山子区民营企业家代表以及区政协委员,这一路走来实属不易,他想要感谢的人有很多,但最应该感谢的人还是他的妻子。妻子多年以来在他身后的坚守和无私奉献,让他坚持走到了现在。孙传新在内心世界里不止一次地对自己说,创业不再是单纯为了实现自己的梦想,也是为了要让这个陪伴在自己身边与自己相濡以沫的女人过上好日子。

四、不安于现状,用创新推动创业

汇翔激光现有员工 70 余人,公司占地面积约 10000 m^2,是独山子的一家民营企业。提起汇翔激光,可能还有很多人不太了解这家企业。但其实在独山子这座石化城的许多领域中,很多人都正在使用或者见过这家企业的产品。如办公室的标识牌、生产车间的展板、街道两旁的广告牌,甚至公路沿线的交通提示牌等,都是汇翔激光制作的。

汇翔激光以前的名称是汇翔工贸公司。通过大家的努力,公司的业务范围逐渐拓展到了一定的规模,客户来源比较稳定,公司业绩不错,员工们的收入也比较平稳,但孙传新却总是"不安于现状"。他经常想出一些与当时主营业务不相干的点子来,隔三岔五地叫上几名员工,在公司的厂房里来回倒腾一

堆半成品。

汇翔激光制作广告的厂址是在大庆西路老区红绿灯旁边一个不起眼的门面房内。但谁能想到，就在独山子泥火山脚下七区的一个看似不起眼的大院子里，这家以制作广告为主营业务的企业却深藏着一批高科技的设备，各种各样的发明创造让人大开眼界。

五、3D打印技术就在我们身边

尽管3D打印技术的兴起已经有好多年了，但真正见过3D打印实物的在独山子区还没几个人。但就在汇翔激光的各个工作间内，用3D技术打印出来的小茶壶、小挂链和小城堡等物件随处可见。公司技术人员说，其实3D打印本身不是很难，最难的是要建立数字模型，这要花费很多的时间和精力。3D打印技术发展到一定阶段，将会颠覆整个制造业，汽车、高楼、大桥、轮船甚至人体器官都可以通过不同的3D打印机制造出来。汇翔激光也希望通过不懈的努力，参与到这一技术的实现中。

六、激光"手术"让设备起死回生

在公司的一间厂房内，摆放着一套高大上的3D激光打印设备。操作平台上，一只机械手臂正在对一台阀门的阀体进行"手术"，阀门的金属体上不时地闪烁着激光弧线。孙传新说，这是他们当时斥资800多万元购买的一套3D激光打印设备，具有非常高的科技含量。由于公司与新疆大学、西北工业大学、沈阳新松机器人自动化股份有限公司、中国科学院南京先进激光技术研究院有着很好的合作关系，所以经常有教授、研究生来到这里作科研交流。

这套激光设备不仅有"打印"功能，还有切割功能。孙传新说："一般的热切割设备会在切割面留下锯齿形状的棱角，需要再打磨处理。另外，切割面周围受热后，强度和韧性也会发生变化。而用激光切割，高温集中在非常细小的一个点上，切割面非常平整，材质的性能也不会发生变化，效率非常高。只要把数据输入电脑，激光切割机就可以很快切割出精度非常高的配件。"

孙传新介绍操作平台上那个正在"接受手术"的庞大阀体时说："这个高压蒸汽阀是客户从国外购买的，花了20多万元，如今已经锈蚀得不能再使用了。

要搁在以前,客户只能重新花同样的价钱再从国外订购。因为阀门的内壁有些地方已经很薄了,用常规的焊接工艺根本无法实现修复。但如果利用 3D 激光打印设备就可以伸入到产品内部进行修补,修补'手术'完成后,这个阀门的内壁就和新的一样了,而维修费用只需要一两万元。"

在汇翔激光,像这样的修复案例还有很多,有一次,乙烯厂的一台高压蒸汽阀阀壁被锈蚀得很严重,独山子石化公司焊接专家工作室的谷刚师傅来到了汇翔激光,问孙传新能不能帮助解决这一难题。孙传新带领着公司技术人员通过这套 3D 激光打印设备,将价值 90 多万元的关键设备成功修复,向外界展示了汇翔激光的技术实力。此外,汇翔激光还成功修复了热电厂价值 40 多万元的污水泵以及钻井队发电机外壳等设备和部件。据客户反馈,经过他们修复的这些设备有很多至今还在很好地运行着。汇翔激光通过 3D 激光打印修复技术,为客户大大节省了运营费用。

七、这里有一支"嗷嗷叫"的队伍

在创业的道路上,孙传新一直主动承担着社会责任。随着公司业务范围不断扩大,公司解决了很多社会人员的就业问题。孙传新对待公司员工就如同自己的兄弟姐妹一般,无论是员工还是员工家属,但凡生病或者生活中遇到困难,孙传新都会致以关怀,最大范围地提供帮助。

电视剧《亮剑》里李云龙说过,拥有了一支"嗷嗷叫"的队伍,到哪里都敢去拼,到哪里都敢去闯。孙传新带领的这支团队,注入了企业灵魂,每位员工都始终保持着积极向上的精神状态认真工作,团队的每位员工都在为公司利益着想。心往一处想,劲往一处使,孙传新拥有着这样一支万众一心的队伍,在创业之路上必定是攻无不克、战无不胜的!

八、四国青年男子篮球争霸赛,展示公司实力

有人说,孙传新是个热心肠,属于性情中人,这话一点不假。2016 年,在政府部门的号召下,公司主动承揽了 2016 年"汇翔激光杯"四国青年男子篮球争霸赛的活动。为了保证这次比赛能够成功举办,从赛场布置,到广告宣传设计,孙传新事无巨细,事必躬亲,各个环节都倾注了他的心血。通过几天激烈

又紧张的角逐,"汇翔激光杯"四国青年男子篮球争霸赛终于落下了帷幕。比赛的圆满成功有着孙传新的辛勤付出,也同时向大家展示了汇翔承办大型活动的实力。随后,公司又相继在周边地区多个城市承揽了各种大型活动,反响都很不错。

九、一个闲不住的人

孙传新说,他是个闲不住的人,但凡听说哪个地方召开技术交流展销会,只要他能抽得开身,都会立即赶去参观、调研。

古人云,知行合一。孙传新在他的创业路上身体力行、脚踏实地地诠释着这句古语的含义。他说:"能把眼中之所见、心中之所想最大限度地运用到工作实践中去,努力把自己构思出的一个个金点子最终变为现实,是让我再开心不过的事情了。"

十、我有一个梦想

对于汇翔激光未来的发展方向,孙传新有自己的梦想:在独山子这片土地上创建一个有着本土企业文化的激光科技工业园区,打造一套激光科技产业流水线,从激光打印、激光修复到激光产品生成,全部在这片工业园区内实现,为客户节省人力、物力和精力,也可以根据用户需求,制作出个性化的产品。激光科技工业园区一旦建成,不仅可以吸引更多的商家前来投资,为当地提供就业机会,甚至还能够吸引游客参观,从而带动独山子的旅游经济。怀揣着这一梦想,孙传新带领着他的员工们继续朝着目标努力着。

激光领军人物之苏革烈

爱"折腾"的70后"折腾"出大名堂

武汉畅新科技股份有限公司

○ 公司简介

武汉畅新科技股份有限公司(以下简称畅新)作为一家专业的激光加工设备生产厂商,是武汉市高新技术企业,武汉市重点软件企业,湖北省装备制造业重点企业,国家级创新型试点企业。借助华中科技大学等武汉众多高校院所的光电子高新技术力量,公司研发生产了激光(非)金属打标机、激光雕刻机、激光(非)金属切割机、激光喷花机、激光刀模切割机等多种激光加工设备,产品领域涉及服装、皮革、玩具、电子电器、模型、广告、石材、装饰装潢、塑胶、五金汽车配件、玻璃等行业,并且获得了30多项国家专利。

畅新坚持"以产品品质赢得市场,以品质服务赢得客户"的经营理念,依靠"科技创新、务实进取"的企业精神,为振兴民族科技产业而努力奋斗。畅新激光设备早已遍布美国、德国、法国、韩国、意大利、西班牙、澳大利亚等100多个国家和地区。

激光领军人物

◯ 人物简介

武汉畅新科技股份有限公司
总经理苏革烈

　　苏革烈,湖北武汉人,1999年毕业于中南财经政法大学,工商管理专业硕士学位。湖北省激光行业协会副会长。

　　2006年创建了武汉畅新科技股份有限公司,并担任总经理一职,在任职期间,提出并实施了多个新技术和新产品方案。曾主持完成了"全自动双头激光雕花切割设备"项目,该项目于2008年9月10日通过了由武汉市科技局组织的成果鉴定,项目达到了国内领先水平。荣获创新创业党员带头人、自主创业明星等多项荣誉称号。已带领公司员工获得自主研发专利12项。

◯ 领军之路

　　在家人和朋友眼中,苏革烈是一个喜欢"折腾"的人。"折腾"了10多年,他在激光设备领域"折腾"出了大名堂,武汉畅新科技股份有限公司生产的激光设备已卖到了40多个国家。

一、让普通人也能享受"激光福利"

　　1970年出生的苏革烈,在一个知识分子家庭里长大,父母希望他安分地读书、工作、生活,但他偏偏喜欢"折腾"。中专毕业后,苏革烈"折腾"了十多年,当兵、摆摊、打工、开网吧、做职业经理人。

2006年,苏革烈借来20万元,又找来朋友合伙,5个人创办了武汉畅新科技股份有限公司,主要做激光设备的生产、激光应用技术的研发与推广。苏革烈曾在武汉光谷一家激光公司做过管理工作,熟悉激光的生产销售流程。那个时候在很多人眼里,激光还是一项神秘的高科技。而苏革烈的创业理想,就是让这项高新技术平民化,让普通人也能享受激光带来的便利、福利。

二、定制服务,产品远销40多个国家和地区

刚刚创业时,租借的100 m^2 的厂房破破烂烂,遇到大雨天,厂房里积水有膝盖深,条件很差。开业前两个月,一单生意都没有。但苏革烈没有放弃,他和团队根据市场需求对产品进行创新、升级,利用国内首创的双头激光雕花切割设备,在国内轻纺行业打响了名头,同时还积极开拓国外市场。公司通过改造升级,加大研发投入,做纺织、皮革等细分领域的激光应用专家,屡次揽获国际大单。产品的出口占到公司总收入的一半以上。

2017年底,畅新拿到了墨西哥经销商120台纺织激光切割设备的订单,这批设备是为墨西哥纺织行业定制的。客户十分谨慎,第一批产品的数量比较少,只有达到要求了才会要求生产第二批产品。机械刀口剪裁布料的误差是以"毫米"为单位计算的,用激光切割布料可以把精度控制在5丝以内(100丝等于1毫米)。

苏革烈说:"这个墨西哥客户在对比了广东、山东等地的知名厂商后,最终选择了我们。"畅新在激光设备制造领域深耕十几年,在行业资源整合方面具有优势,能根据客户需求定制,在成本控制上也具有绝对优势,整套设备的价格比国外便宜很多,但利润空间仍保持在五成以上。

畅新激光产品大多走定制化路线,根据客户需求进行产品设计、研发。目前,畅新激光产品已出口到40多个国家和地区。

三、细分蓝海,在汽车坐垫激光切割市场占有率领先

随着激光技术的迭代更新,激光切割设备市场已成为竞争激烈的红海,畅

新作为传统激光设备制造企业向技术服务型企业转型,用定制服务赢得市场。

国内九成汽车真皮坐垫是用畅新的激光设备来切割的。畅新激光真皮切割设备在国内市场占有率领先。

为了在竞争激烈的红海市场里寻找细分的蓝海市场,畅新努力做专才,从而避开竞争激烈的同质化市场厮杀。在制鞋、汽车坐垫生产、服装产业这些细分领域里,畅新的设备拥有较高的市场占有率。公司长期专注于某一领域客户的需求来进行研发,通过长期的技术积累换来了市场回报。

目前国内激光设备的智能化程度还有很大提升空间,激光设备的操作可以更简单。通过技术的改进让客户获得更好的使用体验,产品也可以获得更高的附加值。

企业不主动转型引领趋势,就会被趋势逼着转型,甚至被市场淘汰。畅新正在加大研发投入,向智能制造服务型企业转型。

"客户找我们,不是来买设备,而是要我们来帮他解决生产中遇到的问题,通过激光技术来提高生产效率。我们需要给客户提供解决问题的成套服务方案。"苏革烈说,"只有与客户的实际利益捆绑,客户才会选择你。单纯做设备生产商的市场在逐渐缩小,转型做激光解决方案服务商势在必行。"

四、研发紫外激光器,向激光技术核心领域迈进

苏革烈希望畅新能在引进技术的基础上,研发出有自主知识产权的紫外激光器。

目前畅新建立了一支50人的技术研发团队,占公司员工的30%以上,并已与国外科研院所达成协议,着手引进紫外激光器的研发技术。这一块具有极高的附加值,国际上激光器是以瓦数来定价,1瓦1万欧元。苏革烈说:"如果能够快速将技术转化成为产品,将填补国内紫外激光器的市场空白。"

随着湖北自贸区在武汉光谷落户,武汉激光企业的进口元器件成本会有大幅下降,同时国外进口整套设备的价格也将下降,同质竞争将更加激烈。在苏革烈看来,武汉激光企业加大研发投入、转型升级、提质增效已是大势所趋!

激光领军人物之冯勇华

十年一剑书豪情

湖北益健堂科技股份有限公司

○ 公司简介

　　湖北益健堂科技股份有限公司(以下简称益健堂,股票代码:870130)是一家国家高新技术企业。公司自2005年成立以来,一直以保障亿万家庭的健康为使命,致力于将先进的产品与专业的健康管理服务带入亿万家庭,打造中国家庭健康产业领导品牌。

　　公司十分注重产品技术的研发、创新、升级,拥有专业的科研团队。经过多年积累,已拥有多个系列自主研发的高科技产品及智慧型健康管理系统,获得国内及国际专利百余项。

　　目前,公司拥有多款医疗器械,如半导体激光治疗仪、红蓝光治疗仪、毫米波治疗仪、电位治疗仪、医用制氧机、半导体激光血氧治疗仪,以及可穿戴式监测类智能手环、智能腕表等系列产品,同时辅以公司的家庭健康管理理论体系,能输出满足客户多样化需求的健康管理服务方案。公司的主打产品先后通过了 ISO9001 质量管理体系认证、ISO13485 医疗器械质量管理体系认证、CE 认证、RoHS 认证。

未来,益健堂将一如既往地专注于家庭健康领域,坚持"追求卓越、创造价值"的企业精神,积极推动从未病、患病到康复整个过程的健康医疗需求,同时运用数字云技术,实现大数据价值延伸,打造家庭健康生态系统,致力于成为以康复医疗器械研发、制造为先导,以提供健康管理整体解决方案为价值链终端的专业化健康产业集团。

人物简介

湖北益健堂科技股份有限公司
董事长冯勇华

冯勇华,陕西延川人,湖北益健堂科技股份有限公司创始人、董事长,湖北省陕西商会执行会长,武汉·中国光谷激光行业协会理事,湖北省激光行业协会会员。

领军之路

他激情豪迈,以一个"外行"的身份进入家用医疗器械行业,白手起家,用 10 余年光阴打下一片壮丽"江山"。

他心怀慈悲,视亿万家庭健康为己任,推行"亿万家庭健康工程",开民营企业办大型健康公益活动之先河。

他目光如炬,多年前就已洞悉市场先机,坚守家庭健康行业不动摇,缔造出行业知名品牌益健堂。

他叫冯勇华,湖北益健堂科技股份有限公司董事长,一个典型的陕西汉子。在他身上,有着黄土高坡的粗犷厚重,也有着生于革命老区的英雄情怀和家国梦想。

"家国两相依,有家庭健康才有全民健康,才有实现中华民族伟大复兴的梦想基石。益健堂或许只是一弯微不足道的溪流,但我们愿意为家庭健康的海洋注入属于益健堂的力量。"谈及梦想,冯勇华神情坚毅,豪情在胸。

一、白手起家,坚守梦想

"冯布斯"——在湖北益健堂科技股份有限公司,同事们更喜欢如此称呼冯勇华。作为公司的科研牵头人,冯勇华对产品完美的执着追求,让大家深深折服。在冯勇华的带领下,公司先后获得170多项国内及国际专利。可早在1998年,刚刚从学校毕业的冯勇华不过是一个普通的销售员而已。当时,他在一家医疗器械公司供职,凭着对业务的热爱和钻研,他很快从同行中脱颖而出,取得了良好的销售业绩。但这并不能令冯勇华感到欣喜。

在那个年代,家用医疗器械市场还处于起步阶段,大部分产品的价格还是十分昂贵的,对于很多家庭都是一笔不小的开销。"有很多人为了治病,真的是砸锅卖铁。"回忆起曾经接触过的那些客户,冯勇华依旧唏嘘不已。

在他看来,家用医疗器械应当是一个高尚的行业,像医生一样救死扶伤,为患者排忧解难,然而现实却十分残酷。由于技术、成本等诸多原因,这些产品无论是在功能上还是质量上都无法给人带来良好的体验。而最令冯勇华痛心的是,很多企业只向消费者兜售产品,却并不提供售后服务,产品出现问题,消费者甚至连厂家都找不到了。

"这个行业不应该是这样的。"冯勇华的心中开始萌发出一个念头——组建一家企业,研发、生产出一流的产品,并且为消费者提供一流的服务。

2005年,由冯勇华牵头,创建了益健堂。

难,当然是肯定的。对于"门外汉"来说,一切都是从头开始,技术不足、经验不足、人才不足、资金不足,处处都是拦路虎,但冯勇华都咬着牙,一关一关地闯过去了。

"我们一边学习,一边实践,一边吸纳志同道合的人才。"冯勇华坦言,"起初走了许多'弯路',一遍又一遍试错,报废了很多材料和模具。前面几年几乎只有投入。最艰难的时候,食用油都是几家人共用一壶。现在看来确实吃了不少苦,但当时我们的一腔热血全部都在产品研发上,每天都处于高度兴奋的状态,根本没有觉得苦。"冯勇华认为,正是因为心中怀着将最好的产品和服务送入千家万户的梦想,才支撑着他们"翻山越岭",一路走到今天。

所有的付出终归会得到回报。2009年,益健堂终于迎来了第一个转折点——益健堂三合一半导体激光治疗仪上市。得益于多年在一线市场上的摸爬滚打,冯勇华对消费者的需求有着精准了解,该产品让整个半导体激光治疗仪行业的业内人员眼前一亮,其超前的理念与设计、精致的做工、国内领先的功能令人刮目相看,一经面市就受到了消费者的认可。借由这款产品,益健堂奠定了行业地位,并逐步发展壮大。

如今,益健堂已经成长为一家以医用激光及物理康复仪器的研发、生产与销售为核心业务的国家级高新技术企业,是中国康复类医疗器械领域专业的制造商和服务商,产品远销全球100多个国家和地区,成为行业内颇有名气的领军企业。

二、品质为王,十年一剑

有人形容冯勇华是家用医疗器械行业的"老炮儿",不管"江湖"还是不是那个"江湖",规矩对他来说始终还是那个规矩。

从一开始,冯勇华就为益健堂立了规矩——使用最好的原材料,一年之内免费换新,终身享受维修的极致服务。他也为自己立了规矩——每天比员工早半个小时来公司,风雨无阻。

"一个企业得明白自身的责任是为消费者提供最好的产品和最好的服务,而一个企业领导人,则必须要明白,你的决定影响着众多员工的命运,你得为他们负责。"冯勇华深深明白自己身上的重担,他每天都会梳理自己当日的工作,更会思考产品技术、产品研发、市场策略、研究政策、法规等。他说:"我得做好这个掌舵人。"

其实冯勇华身处的这个"江湖"是当下中国最热门、竞争最激烈的行业。"大健康"写入国家战略后,各种资本都瞄准了这片热土。在冯勇华看来,这意味着机遇。在行业摸爬滚打十多年,他见惯了大风大浪和行业变迁。

"未来五年之内,将是医疗器械行业集中淘汰、整合、发展的时期,一半以上的医疗器械企业都会面临重组或者解散的风险,能活下来并且活得很好的估计只有三分之一。"冯勇华认为随着政府的严格监管,相关政策的出台,这个行业将面临一次大规模的洗牌。

而益健堂早早就为这一天做好了准备。

益健堂拥有国内领先的研发中心;拥有数十个产品系列,上百款品质过硬、功能齐全的产品;拥有卓越的服务能力;拥有一流的创新能力,获得国内及国际专利170余项;更拥有广阔的市场,益健堂的产品不仅在国内畅销,还远销全球100多个国家和地区……

"一个企业,只要做好自己的本分,就不用害怕被市场所抛弃。"冯勇华相信,市场是瞬息万变的,或许是技术改变,或许是平台改变,或许消费者口味改变,企业应当与时俱进地进行自我调整,不断创新,去适应这种改变。冯勇华说:"但有一点不能变,那就是把最好的产品送入千家万户的初心不能变。"

"市场需要一个优质的品牌来告诉消费者,这个行业本来应有的面貌。这正是益健堂要做的事情。"冯勇华坦言,"一旦真正进入制度化、标准化管理时代,市场将进入良性竞争,在'品质为王'的时代里,我有信心带领着益健堂迎来再一次的飞跃。"

三、天道为尊,回馈社会

在益健堂有一个"三道文化",即天道、师道和孝道。

天道即是客户,是"三道文化"之首。冯勇华说:"客户就是我们的天,我们所做的一切都是为了满足客户的需求。"

冯勇华深知,要让产品在研发上可以与消费者的需求保持一致性,与消费者沟通很重要。

益健堂的市场部就是消费者和公司研发人员沟通的桥梁。市场部从一线带回消费者的反馈和需求,研发人员根据这些反馈和需要进行修正和创新,前者提供品牌建设思路,后者设计产品理念。益健堂一直把消费者的意愿放在首位。

冯勇华知道对消费者"圈粉"的根本方式在于解决消费者的需求痛点,他一直都在研发、生产、需求变化中寻求平衡。"激光治疗仪做起来很简单,但是

要把它做好很难。覆盖家庭健康的方方面面,并不是一两个产品就能完成的。我们的产品不仅要有疗效还要全面,因此激光治疗仪这个系列的产品,针对的身体部位不同就应有不同的侧重。"

产品外形这样设计够不够美观?仪器的大小消费者是否能够接受?使用时长能不能再长一点?够不够环保?使用时消费者舒适度能不能达到最好的效果?类似这样的产品功能挖掘、技术研讨,冯勇华会不定期地召开"头脑风暴",让销售代表、研发人员、生产人员聚在一起进行思想的碰撞。也正是因为这样,每次益健堂的新品亮相总能让专家、同行和消费者眼前一亮。

"我一直在思考,在产品和服务之外,益健堂还能为我们的'天'做些什么?"冯勇华认为,益健堂从几个人白手起家的小公司发展成为行业的领军企业,离不开国家政策、政府扶持和客户支持,他的心中也一直怀着一颗回馈社会的心。"公司一直在做慈善,包括对一些天灾人祸的捐款和平时探望孤寡老人等,但我觉得这还不够。"

凡事都想做大、做好的冯勇华在2016年7月启动益健堂"亿万家庭健康工程"。这是目前国内由企业主导的持续时间最长、服务项目最广、惠及人数最多的大型公益活动之一,旨在提高公众对家庭健康的重视和防护,推进健康理念、健康生活方式,让健康管理进千家万户,达到全面提升亿万家庭健康水平和生活质量的效果。

活动一经推出就受到了媒体的广泛报道。随着时间的推移,"亿万家庭健康工程"也开始在全国各省市落地开花。前前后后益健堂开展了数百场公益讲座、数十场千人规模大会以及上千场百人规模大会等,惠及民众高达数百万人,大大提高了各地群众的健康素养和健康意识水平。

"虽然我不能每场活动都亲临现场,但是看到传回来的照片,看到现场客户的笑脸,我就觉得特别欣慰,特别满足。"在冯勇华的手机里,存了不少客户的照片,每次翻看这些照片,他的脸上总会露出一丝温和的笑容。

四、不忘初心,砥砺前行

"亿万家庭健康工程"自启动以来,受到了社会各界的广泛欢迎。但对于冯勇华而言,他觉得自己做的这些还远远不够。冯勇华深深地知道,要想持续造福家庭健康,建设健康中国,就必须引领行业发展,承担更大的社会责任。

基于此,在 2017 年初的时候,益健堂组织相关专家反复研究,提出了关于家庭健康的十大标准,即心理健康、身体健康、饮食健康、环境健康、作息健康、卫生健康、生育健康、财富健康、关系健康和文化健康。这也是国内首次提出的家庭健康具体标准,一度受到了业界的极大好评。

同年夏天,为了更加深入地掀起全民共建健康家庭的潮流,冯勇华率先倡导,将每年的 7 月 28 日设立为"中国家庭健康日"。"7·28"谐音"去爱吧",意在呼吁全社会关注家庭健康,倡导一种健康的生活方式。与此同时,第二届"亿万家庭健康工程"也于 7 月 28 日在益健堂总部所在地——武汉举行了。在众多专家的引领下,来自全国各地的千余人在横幅上同签字,积极响应了"中国家庭健康日"的倡导。

冯勇华说:"我一直在想,我们除了发起'亿万家庭健康工程',倡导'中国家庭健康日'以外,能否有一套完整系统的理论作为支撑,让更多人科学、规范地管理健康,更加有力地推动家庭健康管理事业的发展呢?"

冯勇华认为,目前以家庭为目标的健康管理在国外已经较为成熟,虽然这在我国目前尚且处于起步的阶段,但发展空间巨大,将会成为以后健康管理行业发展的必然趋势。

创新发展,必须理论先行。

2018 年,益健堂组织专家组将益健堂十余年的家庭健康实践探索,融合传统中医学、现代预防医学、康复保健医学,推出了 315 家庭健康管理理论。315 家庭健康管理理论的"3"为"三通",即气血通、经络通、脏腑通,是达到健康目标的三大重要途径;"1"为"一调",即阴阳调,是 315 健康管理的总目标;"5"为"五律",即营养均、运动宜、心态和、环境净、生活序,是维持"三通"、持续"一调"的重要保障。

315 家庭健康管理理论的推出,立即引起了社会的广泛反响。2018 年 4 月 26 日,中国保健协会健康服务与研究专业委员会为此召开了专家论证会,对该理论给予了高度的评价。

2018 年 7 月 28 日,备受瞩目的第三届"亿万家庭健康管理工程暨 315 家庭健康管理理论发布大会"在四川成都天堂洲际酒店隆重举行。会上,315 家庭健康管理理论面向全球重磅发布,正式宣告了家庭健康管理新时代的开启。

冯勇华表示,该理论体系是以中国传统中医为理论基础,结合现代预防医学、保健医学、康复医学而成的一种家庭健康管理新思维,是对家庭健康理论

的一种突破,也是对家庭健康管理的深化和细化,将其引入到企业产品研发与文化制度上,有助于提升整个行业的专业服务水平,促进行业的快速发展与升级。

冯勇华说:"我们将坚定不移地围绕'只为亿万家庭健康'的主题,砥砺前行,踏石留印,朝着更高的目标迈进。我相信,我们未来一定能够成为家庭健康事业的创造者和引领者,因为我们所做的这一切,是对健康中国的助力,是对爱的践行。这是我们始终不忘的初心,也同样是我们持续前进的动力。"在冯勇华的笑容里,有一份坚定和对未来的无限期许。

激光领军人物之林国镭

莆田市雷腾激光数控设备有限公司

○ 公司简介

莆田市雷腾激光数控设备有限公司（以下简称雷腾激光）是一家专业从事激光技术应用与研发的高新技术企业。公司拥有一支研发、制造、销售、服务的专业团队，与国内多家先进激光公司进行了合作。公司得到莆田学院多位光机电专家的帮助，全面提升了公司团队的专业技术力量。公司在全体员工的不懈努力下，已逐渐发展壮大，并能利用激光技术，为各领域的企业提供技术服务。公司主要生产、销售工业激光打标机、激光切割机、激光焊接机、激光雕刻机等系列设备，广泛应用于鞋革工艺、竹木工艺、陶瓷工艺、珠宝首饰、广告装饰、皮革布料、仪器仪表、钟表眼镜、电子器件、食品包装、医疗器械、精密器械、军工电子防伪技术等领域。公司注重个性化和人性化设计，可以根据客户的实际情况和具体要求，提供各种自动化和非标准设备的定制及相关配套设备。公司还为客户提供打样服务，客户可以根据产品的结构特性，选择合适的设备型号。

公司始终坚持以"树行业标杆、创百年雷腾"为愿景，以"把创造的乐趣分享给世界各地的人们"为使命,以"勤奋好学、诚信友爱、品质极致、利润合理"为价值观。

人物简介

莆田市雷腾激光数控设备有限公司
总经理林国镭

林国镭,男,1971年出生于福建莆田,汉族,1994年毕业于华侨大学。现为莆田市雷腾激光数控设备有限公司总经理,厦门鑫镭腾激光设备有限公司总经理,莆田市鞋业协会副会长,莆田市鞋业服装城商会副会长,莆田市民营企业商会理事,莆田市守合同重信用企业协会理事,福建省激光精密加工工程技术研究中心、福建省工艺品激光精密加工装备工程研究中心兼职研究员,莆田市众望企业家共赢平台有限公司的共建者,广东省激光行业协会会员,湖北省激光行业协会会员,中国中小企业协会信用管理中心会员。

2007年,开始组建激光焊接加工团队。2009年起大力投入研发鞋类、服装类 CO_2 激光切割机及工艺品激光加工装备。2013年9月,成立莆田市雷腾激光数控设备有限公司。2017年,被莆田市政府推荐到清华大学深造。2019年,到黑马城市学院深造。带领公司组建了很强的创新团队,莆田电视台对此进行了专题报道。

领军之路

人生因梦想而精彩,因坚持而成功。当父亲给他取"林国镭"这个名字的时候,就注定让他与镭射结下了不解之缘。正是这种缘分,激励着林国镭克服了创业路上一个又一个的困难和坎坷,带着他的镭射之梦,披荆斩棘,砥砺前行。

2007年,林国镭抓住机遇,创立了雷腾激光设备有限公司(雷腾前身),公司主营激光数控设备及相关设备、配件和耗材,逐步建立了强大的研发生产团队和优秀的售后服务团队,把激光技术的智能应用发挥到极致。公司自创办以来得到了莆田学院林振衡博士、陈庆堂教授、范剑红教授、郑志霞教授、谢海鹤博士等的大力帮助,并与莆田学院达成长期技术合作。

在团队成员的辛勤钻研下,公司已获得2项发明专利、15项实用新型专利、1项外观设计专利、6项软件著作权和14个注册商标。同时,公司也入驻福建省高新企业库,荣获国家级高新企业,实力得到了逐步提升。在创新方面,公司每年都投入大量财力、人力、物力到激光技术应用新品开发领域,不断推出新品试用试验,不断研发出性能更优、操作更人性化、更适合市场需求的产品。面对未来,林国镭相信有党和国家的政策支持,有团队全体成员的共同奋斗,有家人和朋友的热心帮助,雷腾激光业绩定会不断上升。雷腾激光承载着林国镭的镭射之梦,更承载着现代激光高科技之梦。林国镭始终坚守心中的那个信念——实现镭射之梦,为振兴民族工业而奋斗。

船开得直不直、快不快,好的掌舵人很重要。林国镭也深知这个浅显的道理。在个人发展方面,他一直在学习更多的知识和技能,包括管理技能、行业发展动态等。他也时常鼓舞团队积极向上、重视学习,为的就是经营好企业,让雷腾激光不被时代所淘汰,能紧随行业步伐,稳中求进。公司实行奖罚分制度,鼓励爱学习、有团队建设感的员工,让才能、勤奋与薪资画上等号,并定期组织员工参加各种培训班。人员管理做好了,团队有序运行起来,员工各司其职、互相监督、互相学习,企业就成功了一半。林国镭不但严于律己,对服务合作伙伴也要求严格。他强调所出的产品必须优质,精益求精,只有为客户输送优质的激光应用技术、产品和售后,这样才对得起客户的信任。

面对日益加剧的市场竞争,许多中小企业都选择了转型。雷腾激光作为一个有着十多年发展历史的企业,在激光这种日新月异的行业里,林国镭选择了拓宽市场和技术革新。大市场尚未饱和,行业仍在高速发展,雷腾激光一直专注于激光技术的智能化应用(切割、打标、焊接),未来几十年依然会专注于这些领域。所以是否转型并非关键,关键在于一个企业对行业的专注度。未来的雷腾激光,目标是立足福建市场,做福建激光行业的领军者,同时积极开拓国内和国外市场,让雷腾优质的产品和贴心的售后服务遍及全国,走向世界。发展之路还很长,需要全体雷腾人的决心和毅力来实现这一壮举,一步一个脚印地走出去。如今市场对于智能装备的功能要求越来越高,这也促使装备生产商必须跟上步伐,而雷腾激光作为激光行业的先行者,早已通过市场的考核。在生产结构、工序、全产线解决方案上的技术沉淀和市场储备,必将帮助雷腾激光牢牢抓住这一市场机遇,雷腾激光的未来也会一直保持可持续发展,坚定地走在创新的路上。林国镭在"闽中真田杯"众望第四届企业家演说赛上被问及企业的发展之道时说:"当选定一个行业以后,一定要挖掘这个行业的内涵,然后再成为引领发展的带头人,让这个行业更加健康地发展,这是企业家要有的使命感。企业运营没有秘诀,只有专注,常怀危机意识,持续不断地坚持创新。"

林国镭表示将继续发挥企业自身的技术优势,更好地服务于各行业的生产制造及工艺革新,将市场做大、做强、做精、做细,使雷腾激光在激光领域更好地发挥标杆龙头企业作用。

激光领军人物之邹全远

激光资源整合者，打造激光服务平台

上海光连科技股份有限公司

○ 公司简介

  上海光连科技股份有限公司是一家打造全球激光连锁服务加工第一品牌的专业化集团公司。总部位于上海市张江高新技术产业开发区青浦园区，交通便利，环境优美。公司拥有3000 m^2 的国内首家高端品牌激光（钣金设备）展示中心和2000 m^2 的激光切割加工体验中心。与国内外知名激光企业、钣金设备企业建立战略合作，打造激光（钣金）行业新航母。通过开展线上线下的激光研发、展示、销售、配件、维修保养、人才培训、激光加工应用等服务，打造成为全球高端激光品牌展示贸易中心、加工制造中心、技术交流中心、科研服务中心和人才培训中心，形成激光行业完整生态链。

◯ 人物简介

上海光连科技股份有限公司
董事长邹全远

邹全远，1972年10月出生，湖北广水人，中共党员，现任上海远扬金属材料有限公司董事长、上海存远金属装饰工程有限公司董事长、上海光连科技股份有限公司董事长、上海市湖北商会常务副会长、湖北省激光协会副会长、随州市曾都作协名誉主席。2014年获上海市湖北商会"新楚商十大人物"创新奖、2015年获"随州市十大杰出农民"奖、2016年获上海市湖北商会"上海杰出楚商"奖。

◯ 领军之路

一、起于山林之风雪夜归人

少年的磨难是人生宝贵的财富，由于父亲的多病和家境的贫困，邹全远很早就体会到了生活的艰辛。17岁那年，邹全远毅然辍学回家，扛起生活的重担。他走村串巷，翻山越岭，卖花糖、卖豆腐千张、贩芝麻香油，从广水的余店镇、关庙镇到随州北的万店镇、草店镇，再到淅河镇、安居镇，当地方圆百公里范围都留下了他早出晚归奔波的身影。有一年的腊月二十四，风雪交加，他推着旧自行车,驮着换来的一百多斤大米,深一脚浅一脚地行走在崎岖的满是泥泞的山路上。一路上雪花、雨水、泥水、汗水混在一起,将他整个变成泥人,而回到家已是半夜时分了。

二、初入城市之食品厂长

1994年的夏天,邹全远到随州闯荡,原因很简单,地方大一点,机会总多一些。他先在随州鹿鹤市场租了间门面卖方便面,生意不温不火。后来,见隔壁江西人卖的"宫廷桃酥"特别畅销,每天很多人排队,供不应求,他就计划也开一家桃酥店,但却没有技术。到了年底,江西人回老家过年,他便把桃酥店接手过来了。经过2个月的经营,生意大有起色。后来他又请了糕点师傅做月饼、麻糖、糕点及膨化食品等,办起了食品厂,生意蒸蒸日上。

三、立于上海滩的湖北人

2002年的春天是一个不平凡的春天,邹全远毅然卖掉位于鹿鹤市场的房子,携妻儿到上海滩闯荡。背水一战,需要的是勇气和魄力。从食品到不锈钢加工,跨地域跨行业,一切从零开始。

有一次他接了单广告牌的生意,需要安装一块长 15 m、宽 2.5 m 的广告牌,安装地点在一江之隔的浦西。由于用大货车送货成本太高,为了省钱,他骑着三轮车,将广告牌一头放在三轮车上,另一头让工人抬着跑步前进,顺着浦东大道跑了十几千米。到了民生路渡口,轮渡上的人太多,广告牌又长又宽,根本进不去。他们只好等到深夜十二点以后,等过江的人少时才摆渡过江。三月的上海乍暖还寒,冷得他们瑟瑟发抖,望着两岸璀璨的灯火,他无端地想起了"金沙水拍云崖暖,大渡桥横铁索寒"的诗句。

印象深刻的是,在上海世博会前夕,他承接了瑞典馆的外墙装饰。那是一个城市道路造型的金属板,足有300多吨,由大大小小、形状各异的几千块冲孔板拼接而成。当时为了抢工期,他带领工人,不分昼夜,连续作战45天,终于按时完工,受到世博方的高度认可和赞扬。在他的带领下,公司的发展进入快车道,先后承接、参建了许多国内外重大工程项目,包括浦东国际机场、环球金融中心、上海世博会中国馆、上海迪士尼、俄罗斯总统府等。公司业务也由不锈钢加工,延伸到激光切割、不锈钢制品、装饰工程等一条完整的产业链,业务辐射全国及海外。同时,邹全远还带领乡亲们来沪从事不锈钢加工创业,至2016年底已发展至1100多家门店,占据上海不锈钢加工行业80%的市场份额。他本人也于2014年当选为上海湖北商会材料分会第三届会长。

四、成于激光之激光行业资源整合者

自2008年公司购入第一台进口激光切割机后,邹全远便与激光结下不解之缘。2018年9月17日更是一个不平凡的日子,邹全远创立的上海光连智能激光产业园隆重开业,并在上海国家会展中心成功举办"中国上海首届激光智能制造发展论坛"。海内外知名的激光界专家、学者、厂商代表,湖北省、上海市相关领导及新闻媒体等六百多人参加了此次盛会。

与温州奔腾签署战略协议,购买39台高功率激光切割设备

上海光连科技股份有限公司是一家打造全球激光连锁服务的集团公司。公司位于上海市青浦张江高科技园区,拥有3000 m^2 的国内首家高端品牌激光展示中心和2000 m^2 的激光切割加工体验中心,公司与国内外著名激光企业开展战略合作,有志成为激光行业新航母。

公司拥有庞大的客户资源,激光及金属制品加工客户多达9000多家。先后与深圳大族、苏州迅镭、温州奔腾、苏州领创、上海团结普瑞玛、深圳创鑫、武汉锐科、上海普雷茨特、苏州瑞铁机床等知名企业签订了战略合作协议,并在2017年先后为深圳大族、苏州迅镭、温州奔腾、苏州领创、上海团结普瑞玛等激光生产企业组织团购4000 W以上高功率激光设备176台,金额共计4亿多元。其中组织团购温州奔腾激光设备产品39台,金额近1亿元,创造了激光史

成功举办中国上海首届激光智能制造发展论坛

上的传奇,成为厂商共赢的典范,被传为行业佳话。

为了更好地整合激光资源,邹全远将目光放得更远,业务也更加广泛,不仅包括品牌激光切割机、切管机、数控钣金设备、激光器、激光切割头等高端设备的代理直销专营、特款定制、特惠团购,还包括激光设备维修保养升级改造、激光配件附件、激光人才培训、激光金融、旧激光设备置换、激光互联网等一系列专业服务,旨在整合激光优势,搭建激光厂商互动平台,真正打造完整的激光产业链航母,为中国的激光事业做出贡献。

正如著名楚商领袖、楚商联合会会长陈东升所说:"我的人生,从60岁开始。"邹全远同样感慨:"我的人生,从激光开始,从46岁重新开始,为光而生,为光而战。激光是中国的希望之光、智慧之光、未来之光!"

同时,邹全远也是个颇有情怀的诗人,他对家乡的眷念时时铭刻在心,正如他在《醉美湖北,我们的家乡》中所写:

是谁的眼里总含着淡淡的忧伤?

是谁的梦中总飘来稻谷的清香?

是谁在汹涌的人流中孤独流浪?

是谁总在繁华的都市里凝望远方?

一群漂泊在上海滩的游子啊,

因为牵挂和思恋着——

醉美湖北,我们的家乡!

秀美的三峡，
犹如一幅壮丽的画卷。
巍峨的武当山，傲然挺立，
千百年来，阅尽人世间变幻的沧桑。
华夏始祖，神农故里，
古老的传说，情深意长。
战国时期的编钟乐舞，
仍演奏着新时代前进的交响。
洪湖水，浪打浪，
晚上归来鱼满舱。
黄梅戏曲传天下，
孝感的米酒麻糖甜又香。
汨罗江畔唱楚辞，
黄鹤楼上笛声扬。
光谷描绘高科技的神话，
武船挺起中国的脊梁，
回天集团，情系襄江，
谱写楚商抱团发展的传奇篇章。
滚滚长江东逝水，
唱不尽千秋岁月的风流与辉煌。
醉美湖北，我们的家乡！

曾经，我们走在静静的白云山岗，
曾经，我们踏过悠悠涢水的波浪。
曾经，我们在茂密的林间高歌，
曾经，我们在皑皑雪地里纵情欢唱。
秋天，田野里熊熊燃烧的篝火啊，
永远是我们儿时记忆中最欢乐的时光。

如今，我们穿梭在高耸的楼丛间，

绚烂的霓虹吞没了远望的目光。
黄浦江水浩浩荡荡,
拍打着我们潮水般汹涌的惆怅。
我们吞没在都市的繁华之中,
不辞辛劳,不分昼夜,奋勇拼搏,
为了理想,扬帆远航!

啊,醉美湖北,我们的家乡,
我们日夜思念的地方。
无论山高水长,云遮雾挡,
湖北,永远是我们心中的天堂!
无论山高水长,云遮雾挡,
湖北,永远是我们心中的天堂!

激光领军人物之封超华

不忘初心，继续前行

打造精品专业服务现代职教

武汉弗莱茵科技有限公司

○ 公司简介

  武汉弗莱茵科技有限公司（以下简称弗莱茵科技）成立于2007年，坐落于武汉市东湖高新技术开发区，常年致力于国内中、高职院校新型专业开发建设、教学实践改革及人才交流配套工作，是一家集研发、生产、销售、服务于一体的高新技术企业，专业研发、销售适合各类中高职院校集教学、实习、生产等功能于一体的实训设备。目前，公司特色专业项目有激光技术应用专业建设、客户信息服务专业建设、光通信器件工艺技术实训室暨工业工程实训室建设，以及数控机床装配专业建设。

  公司集聚了一批多年从事激光加工设备科研和产业化的知名大学教授和激光技术专家，融合生产与技术培训的需要，集合激光设备的光机电控制、装配、调试实际训练的要求，成功研发出了一系列适合工矿企业和中高职院校的精密激光加工设备和装配维修维护设备,如双光路激光雕刻切割加工维修综合实训系统、多工位带旋转激光标刻加工维修综合实训系统、三维立体激光内雕加工维修综合实训系统、多功能自动激光焊接加工维修综合实训系统、全封闭防护激光切割加工维修综合实训系统、3D打印机、墙体喷绘机、3D立体画成像制作系统、光路调整模拟实训系统、激光设备装配调试维修维护实训系统等。这些设备具有整机加工功能和教学实训功能(装配调试维修等),既可以满足加工要求,也可以满足一线技术人员的培训要求。

人物简介

**武汉弗莱茵科技有限公司
总经理封超华**

封超华,武汉弗莱茵科技有限公司总经理,湖北省激光行业协会理事。2000年,毕业于华中科技大学。2007年,创办武汉弗莱茵科技有限公司,公司是国内第一家致力于中高职院校新型专业开发建设的高新技术企业。公司自成立以来帮助众多院校开办了激光加工技术应用专业,培养了大批集理论知识与实际操作能力于一身的优秀毕业生,并于2010—2019年成功举办了10届全国激光师资培训班,为百余所学校解决了激光师资问题。

2011年,作为中职激光专业教材研讨会的发起者及编委会成员,封超华组织全国数十所学校的专业老师参与编写适用于中职学校使用的激光专业教材。

近年来封超华带领研发团队成功研发出一系列激光加工装配与维修综合实训设备,既能满足教学需求又能实现生产加工,社会经济效益显著。

激光领军人物

⦿ 领军之路

一、创业契机

2000年,封超华进入武汉华中数控股份有限公司技术研发部,主要负责教育数控设备的研发,其扎实的技术功底让当时的合作院校赞叹不已。"只有懂技术的人才能把握客户需求,做好销售啊!"当时一位校长无意中的一翻感叹让封超华对自身发展有了新的规划。

工作一年半后,封超华申请转岗销售。随后,短短半年的时间他就做到大区经理,当年年末销售业绩名列公司前茅。这时,工作上的瓶颈随之而来,很多客户反映教育设备的功能相对单一。在现实中,中高职院校只投入设备很难获取专业上的优势,更谈不上转型发展了。作为农民家庭出身的封超华,与生俱来就带着一股拼劲和闯劲,听到太多的客户反馈后,封超华想:"既然目前市面上的设备无法满足学校需求,那我可不可以设计出一种产教结合的教学设备呢?"说干就干,他放弃当时稳定的工作和发展前景,在2003—2006年依据自己多年来对职业教育的了解,联合国内多家知名数控企业潜心研发适用于教学及生产的实训设备,并开发同系列教学课件。这四年间磨刀不误砍柴工,新产品的市场反应明显高于预期。凭着对职业教育市场的敏锐度,封超华于2007年正式创办了武汉弗莱茵科技有限公司,致力于中高职院校新型专业开发建设。

二、创业使命

创业是为了成就自己,更是为了一份使命。创业中的封超华一直记得自己曾经的求学之路,职业教育的多样性(可就业、可升学)让他觉得:"如果学生能掌握一门与时俱进的技术,而不是去挤那座人满为患的独木桥,也是实现自我价值的一条途径。""选择比努力更重要"大约是每一个创业人的信条。封超华选择职业教育作为创业基点,除了迎合市场实际需求、配合学校培养出技能性人才外,更是为了那一份教育情怀,为中国的职业教育献出自己的一份力量。

职业教育是未来教育的趋势,发达国家(如瑞士、德国、新西兰)在职业教育上的竞争力非常强,且体系非常完备。如何做到"选择有前途、就业有能力、升学有基础、助学有保障"是封超华在完善公司产品体系时的一个重要理念,只有真正了解职业教育的发展和需求,才能获得市场的最终的认可。封超华给弗莱茵科技选择的方向是:新型专业的建设与拓展。这不仅仅是教学设备的单一采购,还包括实训中心建设方案、教学方案(包括专业人才培养方案、师资培训、课程设置、专业教材、教学大纲、课件开发等)、技能鉴定、就业安置、校企合作等。而新型专业的"新"更是强调要以社会发展中的人才需求为导向。

三、创业历程

2007年,武汉弗莱茵科技有限公司在东湖高新技术开发区注册成立。公司凝聚了一批年轻的力量,专业从事国内中高职院校新型专业开发建设、教学实践改革及人才交流配套服务工作,旨在为中高职院校提供广阔的就业渠道,为国家新型产业的发展储备专业技术人才。

2008年至2010年,数控技术被广泛应用,弗莱茵科技联合有实力的软件开发公司开发了数控机床调试维修仿真软件,联合知名机床厂家研发了FLY-TM、FLY-DJS等系列数控机床装配维修综合实训系统,并成功将该软件及实训设备推向中高职院校,帮助众多院校开办了数控机床装配维修专业,培养了大批集理论知识与实际操作能力于一身的优秀毕业生。

2011年,激光技术逐渐被大众熟知,传统的激光设备是设计用于生产的,无法满足学校教学的需要,不能用于对激光加工相关专业技术人员的培训。弗莱茵科技汇集了一批多年从事激光加工设备科研和产业化的知名大学教授、激光技术专家及知名激光企业家,成功开发了一系列适合工矿企业和中高职院校的激光加工维修模拟仿真软件、激光加工设备和装配维修维护实训设备,既能满足生产加工需求,又能满足激光加工相关专业技术人员培训的需求。

2012年至2013年,弗莱茵科技投入大量的人力、财力、物力开发建设新型激光技术应用专业,创建了全国首家中高职院校新型激光技术应用专业的推广基地、师资培训基地、教材研发中心和人才交流中心,吸引了众多院校领导到弗莱茵科技参观考察,先后为众多院校提供了专业申报方案、专业实训基地建设方案、招生宣传策划方案、专业教学方案(包括拟定教学计划及专业课程设置)、专业教材开发编制、师资培训方案、引进产业入校以及就业安置等一体化的配套跟踪服务。为众多院校的教学质量评估、院校升级评估提供了重要帮助,深受广大院校好评。

2014年,弗莱茵科技注重产品质量体系建设及知识产权的保护,顺利通过ISO9001:2008质量服务体系认证,入选国家"质量信得过产品""质量·服务·诚信AAA企业""质量检验·国家标准合格产品",并获得多项专利证书及软件著作权证书。

2015年,弗莱茵科技获得武汉东湖新技术开发区2015年度"瞪羚企业"荣誉称号,并成功通过国家高新技术企业认定。

2016年,弗莱茵科技结合经济发展趋势及市场人才需求,提出九大专业设想,并联合行业内有实力的企业共同着手开发了新型热门领域的实习实训生产设备。如3D打印设备、机器人设备、无人机设备、物联网设备、新能源设备及高端装备制造设备等。

2017年,弗莱茵科技通过"知识产权管理体系"和双软企业认证,取得武汉东湖新技术开发区2017年度"瞪羚企业"荣誉称号。

2018年,弗莱茵科技通过国家高新技术企业复审。激光技术应用专业年销售额过1500万。无人机技术、机器人、物联网、新能源及智能制造应用专业开始市场化,并获得客户的认可。

四、守业不易

创业难,比创业更难的是创业者心态的成长。封超华表示:"创业的这些年,我的心态一直很平和,对公司的发展速度和规模从来没有过功利性的目标。或许正因为这样,我们规避了多次风险。"

没有谁无所不能,也没有谁能够一个人成功。要创业就必须要建设好一个核心团队。要发展,企业必须树立一面主题鲜明的旗帜,也就是企业的战略定位。只有有了精准的定位,才能吸引到一批志同道合的人,才能做到凝心聚力,同时更能宣传公司形象。很多企业,尤其是刚创业的企业,不是没有旗帜,而是有很多面彩旗,什么市场都想涉及。彩旗过多,看似哪个市场都没放过,实际却是哪个市场都没有抓住。

对这些情况,封超华有自己独特的见解,"这样并不好,公司在发展的过程中也总有这样那样的声音让我涉及多种市场,但我总觉得企业的成功并不是单一比谁走得更高、更广,长久才是王道。一堆彩旗的企业会让人感觉不到公司的专业性。而我希望大家谈到职业教育、新专业建设时,脑海里面首先浮现出来的就是弗莱茵科技。"确实,创业到最后,市场的认可才是企业可持续发展的关键点。

创业,更像是一场是身体、精神和意志的旅行,不仅要抵得住诱惑,还要经得住考验。

五、企业综合实力

弗莱茵科技一直遵循"专业创新、技术创新、产品创新、服务创新"的经营理念,为新型技术应用专业在职业教育工作中得到广泛应用而努力。为中高职院校提供一流的一整套新型技术应用专业设置和教学方案,最大限度地满足学校的转型需求,打造品牌专业并为可持续性发展提供原动力。

经过几年的发展,弗莱茵科技在市场上已经有了较好的知名度和美誉度。在开发力量上,依托师资力量最雄厚、实训设备规模最大的高职院校——武汉软件工程职业学院以及其他拥有丰富教学经验的各地中高职院校。企业自成立以来帮助众多院校开办了激光加工应用专业,培养了大批集理论知识与实际操作能力于一身的优秀毕业生,并于2010年至2019年成功举办10届全国激光师资培训班,为百余所学校解决激光教师资源问题。

弗莱茵科技于2015年被认定为国家高新技术企业,并于2018年通过国家高新技术企业复审。在2015年至2017年,弗莱茵科技两次获得年度"瞪羚企业"荣誉称号。

六、不忘初心,继续前行

自创业起,封超华一直坚定"职业教育"这个特定市场的选择,十几年间不管市场如何变换,始终坚定自己的信念,坚持差异化竞争,做到"人无我有,人有我优",这也是弗莱茵科技一直能稳步发展的根源。

"创业者要承担的不仅仅是自己的未来,还有公司员工的希望和压力。而我,考虑的也不仅仅是公司的发展,更是为公司做出贡献的员工的发展。"这一直是封超华的企业经营管理理念。秉承着这个原则,2018年初,封超华在公司战略会上做出"可持续性发展"布局——根据现有市场,划分几大区域,根据每个细分市场的特性建立销售及技术体系,既而形成"点—片—面"的发展模式。"我希望员工能有主人翁的精神,他们每一个人都可能发展成企业合伙人,只有员工有发展,企业才能走得更久远。"这不仅仅是封超华的管理理念,更是所有创业先行者的共鸣。正是因为他一直"不忘初心",弗莱茵科技才在光谷这片繁荣的土壤中,走出了属于自己的特色发展之路。

激光领军人物之刘文清

低调做人，高标做事

武汉楚坤文化科技股份有限公司

○ 公司简介

武汉楚坤文化科技股份有限公司（以下简称楚坤文化）致力于激光文化创意、策划、研发及产品推广，承接激光剧院、激光水幕音乐喷泉、激光球幕、激光表演艺术、激光舞美艺术以及科技馆展览展示等项目。公司的激光项目给人壮观、清新、奇特的梦幻体验，具备巨大的艺术感染力和极高的艺术享受。公司先后用文化科技手段改造了武汉税收博物馆多媒体展览展示、恩施利川腾龙洞光影秀、武汉廉政博物馆多媒体软件和影视制作、北京冬奥会张家口万全区水幕电影及光影喷泉、浙江宁波广场激光音乐喷泉、湖北省十堰市竹山县女娲文化旅游节光影秀、湖北省茶文化旅游节文艺演出活动的舞美制作和布置等具有影响力的项目。打造了激光科技与文化艺术完美结合的新型模式，也开创了中国激光科技文化新纪元。

公司经营范围主要包括科技馆展览展示，景观亮化工程设计和施工，文化创意策划，舞台设备租赁，激光数字视觉，新媒体艺术的研发，科普领域的技术开发,工艺品、机械设备的制造与销售,数字多媒体动漫设计和活动策划等。作为以激光科技文化创意产业为核心内容的湖北省示范企业,公司致力将激光科技文化创意产业的发展带入一个崭新的发展阶段。

公司高度重视技术创新,不断加大对研发的投入,已取得发明专利和设计创新专利15项。不断推出新技术、新产品,使得公司在市场竞争中立于不败之地,保持在创意激光领域的领先地位。

公司于2017年1月16日成功登陆上海股权托管交易中心E板(股份代码:100772),这标志着楚坤文化与资本的正式对接就此翻开崭新的篇章。

公司荣获高新技术企业认证,率先通过了ISO9001国际质量体系认证,获得了3项环境艺术资质等级证书(工程类一级、总承包类一级、设计类甲级),先后申报国家专利100多项,是国内同行业拥有专利数量最多的企业。先后获得了湖北省企业精神文明建设单位、武汉十大科技创新示范企业、湖北省年度科技创业企业等荣誉称号。

人物简介

武汉楚坤文化科技股份有限公司
董事长刘文清

刘文清,男,1967年出生,武汉人。武汉大学企业管理专业研究生,高级工程师。现为湖北省激光行业协会副会长,湖北省文化创意产业协会副会长,浙江省科技传播协会副会长,武汉楚坤文化科技股份有限公司董事长。武汉市新洲区政协一、二、三、四届常委,并担任多项社会职务,多次荣获省、市、区奖项。

多年来,刘文清传承家风,富而不骄,低调行事,不事张扬,热心公益慈善事业。

1998年至2003年,被评为武汉地区建筑业企业优秀项目经理。

2002年至2004年,被评为新洲区管理专业技术拔尖人才、武汉市新长征突击手、武汉地区第五届明星青年企业家。

2005年至2010年,被政治协商会议武汉市新洲区委员会评为"五个一"活动中为社会办好事、做实事先进个人。

2006年至2010年,被评为新洲区政治协商会议二届委员会优秀政协委员、中共新洲区邾城街道工作委员会"三个文明"建设标兵。

2007年,被武汉建筑业协会评为优秀企业家。

2010年,被中国民营企业联合管理会评为优秀民营企业创业家。

2013年,获得"湖北省企业精神文明建设突出贡献人物"荣誉称号。

2014年,获得"中国梦·建设湖北"十大杰出践行者荣誉称号。

2015年,获得2015年度首届湖北激光行业十大风云人物荣誉称号。

○ 领军之路

1986年,刘文清以优异的高考成绩考入湖北省建工技术学校。就在这一刻,寒门学子决心要更加发奋苦读,将来回报社会,回报那些曾经帮助过他的好心人。这成为刘文清的人生追求。

1990年,刘文清从湖北省建工技术学校毕业,被分配到新洲县(现在武汉新洲区)房产局住宅建筑公司任技术员。自小饱尝苦难的他格外珍惜这份来之不易的工作。他一直认真工作,积极进取,因工作成绩突出,于一年后被任命为公司"五四项目"队长,1993年又被任命为公司党组书记。组织的信任,同事们的支持,更加激发了刘文清的工作热情,他更加努力工作,又升任公司董事长兼总经理。

新世纪到来,建筑市场经历前所未有的变革,一些深层次的问题不断凸现,企业面临资源重新组合的历史机遇。2002年,企业实施改制,大家一致推举刘文清为武汉新房建工集团有限公司董事长、总经理。人心所向,众望所归,新的时代浪潮把他推向了书写人生辉煌的新高度。企业改制就是要革除陈旧观念，打破计划经济时代遗留的种种桎梏，在碰撞中激发市场活力。当然，改制会触动一些人的利益，矛盾会错综复杂。鉴于当时武汉新房建工集团有限公司的经济困境，刘文清淡泊金钱，以超乎常人的襟怀婉拒了应拨付于他的十万元政策性补贴，竭尽全力安置了所有职工。凭着自己的专业知识和对市场的驾驭能力，他让公司在激烈的市场竞争中牢牢站稳了脚跟，市场不断扩大，业绩不断攀升。

2006年7月，他完成了武汉大学经济管理系研究生的学习，这使他的专业知识更丰富，视野更开阔，眼界更具前瞻性。

2008年，面对市场的不断变化，刘文清大胆决策，将武汉新房建工集团有限公司与武汉新洲区房产局住宅建筑公司合并，成立武汉昌润房地产开发有限责任公司。旗下辖有武汉砻坤置业有限公司、武汉新房建筑劳务有限公司以及房屋销售代理公司。

如今，他的企业规模快速扩展，转型升级步伐不断加大，企业高科技含量大幅提高。经过长久酝酿，刘文清又整合三大公司组建成集团公司。任董事长的他又吸纳湖北省宏博策工程造价咨询有限公司，成立武汉楚坤文化环境艺术有限公司。与此同时，他成立的武汉楚坤文化科技股份有限公司致力于激光文化创意、策划、研发及产品推广，是传统建筑产业与现代高科技产业的完美结合，也是企业自觉转型升级的开创性典范。勇立现代市场激烈竞争的潮头，刘文清与他的企业完成了传统产业迈向高科技创新企业的华丽转身。

热心慈善，低调做人，刘文清二十多年向社会捐款捐物不计其数，当笔者问询其善举时，他笑而不答。他只给了一个值得沉思且深受启发的观点：慈善的目的不是让人们去为此树碑立传，显耀留名。

从捐赠村塆水泥路建设起始，到众多学校危房改建、贫困大学生捐助、贫困家庭临时救助、灾区捐款捐物，再到赴贵州考察时向途经贫困地区学校捐款十万元。他的善行大多是不留姓名的，爱心的播撒没有一丝一毫的功利动机，所以至今无法统计其善款数额，这恐怕永远是一个谜。拿刘文清的话说："若是一定要以数据说话，一切的捐助便失去了自身的意义。"这就是一个自视为普通人的朴实情怀，更是一位企业家、慈善家的人生风采！